DROEMER

Dirk Müller

SHOWDOWN

Der Kampf um Europa und unser Geld

Besuchen Sie uns im Internet:
www.droemer.de

© 2013 Droemer Verlag
Ein Unternehmen der Droemerschen Verlagsanstalt
Th. Knaur Nachf. GmbH & Co. KG, München
Alle Rechte vorbehalten. Das Werk darf – auch teilweise – nur mit
Genehmigung des Verlags wiedergegeben werden.
Redaktion: German Neundorfer
Umschlaggestaltung: ZERO Werbeagentur, München
Karten und Grafiken: Computerkartographie Carrle, München
Bildnachweis S. 211: Werkfoto SOLARTENSION (Stuttgart)
Satz: Adobe InDesign im Verlag
Druck und Bindung: CPI – Ebner & Spiegel, Ulm
Printed in Germany
ISBN 978-3-426-27605-1

5   4   3   2

Für Susanne und Felix

INHALT

VORWORT

Liebe Leserin, lieber Leser,

herzlichen Dank, dass Sie sich dieses Buch antun. Wir brauchen Menschen, die die Dinge hinterfragen, die neugierig und kritisch sind. Menschen, die sich nicht alles gefallen lassen wollen und die dazu bereit sind, sich einzumischen. Da Sie dieses Buch, wie ich hoffe, freiwillig in Händen halten, scheinen Sie genau zu diesen Menschen zu gehören, und dafür danke ich Ihnen. Nur wenn wir eine Sauerei nicht als selbstverständlich hinnehmen, sondern immer wieder aufs Neue bereit sind, uns zu empören und dieser Empörung Ausdruck zu verleihen, sind wir auch in der Lage, die Dinge zu verbessern. Viel zu oft hört man in diesen Tagen den Satz: »Was soll's, das machen alle so, die sind eh alle korrupt. Was soll man da machen, ich halte mich raus, ändert ja doch nichts!« Falsch! Die Welt war nie besser, als sie heute ist. Stellen Sie sich irgendein Zeitalter vom Anbeginn der Menschheit bis heute vor. Stellen Sie es sich nun realistisch vor und nicht wie im Kino romantisch verklärt. Mit all der Rechtlosigkeit, den Krankheiten, den Hungerwintern, den Erziehungsmethoden, der kaum vorhandenen medizinischen Versorgung, der fehlenden sozialen Absicherung und allen anderen Facetten. Gab es wirklich je eine Zeit, in der es objektiv besser war als heute? Die Welt hat sich immer weiter zum Besseren verändert, obgleich sie noch viele Jahrhunderte von einem Idealzustand, wenn es diesen überhaupt geben kann, entfernt ist. Aber sind diese Veränderungen hin zum Positiven ganz von alleine entstanden? Kamen sie als himmlisches Geschenk über Nacht oder aufgrund der Einsicht von Herrschern und Mächtigen, die, von Weisheit durchdrungen, Segnungen für ihre Bürger eingeführt haben? In seltenen Fällen war das wohl so. Aber die meisten Veränderungen kamen durch die Menschen selbst. Durch Menschen wie Sie und mich, die nicht bereit waren, Ungerechtigkeiten als unveränderliches Schicksal hinzunehmen. Oft war es nur ein Einzelner, der aufgestanden ist und ausgerufen hat: »Der Kaiser hat keine Kleider an!« Worauf die anderen ebenfalls darauf aufmerksam wurden und wiederum ihre Nachbarn darüber informiert haben. Am Ende waren es die vielen einzelnen Menschen, die sich jeweils nur kurzfristig und nur zu einem einzigen Zweck zusammengetan haben. Nämlich diese eine Ungerechtigkeit zu beseitigen. »Wir sind das Volk!« Nach erfolgreichem Einsatz ist jeder wieder in sein Leben und an seinen Arbeitsplatz zurückgekehrt. Bis zum nächsten Anlass der Empörung. Es muss nicht immer die große Weltpolitik sein. Oft sind es ganz kleine Dinge. Die Unverschämtheit eines Teenagers im Bus, die Ungerechtigkeit des Chefs gegenüber dem Kollegen, die kleinen Sauereien im eigenen Betrieb zu Lasten der Lieferanten oder Kunden, die alle für ein bisschen mehr kurzfristigen Profit hinnehmen. Aber eben auch die großen Themen unserer Gesellschaft.

Mischen wir uns ein. Wo stünde diese Welt heute, hätte es nicht zu allen Zeiten Millionen Menschen gegeben, die so wie wir bereit waren, sich gegen Ungerechtigkeit und Missstände aufzulehnen und die Welt ein klein wenig besser zu machen? Sie waren es, denen wir heute unsere vergleichsweise paradiesischen Lebensumstände verdanken. Bedanken wir uns in Respekt vor diesen Menschen, indem wir ihr Engagement weitertragen.

Das soll auch uns dazu inspirieren, eben nicht aufzugeben und zu resignieren, sondern uns zu empören und einzumischen. Jeder dort, wo er die Möglichkeit hat. Der eine in der Familie beim Abendbrot, der andere mit Freunden im Sportverein, der Nächste in seiner Zeitungskolumne. Andere haben die Möglichkeit, sich im Fernsehen vor Millionen zu empören, wieder andere können das in den Parlamenten, Abgeordnetenfluren

oder ihren eigenen Konzernzentralen tun. Ich versuche mei-
nen bescheidenen Beitrag vielleicht auch hier mit diesem
Buch zu leisten. Ich will nicht wegschauen und resignieren.
Ich will mich aufregen, empören und einmischen. Ich will die
Dinge da zum Besseren bewegen, wo ich die Möglichkeit
dazu habe, und wenn es nur dadurch ist, laut auszurufen: »Der
Kaiser ist nackt!« Je mehr daraufhin den Kaiser ansehen, je
mehr zur selben Erkenntnis kommen, desto eher haben wir die
Chance, etwas zu verändern.

Ich möchte Sie daher nun einladen, sich mit mir gemeinsam
zu empören, über unglaubliche Zusammenhänge zu staunen
und ungehemmt hinter die Kulissen der ach so Mächtigen zu
schauen. Aber wer hindert uns daran, das alles mit einem
Lächeln im Gesicht zu tun? Die Welt war nie besser, darüber
dürfen wir uns freuen und diese Welt dankbar genießen, während wir neben der Empörung nach Lösungen suchen, um die
Dinge für uns, unsere Kinder und die nächsten Generationen
noch ein klein wenig besser zu machen.

Begleiten Sie mich nun auf eine spannende und, wie ich hoffe,
faszinierende Reise durch unser Europa und weit darüber hinaus.

Ihr
Dirk Müller

1. AM SCHEIDEWEG

DIE MACHTACHSEN VERSCHIEBEN SICH

Showdown – der entscheidende Machtkampf. Einen besseren Titel für das Buch hätten wir in diesen Tagen kaum finden können. Er beschreibt exakt die aktuelle Entwicklung nicht nur in Europa. Da wir so sehr mit unseren hauseigenen Problemen rund um die Eurozone beschäftigt sind, übersehen wir gelegentlich, in welchem großen Gesamtzusammenhang sich diese Ereignisse abspielen. Die ganze Welt befindet sich in einer entscheidenden Phase. Die wirtschaftlichen Achsen und mit ihnen die Machtachsen verschieben sich, und niemand weiß zuverlässig vorherzusagen, wo sie sich am Ende auspendeln werden. Viele glauben zu beobachten, dass sich diese Achsen vom Westen um das große Zentrum USA nach Osten in Richtung des Kristallisationskerns China verschieben werden. Aber ist wirklich anzunehmen, dass Amerika da einfach zusieht, wie die Macht nach China wechselt? Ist es nicht naiv, anzunehmen, dass die USA sich auf den Standpunkt zurückziehen: »Wir haben hundert Jahre Spaß gehabt, jetzt sind die Chinesen auch mal dran, das ist nur fair!«?

Die Welt wird neu sortiert. Wir befinden uns mitten im Qualifying um die Poleposition. Jetzt entscheidet sich, wer in den nächsten Jahrzehnten die Welt dominieren wird. Und dieses Qualifikationsrennen wird mit allen Mitteln und maximaler Härte gefahren. Wer beim Überholvorgang im Weg steht, wird gnadenlos an die Bande gedrückt.

Seit Anbeginn der Zivilisation versucht jede Großmacht alles in ihrer Macht Stehende, um ihre Dominanz zu erweitern oder zumindest zu erhalten. Hierzu wird jede militärische, politische, mediale und geheimdienstliche Option ausgeschöpft. Wie realistisch ist es, anzunehmen, dass in einer solchen heißen Phase der Bereich Wirtschaft – das Herz-Kreislauf-System unserer Welt – ausgeklammert bliebe? Die Armeen werden auf diesem Schlachtfeld »Finanzhäuser« genannt. Statt einer Flotte kommen Ratingagenturen, Notenbanken und Währungsorganisationen zum Einsatz. Die realen Armeen sind jedoch auch heute noch das letzte Mittel, wenn die anderen Einheiten in ihrer Wirkung versagt haben.

Fällt Ihnen auf, dass »epochale Ereignisse« rund um den Globus sich häufen, und zwar in atemberaubender Geschwindigkeit? In Nordafrika wurden binnen Monaten reihenweise Regime hinweggefegt, die seit Jahrzehnten stabil im Sattel saßen. Der Nahe Osten entwickelt sich vom Pulverfass zum Inferno, Japan und China stehen sich feindselig gegenüber wie seit dem Zweiten Weltkrieg nicht mehr, und Europa rauscht im Höllentempo in eine Situation, die wir noch vor zwei Jahren für unvorstellbar hielten. Ist es nicht schon ein deutliches Signal, dass die Schweizer Armee im Herbst 2012 militärische Übungen zur Abwehr von Flüchtlingsströmen aus Europa abhält?

Wir stehen vor jenem Showdown, an dessen Ende die Entscheidung fällt, wer künftig die Welt anführt und wer auf den Plätzen landet. Vor diesem Hintergrund müssen wir alle größeren Entwicklungen dieser Zeit betrachten. Machen wir nicht den Fehler, alle Themen rund um Euro, Europa, China und Amerika nur durch die Brille der Wirtschaft zu sehen. Es geht in dieser Phase der Weltgeschichte um grundlegende geostrategische Interessen der verschiedensten Spieler. Der große Croupier greift in dieser Zeit wesentlich häufiger als sonst in die Rouletteschale und schubst die Kugel, wenn ihm das zu erwartende Ergebnis nicht gefällt. Diese Erkenntnis und der stete Blick auf die geostrategischen Interessen gilt es zwingend im Auge zu behalten, wenn wir die aktuellen und anstehenden Entwicklungen verstehen wollen.

Stellen Sie sich bei allen neuen Entwicklungen stets die Frage: Cui bono? – Wem nutzt es?

EUROPA AM SCHEIDEWEG

Doch beginnen wir unsere Betrachtung rund um die Welt vor der eigenen Haustür.

Europa steht am Scheideweg und wir, seine Bürger, mit beiden Beinen im Morast. Wenn Sie auf einen Sumpf zukommen, haben Sie in der Regel die Möglichkeit, rechts oder links um den Sumpf herumzugehen. Die dümmste Idee wäre es, aus Bequemlichkeit den vermeintlich kürzesten Weg geradeaus durch ebenjenen Sumpf einzuschlagen. Europa steht vor derselben Entscheidung, doch leider können wir uns bislang weder für rechts noch für links entscheiden und marschieren, lautstark debattierend, weiter geradeaus. Dass dies in einer Tragödie enden muss, ist jedem objektiven Beobachter klar, aber das Rufen und Mahnen bleibt ungehört in der lautstarken Diskussion. Internationale Banken und Spekulanten, aber auch Großmächte mit eigener Interessenlage sitzen bereits wie die Geier auf den umstehenden Bäumen und wetzen die Schnäbel. Sie alle freuen sich auf die leckere Mahlzeit, die ihnen hier angerichtet wird.

Der größte Hemmschuh und somit auch das umstrittenste Thema im europäischen Einigungsprozess ist der Euro. Sein Sinn oder Unsinn wird allerorten heiß diskutiert, und fragt man die Menschen auf der Straße, so sind sie hin- und hergerissen. Die einen sind strikte Euro-Gegner, die anderen finden ihn eigentlich ganz gut, die richtigen Hintergründe des Euro versteht niemand so recht, und das macht es schwer, eine klare Position zu beziehen. Folglich ranken sich viele Mythen und Behauptungen um jenen Euro. Wenn man die aktuellen Entwicklungen in Europa verstehen möchte, ist es ungeheuer wichtig, die Zusammenhänge des Euro zu kennen.

Aber der Reihe nach, und dazu beginnen wir am besten ganz vorne.

Als vor 13,7 Milliarden Jahren der Urknall ... Stopp! Ganz so weit vorne zu beginnen würde dann doch die Kapazitäten dieses Buches sprengen, obwohl wir uns ja eigentlich schon an diese astronomischen Zahlen gewöhnt haben. Also spulen wir vor auf das Jahr 1989 nach Christus. Eine sensationelle Situation hatte sich ergeben. Der Kalte Krieg war gewonnen, das sowjetische Imperium zog sich immer weiter auf sein Kerngebiet zurück, und als Nebenprodukt ergab sich die historische Chance, einen dunklen Fleck vom ach so schmuddeligen Kleid der deutschen Geschichte zu entfernen. Für einen kurzen Moment öffnete sich ein Zeitfenster, und es bestand die einmalige Gelegenheit, die jahrzehntelange gewaltsame und künstliche Aufteilung eines Volkes rückgängig zu machen. Die deutsche Teilung konnte aufgehoben werden. Die Wiedervereinigung war zum Greifen nahe. Die Sowjets, die diese Teilung zu verantworten hatten, waren einverstanden. Wir lagen uns am Brandenburger Tor in den Armen, begrüßten hupend und winkend jeden Trabi, der uns auf der westdeutschen Autobahn begegnete, und waren davon überzeugt, dass die westlichen Alliierten mit ebenso großer Begeisterung und wehenden Fahnen mit uns diese Wiedervereinigung feiern würden. Doch da erlebten wir plötzlich eine schockierende Ernüchterung. Nicht die Sowjets waren der große Hemmschuh, sondern ausgerechnet diejenigen, von denen wir die ganze Zeit annahmen, dass sie in allen Belangen unsere Freunde und Waffenbrüder seien. Die Franzosen stellten sich als der größte Felsblock auf dem Weg zur ersten gesamtdeutschen Fanmeile am Brandenburger Tor heraus. Was mag wohl im Kopf des französischen Präsidenten Mitterrand vorgegangen sein, als der amerikanische Präsident Ronald Reagan am 12. Juni 1987 in seiner legendären Rede vor dem Brandenburger Tor rief: »Mr. Gorbachev, come here to this gate! Mr. Gorbachev, open this gate! Mr. Gorbachev, tear down this wall!«

Mag er gedacht haben: Um Gottes willen! Nur das nicht!? –
Wir werden es wohl nie erfahren. Was sich aber dann in den
Verhandlungstagen um die deutsche Wiedervereinigung ab-
spielte, das erfahren wir inzwischen durch Zeitzeugen, die
damals dabei waren und heute – mit entsprechendem zeit-
lichem Abstand – freier reden können.

Die Regierungen Frankreichs und Großbritanniens waren keineswegs begeistert von einer deutschen Wiedervereinigung.
Die damalige britische Regierungschefin Margaret Thatcher,
die »Eiserne Lady«, erklärte, dass Deutschland seit den Zeiten
Bismarcks ein unberechenbarer Faktor in Europa sei und ein
wiedervereinigtes Deutschland erneute Risiken für ein fried-
liches Europa mit sich brächte. Sie wird zitiert mit den Worten: »Wir haben Deutschland zweimal besiegt, und jetzt sind
sie schon wieder da!« Erst das klare Bekenntnis der USA zu
einem einzigen Deutschland hat Großbritannien am Ende einlenken lassen, um es sich mit dem großen Bruder nicht zu
verscherzen. Für die USA war eine Erweiterung der NATO
und der eigenen Einflusssphäre in Richtung Moskau eine
zu verlockende Aussicht, als dass man all das innereuropäi-
schen Bedenkenträgern hätte überlassen dürfen. Zu diesen
Bedenkenträgern gehörten in vorderster Front eben auch unsere direkten Nachbarn, die Franzosen. Wenige Jahrzehnte
nach Ende des Zweiten Weltkriegs war das Misstrauen gegen
den einstigen Erzfeind trotz aller Waldspaziergänge und Sau-
magenessen mit dem »großen und bekennenden Europäer«
Helmut Kohl längst noch nicht ausgeräumt. Es wird der lange
zuvor vom französischen Literaturnobelpreisträgers François
Mauriac geprägte Satz überliefert, der die Befindlichkeit vieler Franzosen und anderer Europäer in jenen Tagen nur zu gut
wiedergibt: »Ich liebe Deutschland. Ich liebe es so sehr, dass
ich zufrieden bin, dass es zwei davon gibt.«

Nach den dramatischen und sich überschlagenden Ereignis-
sen um den Mauerfall 1989, von dem jeder gleichermaßen

überrascht war, folgten in den kommenden Monaten die Gespräche und Verhandlungen über die weitere politische Entwicklung Deutschlands. Da hier viele internationale Interessen eingebunden waren, liefen die wichtigsten Verhandlungen in den sogenannten Zwei-plus-Vier-Gesprächen ab. Hier saßen die beiden deutschen Staaten (Bundesrepublik Deutschland + Deutsche Demokratische Republik) und die vier Siegermächte des Zweiten Weltkriegs (Sowjetunion, USA, Frankreich und Großbritannien) mit am Tisch. Als sich auch noch Italien und die Niederlande mit einmischen wollten, soll der heute legendäre Außenminister Hans-Dietrich Genscher (genau, der mit dem gelben Pullunder) seinen niederländischen Amtskollegen mit den Worten »You are not part of the game« (ihr seid nicht Teil des Spiels) aus den Gesprächen ausgeschlossen haben.

Die Franzosen bestanden am Ende darauf, einer Wiedervereinigung der beiden deutschen Staaten nur zuzustimmen, wenn Deutschland sich für alle Zeiten und unwiderruflich in das europäische Haus integrieren würde. Dazu fand Kohl sich bereit. Er war schon früh ein Verfechter einer echten europäischen Union: eines Verbunds mit gemeinsamer Außen- und Finanzpolitik und in vielen Punkten aneinander angepassten Systemen. Doch das war den Franzosen wieder zu viel Gekuschel. Schließlich sollte sich ja niemand über Gebühr in die inneren Angelegenheiten der Grande Nation einmischen. Für Frankreich gab es nur eine Lösung: eine gemeinsame Währung, den Euro – aber das bitte ohne politische Mitsprache. Dass so etwas von vornherein zum Scheitern verurteilt sein muss, dürfte jedem klar sein, der sich ein wenig mit den wirtschaftlichen Zusammenhängen beschäftigt, zu denen wir im Laufe der nächsten Seiten noch kommen werden. Man muss schon Traumtänzer oder Politiker sein, um ein solches Konstrukt für sinnvoll zu erachten. Vermutlich genügt auch das noch nicht, und man braucht einen politischen Traumtänzer

dafür. Es gab nämlich sehr wohl Politiker, die diese drohenden Konsequenzen realistisch heraufziehen sahen. Ebenjener
Helmut Kohl war gezwungen, sehenden Auges eine Entscheidung mit langfristig katastrophalen Folgen zu treffen. Dass
er sich über die Folgen einer zu frühen Währungsunion im
Klaren war, zeigt noch Monate nach Inkrafttreten des Zwei-
plus-Vier-Vertrags seine Rede im Deutschen Bundestag vom
6. November 1991:

»Man kann dies nicht oft genug sagen. Die Politische Union
ist das unerlässliche Gegenstück zur Wirtschafts- und Wäh-
rungsunion. Die jüngere Geschichte, und zwar nicht nur die
Deutschlands, lehrt uns, dass die Vorstellung, man könne eine
Wirtschafts- und Währungsunion ohne Politische Union auf
Dauer erhalten, abwegig ist.«

Doch Kohl fand damit kaum Gehör. Mitterrand bestand auf
seinen Bedingungen: »Ihr bekommt die Wiedervereinigung
nur, wenn ihr auf die D-Mark verzichtet.«

Kohl befand sich nun vor der schweren Entscheidung: Wiedervereinigung und dafür die Deutsche Mark aufgeben oder
auf die Mark bestehen und die Wiedervereinigung gefährden.
Wir alle wissen, wie er sich entschieden hat.

Vermutlich hätten wir weit höhere Preise für diese Wiedervereinigung bezahlt, weswegen es auch müßig ist, über diesen
Konstruktionsfehler aus längst vergangenen Tagen zu streiten.
Umso mehr verwundert es aber, dass immer wieder der eine
oder andere Politiker diesen Zusammenhang zwischen Euro
und Wiedervereinigung bestreitet – aus welchen Gründen
auch immer.

Wer aber noch auf eine endgültige Bestätigung dieser Verket-
tung von offizieller Seite wartete, der bekam sie im August
2011, als sich Robert Zoellick während einer öffentlichen
Rede im australischen Sydney in bis dato so noch nicht ge-
hörter Klarheit dazu äußerte. Robert Zoellick war von 2007
bis 2012 Präsident der Weltbank. Viel interessanter für uns ist

jedoch seine Rolle als Chefunterhändler der USA während der Zwei-plus-Vier-Gespräche, in denen die deutsche Wiedervereinigung ausgehandelt wurde. 1992 wurde er dafür von Bundespräsident Richard von Weizsäcker mit dem Bundesverdienstkreuz ausgezeichnet. Der Mann sollte also wissen, was damals wirklich gesprochen wurde, er war ja schließlich dabei.

Zoellick erklärte, es gebe keinen Zweifel daran, dass der Euro das Ergebnis der deutsch-französischen Spannungen im Vorfeld der Wiedervereinigung war mit dem Ziel, Mitterrands Sorgen vor einem allzu mächtigen Deutschland zu zerstreuen. Nach Zoellicks Worten war der Euro ganz offenkundig ein Beiprodukt der deutschen Wiedervereinigung. »Es war sehr klar, dass die europäische Einheitswährung aus den französisch-deutschen Spannungen vor der Wiedervereinigung resultierte und dazu gedacht war, Mitterrands Angst vor einem allzu mächtigen Deutschland zu beruhigen.« Im persönlichen Gespräch bestätigte mir ein damals beteiligter Minister, dass es genau so war. »Sie werden darüber jedoch niemals ein Dokument finden, denn es gab keines. Es war ein Versprechen zweier Staatsmänner, auf dessen Einhaltung auf diplomatischer Ebene Verlass ist.«

Natürlich hatte Helmut Kohl gehofft, dass in den folgenden Jahren noch die so dringend notwendige politische Union folgen würde, bevor die Zerreißkräfte durchschlügen, die eine falsche Währung erzeugt. Dass also die Menschen und ihre Staaten enger zusammenrücken würden, wenn sie erst einmal eine gemeinsame Währung hätten. Aber hier hegte Kohl eine falsche Hoffnung, und es zeigte sich einmal mehr, dass die Politik, solange es irgend geht, den bequemsten Weg wählt. Und diesen bequemen Weg haben die europäischen Politiker mit Wonne gewählt.

Der Euro an sich ist gar nicht das Problem, das Problem bestand von Anfang an in einer völlig falschen Reihenfolge in

der Konstruktion »Gemeinsames Europa«. Erst hätte die politische und steuerliche Einigung erfolgen müssen und *dann,*
als Schlussstein im europäischen Haus, der Euro als gemeinsame Währung und Symbol eines einigen Europa. Der
Schlussstein im Torbogen hält die gesamte zuvor gebaute
Konstruktion zusammen. Setzt man diesen gewölbten Schlussstein jedoch in das Fundament des Bogens ein, wird das ganze
Bauwerk misslingen und einstürzen.

Es war nicht nur Helmut Kohl, der diesen großen Konstruktionsfehler erkannte. Viele namhafte Ökonomen haben in
jenen Gründungsjahren des Euro eindringlich vor den langfristigen Folgen einer verfrühten Währungsunion gewarnt.
Hans-Werner Sinn führt in seinem Buch »Die Target-Falle«
hierzu den damaligen Bundesbankpräsidenten Hans Tietmey-
er, aber auch Ökonomen wie Milton Friedman, Martin Feld-
stein und Joachim Starbatty an. Sinn zitiert den Soziologen
Ralf Dahrendorf mit den Worten: »Die Währungsunion ist
ein großer Irrtum, ein abenteuerliches, waghalsiges und ver-
fehltes Ziel, das Europa nicht eint, sondern spaltet.« Das war
1995. Welch hellsichtige Einschätzung. 1998 gab es einen
öffentlichen Aufruf von 155 Ökonomen gegen diese viel zu
frühe Einführung des Euro. Sie wurden von den Politikern
ebenso arrogant beiseitegewischt wie ein Vorstoß im Sommer
2012, als sich Sinn im Verbund mit weiteren 160 Wirtschafts-
wissenschaftlern gegen die aktuelle Eurokrisen-Politik aus-
sprach. Möglicherweise wird man auch ihnen in zehn Jahren
recht geben, und dann wird ebenfalls wieder jeder von sich
behaupten, es gewusst zu haben. Eine Entschuldigung bei den
Geschmähten und der Lächerlichkeit preisgegebenen Männern, die nichts anderes taten, als die Situation richtig ein-
zuschätzen und dies kundzutun, erwartet man bis heute ver-
gebens.

Man mag sagen, dass es am Ende doch gar keine Rolle spielt,
wo dieser Euro seinen geschichtlichen Ursprung hat. Wir

haben ihn jetzt nun mal an der Backe kleben und müssen sehen, wie wir damit klarkommen. Ich denke jedoch, dass es sehr wichtig ist, zu erkennen, dass die Gemeinschaftswährung keine kluge Entscheidung von Wirtschaftsexperten oder Finanzwissenschaftlern war, sondern das genaue Gegenteil. Die Politik hat sich über den wirtschaftlichen Sachverstand hinweggesetzt. Wie immer, wenn so etwas geschieht, führt das über kurz oder lang zu wirtschaftlichen Verwerfungen und Schmerzen für die Gesellschaft.

Doch wenn eine politische Entscheidung einmal gefällt ist, dann genügen aller Sachverstand und alle Logik nicht, um diesen falschen Weg zu beenden. Erst die offensichtliche und nicht mehr zu verdrängende Katastrophe führt zu überraschtem Entsetzen und hektischer Aktivität, wobei die Politik so lange wie möglich versucht, keine Fehler einzugestehen und sich irgendwie aus dieser Misere herauszuwurschteln. Manch ein Vertreter der Zunft nimmt sich da sogar gerne die Kinder auf dem Spielplatz als Vorbild, hält sich die Augen zu und ruft: »Wenn ich dich nicht sehe, siehst du mich auch nicht!« In Politikersprache übersetzt heißt das dann: »Eurokrise? Welche Eurokrise? Es gibt keine Eurokrise!« So geäußert von Italiens Ex-Präsident Mario Monti, Bundeskanzlerin Angela Merkel, EZB-Direktoriumsmitglied Jörg Asmussen und so weiter.

Bei einer solchen Herangehensweise ist klar, dass man von den Entwicklungen völlig überrascht wird. Das führt zu so ulkigen Einschätzungen wie: »Der Euro hat zehn Jahre toll funktioniert, und so plötzlich wie unerwartet kommen hier Probleme auf, an denen nur die Banken und die Ratingagenturen schuld sind.« Aber schauen wir doch mal, wo das Kernproblem der gemeinsamen Währung liegt.

Jede Wirtschaftsregion (Region mit gemeinschaftlichen Regeln und Zusammenarbeit) braucht die Währung, die zu seiner Leistungsfähigkeit passt. Ansonsten führt es zu schweren Problemen. Was in diesen beiden Sätzen so schrecklich abstrakt klingt, ließ sich wunderbar in einem kleinen realen Experiment an unserer deutschen Südgrenze beobachten. Im Jahr 2008 stand der Euro bei 1,60 Schweizer Franken. Das bedeutet, man musste für einen Euro genau einen Franken und 60 Rappen berappen. In den zehn Jahren zuvor pendelte dieser Wechselkurs gemächlich zwischen 1,45 und 1,70. Die Schweizer Wirtschaft entwickelte sich prächtig, und der Export (vornehmlich in die Eurozone) lief glänzend. Doch Ende 2008, Anfang 2009 fingen die Menschen in der Eurozone an, ihrer Währung zu misstrauen. Wie immer in solchen Zeiten sucht man nach Sicherheit, und dann fällt einem sogleich die Trutzburg in den Alpen ein. Die politisch stabile Schweiz mit den sicheren Banken und den vertrauenerweckenden Fränkli, seit vielen Jahrzehnten Inbegriff der Stabilität. In der Folge kauften viele EUROpäer jene Franken und gaben dafür nur allzu gerne ihre Euros her. Wie immer, wenn viele das Gleiche wollen, steigt der Preis. Der Franken wurde immer beliebter und somit immer teurer. Man bekam für einen Euro nur noch 1,40 SFr. (Schweizer Franken), im Jahr 2010 noch 1,30 SFr. 2011 brachen schließlich alle Dämme. Die Flucht in den Schweizer Franken wurde zur Massenbewegung. Inzwischen verschoben die Griechen riesige Summen in die Alpen, um sich vor einer möglichen Zwangsumstellung auf die Griechische Drachme zu schützen. Auch hier bemühen wir wieder ein Bild vom Kinderspielplatz. Sie kennen diese Wippbalken, die wie eine große Waage funktionieren. Geht es mit dem einen Balkenende nach oben, geht es für den anderen nach unten. Der Euro stürzte ab, und der Schweizer Franken schoss durch die Decke. Diese Decke erreichte er für wenige Tage im August 2011, als es für einen Euro nur noch einen Schweizer Franken gab. An der Börse nennt man diese Situation Parität – Gleichstand. Was aber beim Fußball für eine versöhnliche Feier beider Mannschaften führt, hatte für die Schweizer Wirtschaft schwerwiegende Folgen.

Dazu wechseln wir kurz auf die andere Seite des Bodensees und versetzen uns in die Lage eines Eidgenossen. Vor einem Jahr hätte er für einen BMW in Deutschland noch 75 000 SFr. bezahlt. Plötzlich erzählt ihm sein Nachbar, dass es durch den günstigen Wechselkurs in Deutschland jetzt den gleichen Wagen für 50 000 SFr. gibt. Die Hausfrau erfährt beim Kaffeeklatsch, es gebe wenige Kilometer entfernt das Toastbrot für einen Franken statt für 1,50 SFr. wie bisher, und überhaupt seien alle Einkäufe um ein Drittel billiger geworden, wenn man nur über die Grenze zu den Deutschen fahre. Nicht nur die schwäbische Hausfrau wird hier schwach, sondern auch der Eidgenosse, und so war im beschaulichen Städtchen Konstanz am Bodensee plötzlich der Wahnsinn ausgebrochen. Die Schweizer kamen in Horden über die Grenze, so dass sich manch einer an die Szenen bei der Maueröffnung in Berlin erinnert fühlte. Aber die Schweizer wollten kein Begrüßungsgeld, sie brachten jede Menge Geld mit und wollten Waren. In Konstanz waren plötzlich nicht nur Parkplätze knapp, sondern auch Windeln. Das Einkaufszentrum Lago berichtet, dass die 700 Parkplätze längst nicht mehr ausreichen, man habe Extra-Parkflächen eröffnet. An den leeren Regalen hängen Schilder mit der Aufschrift: »Liebe Kunden, leider haben wir heute keine Pampers mehr für Sie auf Lager«. Autohäuser stellen zusätzliches Personal ein, um die Schweizer Kunden zu bedienen. Ob Fremdsprachenkenntnisse in Schwyzerdütsch vorausgesetzt wurden, ist nicht überliefert.

Hier konnten wir sehr anschaulich ein volkswirtschaftliches Phänomen beobachten, das zum Verständnis der Eurokrise (ja, es gibt eine! ;-)) sehr hilfreich ist. Wenn sich die Währungsverhältnisse verschieben, verschieben sich sofort auch die Warenströme. Hier konnten wir diese Warenströme live vor der Kamera beobachten. Wir sahen, wie sich die Karawane an Autos mit Schweizer Kennzeichen und dem Handschuhfach voller Fränkli nach Deutschland schob. Wir sahen Hausfrauen, bepackt mit Einkaufstüten, die ihre erworbenen Schätze über den Grenzübergang Konstanz nach Hause in die Schweiz bewegten, während die Schweizer Franken aus der Alpenrepublik nach Deutschland wanderten. Im wahrsten Sinne des Wortes eine Krötenwanderung der ganz besonderen Art. Denn auf der anderen Seite des Schlagbaums sah man die Kehrseite der Medaille. Dem Jubel der deutschen Einzelhändler stand hier das Wehklagen der Schweizer Gewerbetreibenden gegenüber. Bei Aldi Suisse herrscht gähnende Leere, nur eine Kasse ist besetzt, und über den Parkplatz bewegen sich bestenfalls die Eichhörnchen.

So etwas passiert überall dort auf der Welt, wo sich die Währungen auf unnatürliche Weise stark verändern. Denn die Aufwertung des Schweizer Frankens war ja keine Folge einer explodierenden Wirtschaftskraft des Alpenstaates, sondern passierte durch die künstliche Nachfrage nach Franken durch die Europäer, die ihrer eigenen Währung nicht mehr vertrauten. Normalerweise kann man derlei Verschiebungen der Warenströme nicht so herrlich anschaulich beobachten. Sie geschehen viel mehr still und heimlich per Mausklick oder telefonischem Großauftrag zwischen Unternehmen, die plötzlich ihre Bestellung in einem anderen Land tätigen. Erst am Jahresende erkennen die Wirtschaftsfachleute an den langweiligen Handelsbilanzen, welche Auswirkungen die veränderten Währungen hatten.

Der Aufschwung beim deutschen Einzelhandel hatte, wie beobachtet, katastrophale Auswirkungen auf die Schweizer Einzelhändler. Aber nicht nur auf die. Auch die Schweizer Exportindustrie hatte plötzlich größte Probleme mit ihren Absätzen. Für einen Deutschen oder Franzosen kostete die Schweizer Nobeluhr jetzt schlagartig 10 000 Euro statt bis eben noch 6700 Euro. Ähnliche Preissprünge trafen die Schweizer Taschenmesser, die Schoggi und viele andere Produkte im Hightech-Bereich. Die Exporte der Schweiz gingen

dramatisch zurück. Der Tourismus hatte größte Umsatzein-
bußen. Die EUROpäer konnten sich die Schweiz einfach nicht
mehr leisten. Ein Abendessen für zwei Erwachsene und zwei
Kinder kam ohne überschwenglichen Luxus bei 300 bis
400 Euro zum Stehen. Selbst die Schweizer bevorzugten das
Skifahren in Österreich, weil es dort aufgrund des Wechselkurses so schön billig war.

Doch auf deutscher Seite herrschte nicht nur Freude über
diese Entwicklung. Etliche Hausbesitzer und auch Industrieunternehmen hatten in den Jahren zuvor ein lukratives, aber
gefährliches Spiel gespielt. Sie hatten zur Finanzierung ihres
Betriebs oder des Einfamilienhauses ein Darlehen in Schweizer Franken aufgenommen. Sie fragen sich, warum? Ich mich
auch! Die Rechnung war wohl folgende: Die Zinsen in der
Schweiz sind seit vielen Jahren deutlich niedriger als in
Deutschland. Das liegt unter anderem daran, dass wegen des
Bankgeheimnisses schon immer viel Geld – ob schwarz, ob
weiß – in die Schweiz geflossen ist. Und so hatten die Schweizer Banken keine Notwendigkeit, hohe Zinsen zu zahlen, um
Geld anzulocken. Es wurde ihnen ja aufgedrängt. Also konnten sie wiederum zu niedrigen Zinssätzen Kredite vergeben.
Das hat mancher risikofreudige deutsche Häuslebauer gerne
genutzt. Er hat einen Kredit in Schweizer Franken aufgenommen, das Geld in Euro getauscht und sein Traumhaus gebaut.
Die 1,5 Prozent Zinsen haben ein besonders prächtiges Häus-
chen ermöglicht. Aber wehe, wehe, wenn ich auf das Ende
sehe. Denn natürlich muss der Häuslebauer der Bank ja
Schweizer Franken zurückgeben. Sowohl für die Zinsen als
auch für die Rückzahlung seines Kredits. Sein Gehalt erhält er
aber in aller Regel in Euro ausbezahlt. Durch die Turbulenzen
in der Eurozone verschlechtert sich nun der Wechselkurs, und
der Schweizer Franken gewinnt rapide an Wert. Und plötzlich
beträgt des Kreditnehmers monatliche Rate nicht mehr 1500,
sondern 2250 Euro. Seine Schulden für das Haus liegen zwar

immer noch bei 700 000 Franken, aber mittlerweile sind das
700 000 Euro und nicht, wie noch vor einem Jahr, 476 000 Euro.
Das Haus wird in dieser Zeit kaum an Wert in entsprechender
Größenordnung zugelegt haben, und auch das Euro-Gehalt
des Häuslebauers dürfte noch das alte sein. Manch ein Hausbesitzer ward um seinen guten Schlaf gebracht, und auch der
eine oder andere Bankvorstand konnte mit sorgenvoller Miene
angetroffen werden.

Doch zurück in die Schweiz. Durch eine kurzfristige künstliche Verschiebung der Währungsverhältnisse kam die bislang wirtschaftlich starke Schweiz in große Bedrängnis. Die
Schweizerische Nationalbank (SNB) musste auf diese Entwicklung reagieren, und das tat sie mit einem verzweifelten
Schritt: Im September 2011 band die Schweiz ihre Währung
fix an den Euro. Sie legte den Wechselkurs mit 1,20 SFr. fest.
Für einen Euro sollte es ab sofort mindestens 1,20 Franken
geben. Wenn der Markt dazu nicht bereit sei, würde eben die
SNB jederzeit alle Euros, die ihr angeboten würden, zum
Preis von 1,20 Franken kaufen. Wie gesagt, ein extrem ge-
wagter und verzweifelter Schritt der Schweizerischen Nationalbank, mit dem sie bis heute ein sehr großes Risiko eingeht.
Bis zum Herbst 2012 hat die SNB Hunderte Milliarden Euro
gekauft und zur Finanzierung Schweizer Franken gedruckt.
Die Devisenreserven der Schweiz explodieren auf umgerechnet 418 Milliarden Franken, was 70 Prozent der Schweizer
Wirtschaftsleistung entspricht. Wenn der Euro zerbricht, hat
die SNB ein massives Bilanzproblem, und die dann ins Blaue
hinein erzeugten Schweizer Franken würden zu einer starken
Inflation in der Schweiz führen. Ein vergleichbares Phänomen
war übrigens bereits 1978 zu beobachten, als die Schweiz für
einige Zeit den Franken an die D-Mark koppelte und massiv
Franken druckte. Drei Jahre später explodierte daraufhin die
Schweizer Inflationsrate, und die Notenbank musste die Zinsen massiv anziehen, um diese Inflation wieder einzufangen.

Das hatte zur Folge, dass viele Schweizer ihre Hauskredite nicht mehr bezahlen konnten. Heute macht die SNB den gleichen verzweifelten Schritt, diesmal aber in der Größenordnung XXL.

Und obwohl der Schweizer Staat nur eine vergleichsweise geringe Staatsverschuldung von etwa 40 Prozent des Bruttoinlandsproduktes aufweist, sind seine Bürger wegen spezieller steuerlicher Fehlanreize über beide Ohren verschuldet. Sollte also aufgrund der oben beschriebenen Notmaßnahmen der SNB die Schweiz in zwei Jahren dazu gezwungen sein, die Zinsen deutlich anzuheben, wird es in etlichen Schweizer Privathaushalten zu Heulen und Zähneklappern kommen, und der Schuldnerberater Peter Zwegat kann eine Schweizer Filiale eröffnen. Böse Zungen sprechen bereits vom drohenden Island der Alpen. So weit zur Frage, ob man sein Geld jetzt nicht lieber in der Schweiz anlegen sollte.

Im Übrigen war diese Aktion der SNB zu wesentlichen Teilen mitverantwortlich für die zeitweise negativen Zinsen, die die Bundesrepublik für neu ausgegebene Staatsanleihen »bezahlen« musste. Die Nachfrage nach Bundesanleihen war zeitweise so groß, dass die Zinsen negativ wurden. Wenn man Deutschland Geld geliehen hat, hat man dafür keine Zinsen bekommen, sondern musste sogar noch welche bezahlen. Klingt verrückt? War aber so. So sammelte die Bundesschuldenverwaltung im Januar 2012 3,9 Milliarden Euro durch Herausgabe von Staatsanleihen bei den Anlegern ein. Der Zins lag bei − 0,0122 Prozent. Das bedeutete, dass der deutsche Staat mit der Aufnahme dieses Kredits etwa 244 000 Euro verdient hat.

Verrückte Welt! Wo kam diese enorme Nachfrage her? Zu großen Teilen von der Schweizer Nationalbank. Die hatte ja am freien Markt riesige Summen Euro gekauft und dagegen Franken ausgegeben, um den Kurs des Franken zu drücken. Was aber tun mit all den gekauften Euros? Irgendwo sicher anlegen. Die Zinsen waren egal, es musste nur sicher sein. Also kaufte die Schweizer Nationalbank für zig Milliarden Euro deutsche Staatsanleihen und war sogar bereit, eine Parkgebühr in Form von negativen Zinsen zu bezahlen. Sischer ist eben sischer.

Wir sehen also, wie unglaublich wichtig der richtige Wert einer Währung für einen Staat ist. Der Wert der Landeswährung muss unbedingt zur wirtschaftlichen Leistungsfähigkeit des jeweiligen Landes passen, sonst führt das binnen kürzester Zeit zu großen Verwerfungen.

2012 erklärte der Schweizer Wirtschaftsminister, dass der faire Wert des Schweizer Franken etwa bei 1,30 SFr. pro Euro liege. In der Spitze war der Schweizer Franken also um 23 Prozent zu hoch im Vergleich zur Wirtschaftsleistung. Diese kurzfristige Überbewertung von 23 Prozent führte zu massiven Schwierigkeiten und Turbulenzen in der Schweizer Wirtschaft.

DER GRIECHISCHE PATIENT UND DIE WIEGE DER DEMOKRATIE

Schwenken wir nun das Auge Saurons auf Griechenland. Die Währungsexperten erklären uns, dass, wenn Griechenland morgen aus dem Euro austreten und eine eigene Währung einführen würde, diese Neue Drachme sofort um etwa 50 Prozent abgewertet werden würde. Ist uns wirklich klar, was diese Aussage bedeutet? Sie besagt, dass die Griechen heute mit einer Währung operieren, die um etwa 100 Prozent über ihrer Leistungsfähigkeit liegt. 23 Prozent kurzfristige Überbewertung reichen aus, die wirtschaftlich starke Schweiz ins Trudeln zu bringen. Jetzt wird klar, was eine jahrelange Überbewertung von 100 Prozent mit der Wirtschaft eines ohnehin schwachbrüstigen Griechenland macht. Mit einer solchen viel zu hohen Währung kann kein Land dieser Erde, und sei es noch so gut aufgestellt, wirtschaftlich überleben. Und genau das ist in Griechenland geschehen. Wenn wir die wirtschaftlichen Entwicklungen Griechenlands und der Türkei übereinanderlegen, stellen wir fest, dass beide bis zur Euro-Einführung nahezu parallel verlaufen sind. Doch mit der Einführung des Euro in Griechenland geschieht etwas Faszinierendes. Die Wirtschaftsleistung der Türkei explodiert geradezu, die der Griechen hinkt dramatisch hinterher. Was war geschehen? Der für Griechenlands schwache Wirtschaftsleistung viel zu hohe Euro machte die griechischen Waren für das Ausland völlig unattraktiv. Es war viel zu teuer, in Griechenland Urlaub zu machen. Ein Espresso am Strand kostete 3 Euro, ein Fischgericht nicht unter 15 Euro. Der gleiche heiße Kaffee war in der Türkei für umgerechnet knapp 1 Euro zu haben, der Fischteller für 5 Euro. Die schwache türkische Lira machte es möglich.

In der Folge buchten viele Sonnenhungrige ihre nächsten Urlaube eben in der Türkei statt in Griechenland. Die gleiche

Sonne, das gleiche Meer, der gleiche Strand, die gleichen
Altertümer, leckeres Essen, anisbasierte Rachenputzer und
gastfreundliche Menschen. Größter Unterschied für den Tou-
risten: fürs gleiche Geld mehr auf dem Teller. Der industriellen Wirtschaft ging es nicht anders. Was in Griechenland über
Nacht zu teuer war, hat man gerne in der Türkei eingekauft.
Die griechische Währung wertete dramatisch auf, man konnte
es ja nicht mehr beeinflussen, und die immer stärkere Produktivität der Deutschen zog den Euro weiter nach oben. Die türkische Lira wertete ab. Da die Türkei aber kein billiges Geld
aufgrund niedriger Eurozinsen aufnehmen konnte, war die
türkische Regierung weit stärker in der Pflicht, Wirtschaftsreformen voranzutreiben. Sie konnte kaum Wohltaten auf Kredit verschenken. So kam es, dass die türkische Wirtschaftsleistung in den Folgejahren explodierte, die griechische zunächst nur noch von der kreditfinanzierten Binnennachfrage
getragen war und schließlich weitgehend zusammenbrach.
Am Ende (2011) betrug der griechische Warenexport gerade
noch 6,4 Prozent des BIP (Bruttoinlandsprodukt). Zum Vergleich: Der deutsche Warenexport trägt im selben Jahr
33,8 Prozent zum BIP bei. Die größten Unternehmen an der
griechischen Börse waren ein Getränkeabfüller und ein Sport-
wetten-Anbieter. Der Getränkeabfüller hat sich 2012 aufgrund
der verfahrenen und unklaren Situation verabschiedet und
seinen Firmensitz in die Schweiz verlegt. Bleibt der Sport-
wetten-Anbieter. Wie nachhaltig ein solches Geschäftsmodell
für einen Staat ist, entscheiden Sie bitte selbst.
Die griechischen Unternehmer verzweifelten an dem hohen
Wechselkurs und strichen reihenweise die Segel. Der Staat
sah keinerlei Veranlassung für Wirtschaftsreformen, um das
Land möglicherweise wieder auf Kurs zu bringen. Das richtige Motto wäre gewesen: »Wenn wir schon eine zu schwache
Produktivität für diese hohe Währung haben, dann lasst uns
versuchen, diese Produktivität zu erhöhen. Wir machen die

längst überfälligen Wirtschaftsreformen und flankieren diese
mit Konjunkturpaketen, um sie wirksam werden zu lassen.«
Das Geld dafür gab es ohnehin zu für griechische Verhältnisse
sagenhaft günstigen Zinsbedingungen. Denn mit dem teuren
Euro der Deutschen und Franzosen wurden auch deren niedrige Zinssätze ins Land gebracht. Während Griechenland früher
völlig selbstverständlich mit Sätzen von 10 bis 15 Prozent leben musste, tauchte nun der Segen in Form von Vier-Prozent-
Anleihen auf. Doch hier kommt wieder der – in Griechenland
noch stärker ausgeprägte – politische Schlendrian ins Spiel.
Statt sich mit unbequemen Reformen und Diskussionen den
Tag zu versauen, hat man das billige Geld lieber dazu verwendet, politische Freunde, Verwandte, Bekannte und Wähler mit
großzügigsten Wohltaten zu versehen.»Großzügige Wohltaten haben eine jahrtausendealte Tradition in Griechenland«
(Running Gag im Radiosender SWR3).
Dass dieses Phänomen kein neues ist, zeigt eine Zustands-
beschreibung Griechenlands aus einer Zeit, in der die griechische Geschichte schon einmal aufs Engste mit der Deutschen
verbunden war. So ist es doch faszinierend zu erfahren, dass
die griechischen Nationalfarben Weiß-Blau aus Bayern stammen. Das ist kein Witz, sondern schlicht der Tatsache geschul-
det, dass 1832 Prinz Otto von Bayern von der griechischen
Nationalversammlung zum »König Otto I., von Gottes Gnaden, König von Griechenland« gewählt wurde. Und das war
zu jener Zeit durchaus von anderer Bedeutung, als wenn heute
Jürgen Drews zum König von Mallorca ernannt wird. Otto
brachte seine Farben von der Isar mit, und den Griechen gefie-
len sie so gut, dass sie noch heute auf jeder Tsatsiki-befleckten
Papierserviette zu finden sind.
Aus der Spätphase dieser deutsch-griechischen Liebesge-
schichte stammt folgender Bericht, erschienen im »Schlei-
Boten« vom 17. Mai 1897:
»Der griechische Staat ist arm, das ist nicht seine Schuld, aber

schlimmer als seine Armut ist die schlechte Finanzwirtschaft, die im Land herrscht. Wie die Ministerien auch zusammengesetzt sein mochten, im Geldpunkt haperte es stets. Millionen und Abermillionen, die zur Verwirklichung von großen, dem ganzen Land nützenden Unternehmungen verwendet werden sollten, sind in ganz andere Taschen geflossen als in die von Ingenieuren und Arbeitern, welche die Arbeiten ausführen sollten; so sind beispielsweise bei dem Bau des berüchtigten Kanals von Korinth 80 Millionen spurlos verschwunden … Nach der Abtretung von Thessalien an Griechenland durch die Türkei zum Beginn des vorigen Jahrzehnts bis zur Vermählung des Kronprinzen Konstantin mit der Prinzessin Sophie von Preußen haben die griechischen Finanzminister es verstanden, eine 100-Millionen-Anleihe nach der anderen einzuheimsen; große Bankfirmen im Deutschen Reich, in Frankreich und in England übernahmen bereitwilligst die Vermittlung, und alle diese schönen Beträge, die heute schon zu zwei Dritteln entwertet sind, gehen nun vielleicht ganz und gar verloren, wenn kein ernster Machtanspruch erfolgt.

Das Geld ist in Griechenland direkt verwirtschaftet, denn irgendwelche nennenswerte Verwendung im Landesinteresse ist nicht erfolgt. Auch für militärische Zwecke ist nicht viel übrig geblieben. Man hat die geliehenen Summen in der Hauptsache zur Bestreitung der laufenden Staatsausgaben verwendet, die doch von den Steuerzahlern gedeckt werden müssen. Im modernen Hellas besteht aber der allerliebste Brauch, dass die Anhänger des jeweiligen Ministerpräsidenten und seiner Leute es als ein schönes Vorrecht betrachten, so wenig wie möglich oder, besser noch, gar keine Staatssteuern zu bezahlen. Da Griechenland so ziemlich zwei Ministerien pro Jahr hat, kann man sich nun ausrechnen, wie viel eigentlich von den Steuern, die gezahlt werden sollen, wirklich gezahlt werden. Welche zarte Besorgnis die Minister für ihre Wähler hegen, ergibt die Tatsache, dass jedes Ministerium ohne Besinnen für die Kürzung der Zinsen der ausländischen Besitzer griechischer Staatspapiere gestimmt hat; während sie den inländischen Inhabern weiter gezahlt werden.

Griechenland hat damit renommiert, es würde allen seinen Gläubigern gerecht werden, wenn es Kreta behalten dürfte. Das ist eine Redensart; in einem Griechenland, in welchem der Bazillus des Größenwahns wütet, wird erst recht gestohlen auf Staatskosten. Um der liederlichen Wirtschaft ein Ende zu machen, kann nur eine strenge Finanzkontrolle helfen, denn wenn auch der griechische Staat bettelarm ist, die Griechen sind es weit weniger. Aber auf solche Reformen wird man in Athen schwer, sehr schwer eingehen, denn nur ein starker Druck könnte da helfen. Und wenn auch Deutschland wollte – ob die zunächst meistbeteiligten Mächte England und Frankreich mitmachen würden, ist recht sehr die Frage. Jedenfalls muss aber ernstlich die Angelegenheit im Auge behalten werden, sonst ist alles Geld, welches Griechenland erhalten hat, total verloren. Schonung solchem Staat gegenüber üben zu wollen, ist freilich Torheit, aber die Langmut mehrerer Großmächte gegenüber Griechenland hat tief, unendlich tief blicken lassen.«

Nur die geschwurbelte Ausdrucksweise und das Datum von 1897 erinnern daran, dass diese Zeilen nicht aus der »Süddeutschen Zeitung« vom letzten Montag stammen. Wie sich Geschichte doch wiederholt.

Es fühlt sich natürlich wohlig an – damals wie heute –, sich aus deutscher Sicht entspannt zurückzulehnen und über den Griechen zu schmunzeln. »Ja, ja, der Grieche – der ist nicht wie wir. Klar, den Grillteller beherrscht er wie kein Zweiter, aber mit dem Steuerzahlen hat er's nicht so. Sind halt ausgekochte Schlitzohren. Den Kretateller zahle ich – wenn er mir noch einen Ouzo drauflegt –, aber dass ich diesen Schlawinern mein teuer Geld nach Athen überweise? So weit kommt's noch!«

Wir können mit unserer preußischen Staatsergebenheit nicht
ansatzweise verstehen, warum in Griechenland die Steuer-
uhren anders ticken. Warum der Staat dort nicht als wichtiges
Element des Gemeinwesens, sondern vielmehr als gemeines
Wesen gesehen wird, das es an allen Fronten zu meiden gilt.
Um hier das deutsch-griechische Verständnis auf eine etwas
weitere Basis als nur die gastronomische zu stellen, ist mal
wieder ein Blick in die Geschichte nötig. Hier gilt wie kaum
woanders die alte Weisheit: »Nur wer die Geschichte kennt,
versteht die Gegenwart.«

Es war einmal ein fernes Land in ferner Zeit, in dem eine Wiege stand. In dieser Wiege schrie die frischgeborene Demokratie nach Leibeskräften, wuchs und verbreitete sich über
den ganzen europäischen Kontinent.

Das mit der Wiege der Demokratie ist schon ziemlich lange
her – so etwa 2500 Jahre. In der Zwischenzeit sind Römer,
Slawen, Osmanen, Italiener und Deutsche mehr oder weniger
unfreundlich durchs Land gezogen und haben neben der Demokratie gleich noch alle anderen Schätze des Landes mit-
genommen. Den Osmanen hat es spätestens seit der Eroberung
Konstantinopels 1453 so gut in Griechenland gefallen, dass sie
gleich 400 Jahre blieben und sich der vielgerühmten griechischen Gastfreundschaft erfreuten. Das wird selbst dem gutmü-
tigsten Griechen irgendwann zu viel, und so nahmen sich die
Osmanen das, was sie nicht freiwillig bekamen, mit der Macht
des (Steuer-)Gesetzes von der griechischen Bevölkerung. Dass
der Grieche dadurch keine liebevolle Beziehung zu seinem
Staatswesen entwickelt, sondern »denen da oben« möglichst
viel vorenthält, ihnen bei jeder sich bietenden Gelegenheit den
blanken Allerwertesten zeigt und ansonsten zusieht, dass er
sich mit seinen Nachbarn und seiner Familie selbst um seine
Angelegenheiten kümmert, bevor er beim osmanischen Stadt-
halter anfragt, ist durchaus nachvollziehbar. Es dauerte mehrere kriegerische Jahrzehnte von 1821 bis 1919, bis man den

ungebetenen osmanischen Gast aus dem letzten griechischen Nebenzimmer hinauskomplimentiert hatte. Doch von erholsamen Ruhetagen oder gar harmonievoller Herausbildung von Staatsbürgern konnte keine Rede sein, denn kurz darauf brach der Zweite Weltkrieg aus, und die Deutschen stürmten gemeinsam mit den Italienern die griechischen Theken und benahmen sich wie die Axt im Walde. Schon wieder nahmen sich diese ungebetenen Gäste, was sie kriegen konnten, und gerne noch ein wenig mehr. Statt zu zahlen, wurde auch noch die Kasse geplündert.

Doch weg von der launigen Erzählung hin zu den harten Fakten der griechischen Geschichte, deren Kenntnis unabdingbar ist, um die heutige verfahrene Situation Griechenlands zu verstehen. Nur wer die tragische Geschichte des griechischen Volkes kennt, kann ohne Arroganz nachvollziehen, warum Griechenland, seine Bürger und seine Verwaltung heute genau so sind, wie wir sie erleben, und warum hier Überheblichkeit fehl am Platze ist.

Tatsächlich war die griechische Antike (750 bis 176 v. Chr.) die Wiege der westlichen Kultur und Demokratie (»Herrschaft des Volkes«). In den griechischen Stadtstaaten entstanden besonders ab 500 v. Chr. Herrschaftsformen, in denen die (männlichen) Bürger große Mitsprachemöglichkeiten besaßen. Aristoteles hatte etwa 350 v. Chr. eine sehr bemerkenswerte wesentliche Grundlage der Demokratie definiert: die Freiheit. Die Bürger sollten nicht dauerhaft von anderen beherrscht werden, sondern selbst mal Herrscher, mal Beherrschte sein. Die Ämter, die nicht allzu großes Fachwissen erforderten, wurden nur für kurze Zeit vergeben, dann kam der nächste dran. Beamte wurden per Losverfahren ausgewählt – und das wäre heute in manch einem Land sicherlich auch kein Rückschritt. So sollte es erst gar nicht zur Bildung von Machteliten und Kungelei kommen. Ideen, über die man auch heute durchaus wieder mal nachdenken kann, ob da nicht das eine oder andere Element verlorengegangen ist? Insbesondere in Sachen Freiheit? – Ohne in den Details auf die genauen Entwicklungen und Ausprägungen einzugehen, bleibt festzustellen, dass Griechenland zu Recht als »Wiege der Demokratie« bezeichnet wird.

Doch etwa ab 146 v. Chr. ging es mit der demokratischen Selbstbestimmung der Griechen zu Ende. Die Römer kamen – nicht ganz friedlich – ins Land und taten das, was Unterdrücker stets tun: sie unterdrückten. Und zwar die Demokratie sowie deren Teilnehmer, die griechischen Bürger. Steuern wurden von fremden Herren erhoben, und im fernen Rom wurde bestimmt, was in den Regionen Griechenlands zu geschehen hatte. Als die Römer sich im Zuge der Auflösung ihres Imperiums zurückzogen, folgten slawische Stämme, die spätestens ab dem 7. Jahrhundert n. Chr. weite Teile Griechenlands beherrschten und – Sie ahnen es – plünderten. So ging es munter weiter: In den nächsten Jahrhunderten durften alle Nachbarn mal für einige Jahre vorbeischauen und in die Kasse der Bürger greifen. Bulgaren, sizilianische Normannen, die Ritter des Zweiten Kreuzzugs (1147) und auch diejenigen des Vierten Kreuzzugs (1204) trampelten durch die Saat und teilten unter sich auf, wessen sie habhaft wurden. Der Spuk der Besatzung durch die Kreuzfahrer und ihrer Nachfolger endete gegen 1453. Doch vom Regen in die Traufe, das musste der leidgeplagte Grieche feststellen. Denn die nun einrückenden Osmanen waren auch nicht besser. Wie schon gesagt blieben die Osmanen gleich ganze 400 Jahre. Obwohl es im Laufe dieser langen Zeit durchaus zu einer positiven Entwicklung der griechischen Wirtschaft kam – 400 Jahre Planungssicherheit für Investoren ist schon ein bemerkenswerter Anschubfaktor –, handelte es sich doch wieder um eine Zeit der Fremdherrschaft und der Abgabe von Steuern an fremde Herren.

So dauerte es seit der letzten dauerhaften Eigenständigkeit der Griechen in der Antike fast 2000 Jahre, bis gegen 1820 durch den Niedergang des Osmanischen Reiches, den Erfolg der Französischen Revolution und eine sich verändernde politische Großwetterlage in Europa die Zeichen für das Entstehen einer eigenen griechischen Nation günstig standen.

Die Revolution der Griechen gegen das Osmanische Reich, die 1821 begann, wurde in den folgenden Jahren von England, Frankreich und Russland unterstützt, die damit natürlich ihre eigenen Interessen verbanden. Nach dem Rausschmiss der Osmanen blieb wie immer, wenn der Trainer entlassen wurde, die Frage: Wer soll's machen? Besonders die Briten bestanden darauf, dass Griechenland nur als Monarchie selbständig werden sollte. Da Otto Rehhagel noch nicht zur Verfügung stand, man aber schon ahnte, dass unter einem König Otto Großes möglich werden würde, hat sich die griechische Nationalversammlung 1832 kurzerhand für König Otto I., von Gottes Gnaden, König von Griechenland, entschieden, den man sich, wir haben es noch im Gedächtnis, mal eben aus Bayern auslieh. Otto war dort noch zweitgeborener Prinz des Königs Ludwig I. von Bayern. Man hilft sich bei Königs gerne mal untereinander aus, wenn gerade wegen diverser Enthauptungen Personalmangel herrscht.

Na, klasse! Mal wieder hat man es den Griechen nicht zugetraut, den Laden selbst zu schmeißen. Da lehnen sie sich in einer großangelegten Revolution gegen die Osmanen auf, um am Ende von einem deutschen Monarchen in wohlbekannter Manier beherrscht zu werden. Doch so langsam – nach immerhin etwa 2040 Jahren – hatte man doch endgültig die Schnauze voll und stürzte Otto 1862 entgegen den damaligen Gepflogenheiten unblutig vom Thron.

Von dem plötzlichen Erfolg und der neugewonnenen Freiheit beseelt, setzte auch gleich der Übermut ein. Das kleine Restgriechenland, das nach all den Verwicklungen, Besatzungen und Verschwurbelungen übrig geblieben war, reichte den Griechen nicht lange aus, und der Traum von einem »Großgriechenland« bemächtigte sich der Volksseele. Sie ahnen, wie ein solches Unternehmen ausging – so wie fast immer, wenn einer von einem Groß-Irgendwas träumt und glaubt, das auf militärischem Weg erreichen zu können. Es folgten Balkankriege, Staatsbankrotte und deren Folgen (siehe »Schlei-Bote« 1893), Türkisch-Griechische Kriege (1897), Eintritt in den Ersten Weltkrieg (1917) – mal wieder gegen die Osmanen. Als der Erste Weltkrieg bereits offiziell zu Ende war, rappelte es erst richtig zwischen der Türkei und Griechenland, was in einer verheerenden Niederlage der Griechen und in der sogenannten kleinasiatischen Katastrophe endete. In deren Folge wurde die Grenze zwischen der Türkei und Griechenland neu gezogen, und auf beiden Seiten wurden die Menschen der jeweils anderen Volkszugehörigkeit mit Gewalt vertrieben. Auf türkischer Seite wurden 1,1 Millionen griechische Christen vertrieben, auf griechischer Seite mehrere hunderttausend Moslems. Von diesem blutigen Einschnitt haben sich beide Volksgruppen bis heute nicht erholt, und besonders aus jener Zeit gründet die große Spannung zwischen beiden Nationen, die bis in die Gegenwart anhält.

In der Folgezeit herrschte in Griechenland ein buntes Chaos, ausgetragen zwischen den Anhängern der Republik und jenen Monarchisten, die ihren König wiederhaben wollten. Staatenbildung sieht anders aus. Das Problem löste sich 1940 im Zuge des Zweiten Weltkriegs ganz von allein. Griechenland geriet zwischen die Fronten der Westmächte und der Achse Berlin–Rom. Im Verbund marschierten erst die Italiener, dann die Deutschen in Griechenland ein. Die Griechen kapitulierten, und es wurden flächendeckend deutsche Besatzungsbehörden installiert, die somit Zugriff auf die gesamte griechische Wirtschaft hatten. Deutschland plünderte Griechenland weitgehend aus und schaffte alle möglichen Waren, Produktionsmaschinen und Nahrungsmittel heim ins Reich. Auf die darauf folgende Hungersnot und Verelendung der griechi-

schen Bevölkerung reagierte diese mit großen Partisanenbe-
wegungen, die Wehrmacht wiederum mit grausamer Härte.
Die Folgen, die hieraus für die griechische Bevölkerung entstanden, sind mit wenigen Worten nicht auszumalen, das
überlasse ich Ihrer Vorstellungskraft. Über 100 000 Hunger-
tote in Athen in den Wintern 1941/42 und 1942/43 sollten
dazu Anlass genug sein. Eine griechische Industrie war nicht
mehr vorhanden. Reparationszahlungen in auch nur annä-
hernd nennenswerter Größenordnung von Deutschland an
Griechenland haben nie stattgefunden.

Vielleicht wird es vor diesem Hintergrund ein wenig verständ-
licher, warum die Griechen mit einer leichten Gereiztheit (und
mit Nazi-Uniformen) reagieren, wenn Deutschland wenige
Jahrzehnte später verlauten lässt: Wir schicken euch unsere
Steuer- und Verwaltungsbeamten, um eure Wirtschaft zu über-
wachen und zu regulieren.

Der Zweite Weltkrieg ging in Griechenland nahtlos in einen
Bürgerkrieg über, der seine Ursache in den Geschehnissen
während der deutsch-italienischen Besatzung hatte. Die USA
unterstützten diejenigen Kräfte in Griechenland, die sich
gegen die »kommunistischen Umtriebe« im Lande stellten.
Dazu gab es auch erste wirtschaftliche Unterstützung, und ein
langsamer Wiederaufbau war möglich. Doch es waren politisch ausgesprochen turbulente Jahre, die bereits 1967 durch
einen Militärputsch (»Putsch der Obristen«) ihren negativen
Höhepunkt fanden. Auch hierfür soll es massive US-Unter-
stützung gegeben haben. Alles im heiligen Kampf gegen den
Kommunismus.

Hier spielte die LOK eine Rolle, eine schlagkräftige rechtsgerichtete Guerillatruppe, deren Ursprünge im Zweiten Weltkrieg liegen. Im Bürgerkrieg, der dem Zweiten Weltkrieg
folgte, bewährte sich die LOK im Kampf gegen die Kom-
munisten. Schon damals wurde die Truppe von britischen
Einheiten gefördert. Im Laufe der 1960er Jahre übernahm der

damalige griechische Inlandsgeheimdienst gemeinsam mit der CIA das Training und die Ausrüstung der Einheit. Diese LOK war es auch, die den Militärputsch in Athen 1967 startete, indem sie das Militärhauptquartier stürmte und besetzte, um einen bevorstehenden Wahlsieg des linksliberalen Zentrums um Andreas Papandreou zu verhindern. Andreas Papandreou hatte in den USA studiert, bei der US-Marine gedient und besaß von 1944 bis 1963 sogar die amerikanische Staatsbürgerschaft. Diese legte er ab und zog ins griechische Parlament. Sein Vater Georgios war zu jener Zeit Ministerpräsident Griechenlands. Andreas Papandreou wandte sich zunehmend gegen die USA, ihre Militärpräsenz und die Abhöraktionen des CIA in den griechischen Regierungsgebäuden.

Der Obristen-Putsch brachte eine nun sehr US-freundliche Militärregierung an die Macht, Vater und Sohn Papandreou wanderten erst ins Gefängnis, später ging Andreas ins schwedische Exil. Immer wieder machte er die CIA öffentlich für den Militärputsch verantwortlich. Es folgten Jahre der Militärdiktatur und Unterdrückung. Erst 1974 gelang es den Griechen, die Diktatur abzuschütteln und eine Demokratie und zumindest so etwas Ähnliches wie ein modernes Staatswesen aufzubauen. Und erst seit diesen wenigen Jahren ist Griechenland wieder in der Lage, eine Wirtschaft zu entwickeln, die diesen Namen tatsächlich verdienen könnte.

Fassen wir alles zusammen, müssen wir feststellen, dass das griechische Volk seit fast 2200 Jahren der Herrschaft und Willkür fremder Mächte ausgesetzt war. Mächten, die nie das Wohl der griechischen Bevölkerung, sondern stets nur das des eigenen Volkes oder überhaupt die eigenen persönlichen Interessen im Blick hatten. Über zwei Jahrtausende lernten die Griechen, dass »die Regierung« – »der Staat« – der Feind war. Es war längst keine Sache des Volkes (Republik = res publica = Sache des Volkes), sondern stets nur ein feindseliges

Gebilde, dem man möglichst aus dem Weg ging. Nur allzu verständlich, dass sich hier ein System etablierte, in dem man dem Staat bei jeder nur denkbaren Gelegenheit etwas abtrotzte, Steuern hinterzog und dabei nicht ansatzweise ein schlechtes Gewissen haben musste. Man sah zu, dass man untereinander klarkam. Man hat sich auf den Familienbund und den Freundeskreis verlassen. Hier hat man sich, so gut es geht, gegenseitig geholfen, unterstützt und protegiert. Nur so war ein Durchkommen gewährleistet.

Ist es nicht naiv anzunehmen, dass solch ein aus der Not geborenes Verhaltensmuster, das sich über 2000 Jahre ins kollektive Gedächtnis eingrub und zum Selbstverständnis eines Volkes führte, sich binnen gerade einmal einer Generation (35 Jahre) ändern ließe? Es bedarf größter Anstrengungen und vieler Jahre, in denen der Staat und seine Bediensteten das so lange verlorene Vertrauen der Bevölkerung wieder zurückgewinnen müssen. Erst dann ist damit zu rechnen, dass sich über lange Zeiträume ein Wir-Gefühl mit dem Staat einstellt, das auch die Sinnhaftigkeit von Steuerzahlungen plausibel werden lässt. Davon ist Griechenland vermutlich noch viele Jahre entfernt. Der Umstand, dass die Politiker, die heute in Amt und Würden stehen, es ihren Vorgängern der letzten Jahrhunderte in bewährter Weise nachmachen, erschwert diese Entwicklung massiv. Aus den Besatzern von einst sind inzwischen Politiker aus den eigenen Reihen geworden, die sich zu großen Teilen wiederum nur um die persönlichen Pfründe und die ihrer »Vettern« kümmern. Was hat sich also für die griechische Bevölkerung geändert? Ist es da so verwunderlich, dass der Bericht des »Schlei-Boten« von 1897 solche Aktualität besitzt?

Die vorangegangenen Zeilen sollen keinesfalls eine Rechtfertigung darstellen gemäß dem Gedanken: »Ach, die armen Griechen können nichts dafür, lasst uns weiter zahlen, sie können nicht anders.« Da bin ich weit von weg. Aber vielleicht bereiten sie Verständnis dafür, warum die für uns so sehr irritierende

Situation in Griechenland so ist, wie sie ist. Vielleicht hilft es uns ein wenig, die gepflegte Arroganz beiseitezulegen und auch ein wenig Respekt vor einem Volk zu haben, dessen Geschichte über 2000 Jahre eine traurige und beschwerliche war. Vielleicht hilft es uns zu verstehen, warum die Griechen auf die Barrikaden gehen gegen Verwaltungsbeamte aus Deutschland, gegen neue Herren aus Brüssel, gegen neue Vorschriften, die ihnen mal wieder fremde Mächte machen wollen. Dass ein Volk nach 2000 Jahren die Schnauze voll hat und angesichts des zarten Pflänzchens von 35 Jahren Selbstbestimmung sagt: »Auf eure Einmischung haben wir gerade gewartet!«, finde ich zumindest nachvollziehbar.

Griechenland muss einen völlig neuen Staatsapparat aufstellen, jenseits der gewohnten Pfade. Die alte Riege der In-die-Tasche-Greifer muss aus dem Amt gejagt werden. Sie müssen ersetzt werden durch eine junge Politikergeneration, die sich mit aller Macht gegen Korruption und Bestechlichkeit wendet und dem griechischen Volk einen Staatsapparat schafft, zu dem es langsam Vertrauen aufbauen kann. Doch eine solche Entwicklung kann aufgrund der dramatischen Geschichte des Landes unmöglich von außen kommen. Weder die Deutschen noch die Italiener, Franzosen oder Amerikaner und auch keine Brüsseler Behörde kann diese politische Entwicklung betreiben. Sie muss und kann ausschließlich aus Griechenland selbst kommen. Die junge Bevölkerung muss (bitte friedlich) aufbegehren, die alten Garden aus den Ämtern treiben und eine neue Republik – Sache des Volkes – schaffen. Wenn diese jungen Griechen dann europäische Kräfte aus verschiedenen Ländern anfragen, um gezielte Hilfe in Fachthemen der Steuerverwaltung oder sonstigen organisatorischen Bereichen zu erhalten, ist das eine völlig andere Sache, als wenn wir ihnen diese »Hilfe« aufzwingen nach dem Motto: Wir zahlen, also akzeptiert unsere »Beratertruppen«.

Wie groß der Bedarf an Hilfe ist, zeigt allein schon die Tatsache, dass es bis heute in Griechenland noch kein landesweites Kataster gibt. Ein Kataster ist ein Verzeichnis, in dem alle Grundstücke eines Landes nebst den wichtigsten Daten wie zum Beispiel deren Eigentümer vermerkt sind. Wie wichtig ein solches Kataster ist, um überhaupt eine Grundlage für irgendwelche Entscheidungen über Wirtschaftsstandorte oder Besteuerungen zu haben, ist leicht zu verstehen. In Griechenland fehlt es an vielen Grundlagen eines modernen Staats, aber diese müssen von den Griechen selbst initiiert und geschaffen werden. Druck von außen ist hier nach aller Erfahrung der griechischen Geschichte kontraproduktiv. Sie bewirkt das Gegenteil.

Aber das bedeutet, dass ein solcher »failed state« – ein gescheiterter Staat – unmöglich vollständiges Mitglied einer Werte- und Wirtschaftsgemeinschaft wie der Eurozone sein kann, die nur dann eine Chance auf dauerhafte erfolgreiche Existenz hat, wenn ihre Mitglieder zumindest in den wichtigsten Punkten dieselben Spielregeln befolgen.

Also bleibt die Frage: Soll Griechenland aus dem Euro austreten? Aus volkswirtschaftlicher Sicht kann es nur eine Antwort geben: natürlich!

Wir hatten eingangs schon darüber gesprochen, wie wichtig es für ein Land ist, dass seine Währung zu seiner Leistungsfähigkeit passt – und dass die heutige Währung der Griechen um 100 Prozent über ebenjener Leistungsfähigkeit liegt. Nach dem kleinen Ausflug in die griechische Geschichte mit der Erkenntnis, dass es sich hier noch immer um ein Gebilde handelt, das man nur als »gescheiterten Staat« bezeichnen kann, wird einem völlig klar, dass es absolut utopisch ist, Griechenland auch nur halbwegs auf Augenhöhe mit Ländern wie Spanien oder Frankreich zu hieven. Von Deutschland, Österreich und den Niederlanden wollen wir in diesem Zusammenhang erst gar nicht reden. Das wäre schon mit einer Drachme, deren Wert der griechischen Wirtschaftsleistung entspräche, eine wahre Herkulesaufgabe, aber mit einer um das Doppelte zu hohen Währung ist es schlichtweg unmöglich.

Was würde sich durch einen Austritt der Griechen aus dem Euro verändern? Wenn Sie heute in einen griechischen Supermarkt gehen, dann finden Sie dort holländische Tomaten und deutschen Joghurt. Hätten die Griechen nun nicht den (viel zu schweren) Euro in der Tasche, sondern die leichte Neue Drachme, wäre es ziemlich teuer, Tomaten aus dem Euroraum zu importieren. Man würde also wieder griechische Tomaten und griechischen Joghurt in den Regalen finden. Der geneigte Tourist aus aller Welt würde sich ebenfalls ob der nun günstigen Wechselkurse überlegen, ob griechischer Ouzo im nächsten Urlaub nicht doch eine schöne Abwechslung zum türkischen Raki wäre. Auch die sich noch in griechischer Hand befindlichen Häfen würden günstiger umschlagen, die noch rudimentär vorhandene Industrie könnte zu konkurrenzfähigen Preisen exportieren. Die Reformen des Staatswesens hingegen müssen davon völlig unabhängig durch die Griechen in Angriff genommen werden. Aber dies ist bei sich bessernder Wirtschaftslage wesentlich einfacher als in Zeiten eines katastrophalen Niedergangs auf Entwicklungshilfeniveau.

Wir sehen: Mit der Abkehr vom Euro würden der Tourismus, die heimische Landwirtschaft, die Industrie und der Export profitieren. Was würde Ihnen spontan einfallen, was Griechenland denn so exportieren könnte? Ich vermute einmal: Olivenöl, Wein, Feta, Tsatsiki, Ouzo, vielleicht Textilien oder auch Pharmaprodukte, da Griechenland noch einige Produzenten von Generika (Nachahmermedikamente) im Land hat.

GRIECHISCHES GAS UND DIE FOLGEN

Was würden Sie davon halten, wenn ich vorschlüge, Griechenland solle Erdgas und Erdöl exportieren?

Keine Sorge, ich habe mich beim Schreiben nicht zu sehr in die Ouzo-Flasche verguckt. Griechenland sitzt in der Tat auf den wohl größten Öl- und Gasvorräten Europas. Nach vielen Recherchen am heimischen Schreibtisch und Telefonaten mit Experten in ganz Europa kam ich zur Erkenntnis, dass nur ein Besuch in Griechenland und persönliche Gespräche mit den richtigen Personen hier die wahren Zusammenhänge hervorbringen würden. In Athen habe ich mich mit den führenden Geologen des staatlichen griechischen Instituts für geologische und mineralogische Untersuchungen getroffen. Wenn es jemand wissen muss, dann diese Männer. Und was sie wussten, war beeindruckend. Griechenland sitzt nicht nur auf sagenhaften Öl- und Gasvorkommen, sondern auf einer ganzen Reihe von bedeutenden Minerallagerstätten. Man kann mit Recht behaupten, dass Griechenland eines der größten Rohstoffvorkommen Europas aufweist. Zu den schier unglaublichen Details später mehr.

Ist es nicht merkwürdig, dass Sie hiervon bislang kaum etwas gehört haben? Mit wenigen Ausnahmen gab es hierzu so gut wie keine Berichterstattung in den Medien. Auch zahlreiche Politiker, die ich auf dieses Thema angesprochen habe, hörten durch mich zum ersten Mal von davon. Ich war schon ein Jahr zuvor auf dieses Thema aufmerksam geworden und habe meine Recherchen in den darauffolgenden Monaten intensiviert. Die letzte finale Sicherheit erhielt ich im Spätsommer 2012 durch ein intensives Gespräch mit Dora Bakojannis, der griechischen Außenministerin der Jahre 2006 bis 2009. Sie bestätigte mir, dass Griechenland – bereits nach heutigem Kenntnisstand – auf Gasvorkommen sitzt, die jenen Libyens entsprächen.

Und spätestens jetzt drängt sich eine Frage unweigerlich auf: Was für ein Spiel wird hier eigentlich gespielt? Wir lassen Griechenlands Wirtschaft durch drakonische Sparpakete absaufen, überweisen Hunderte von Milliarden, um die Altgläubiger schadlos zu halten. Vergeuden dabei Milliarden an Steuergeldern in Deals ohne Wiederkehr samt Schuldenschnitt, während Griechenland auf Rohstoffen sitzt, die seinen Schuldenberg um ein Vielfaches übersteigen. Rohstoffe, die Griechenland zu einem wohlhabenden Öl- und Gasexporteuer à la Norwegen machen könnten. Doch weder von den Medien noch von den Politikern ein Sterbenswörtchen über diese Erkenntnisse. Wer hier keine sonderbaren Absichten unterstellt, muss schon sehr fest im Glauben stehen. Wenn mir jetzt einer mit dem Totschlagargument »Verschwörungstheorie« kommt, fange ich an, dessen gesunden Menschenverstand zu bezweifeln.

Aber schauen wir uns das Thema der Reihe nach an. Ich erspare Ihnen einen Zeitsprung in die Entstehungsgeschichte des Erdöls, überspringe Herodot, der schon um 450 v. Chr. über »Teer, der wie Asphalt riecht« berichtete, und komme direkt in die 1920er Jahre. Spätestens zu diesem Zeitpunkt beginnt die offizielle Geschichte der griechischen Kohlenwasserstoffe.

Für die Lektüre der folgenden Seiten empfehle ich Ihnen, einen Atlas mit den geografischen Karten des Mittelmeers nebendran zu legen.

1929 gab es seitens der griechischen Wissenschaft erste Spekulationen hinsichtlich gigantischer Ölvorkommen, die sich über ein riesiges Gebiet im östlichen Mittelmeerraum erstrecken sollten. Ausgehend von Rumänien im Norden (Ploieşti war die wichtigste Rohölquelle der Wehrmacht im Zweiten Weltkrieg), über die Küsten Syriens, Libanons und Israels im Osten weiter nach Libyen im Süden und Algerien im Westen. In all diesen Gebieten hatte man bereits Öl und Gas gefunden. Wäre es da nicht geradezu eine schlechte Laune der Natur, wenn ausgerechnet das Gebiet dazwischen – Griechenland und Zypern – von diesem Segen verschont geblieben wäre? Bereits während des Zweiten Weltkriegs förderten die deutschen Truppen Öl in Griechenland, um ihre Panzer zu betanken, und sie entwarfen Pläne für großangelegte Bohrungen bei Thassos in Griechenlands nördlicher Ägäis. Spannend wird die Geschichte 1968. In jenem Jahr übertrug die griechische Militärjunta, die sich durch ihre Rolle als Bollwerk gegen den Kommunismus großer Unterstützung durch die USA erfreute, mehreren US-amerikanischen Firmen die Förderrechte auf insgesamt etwa 60 000 Quadratkilometern. Darunter finden sich Namen wie Esso (Exxon), Texaco, Chevron, Conoco oder das britische Unternehmen BP. Die Abgaben in Form von Anteilen an der Produktion, die diese Firmen wie beispielsweise auch die Oceanic Exploration Company an Griechenland hätten zahlen müssen, waren durchaus überschaubar. Die Verträge hatten eine Laufzeit von 26 Jahren zuzüglich einer Verlängerungsoption um weitere zehn Jahre. Rechnen wir doch einmal zusammen: 1968 + 26 + 10 = 2004. In diesem Jahr wären die Konzessionen mit den Amerikanern ausgelaufen, wenn man sie so lange behalten hätte.

Erste Probebohrungen fielen vielversprechend aus. Es war von bedeutenden Vorkommen die Rede und von bester Qualität. Im Umfeld der Ölkrise der Jahre 1973 / 74 schoss der Ölpreis von 5 US$ pro Barrel (Fass mit 156 Litern) auf in der Spitze 12 US$. Besonders spannend wird dieses Thema jedoch, wenn man die Preise von damals in unsere heutige Zeit umrechnet. Ein Ölpreis von 12 US$ entspricht inflationsbereinigt einem heutigen Preis von etwa 40 US$ pro Fass. Ende 2012 pendelt der Preis zwischen 80 und 100 US$. Kurz darauf, im Jahre 1979, nahmen die internationalen Spannungen erneut zu, und der Ölpreis explodierte auf 38 US$, was nach heutigem Stand einem Ölpreis von 90 US$ entspricht. Das war für die damalige Zeit ein enormer Sprung, der die Weltwirtschaft in die Rezession trieb.

In diesem Umfeld der extrem hohen Ölpreise lohnte es sich, die Vorkommen in Griechenland unter die Lupe und den Bohrmeißel zu nehmen. Genau das geschah. Die amerikanischen Ölunternehmen um Oceanic begannen mit den Untersuchungen und ersten Ölförderungen im Bereich Thassos. Dabei wurden auf Anhieb große Öl- und Gasvorkommen in einem Bereich entdeckt, in dem die Wassertiefe nur 50 Meter beträgt, manche Fundstellen lagen sogar an Land. Denken Sie an die großen Anstrengungen, die man heute unternimmt, um Öl in der Karibik aus Gebieten zu fördern, in denen die Wassertiefe 3000 Meter und mehr beträgt. Alles eine Frage der Kosten und des Ölpreises.

Von den ersten Erkundungsbohrungen bis zur vollen Förderung dauert es allerdings oft einige Jahre. So begann die Erdölförderung 1981 mit etwa 10 000 Fass pro Tag und stieg bis 1989 auf 30 000 Fass. Doch mit Beginn der Ölförderung war der Spuk der hohen Ölpreise auch schon vorbei. Binnen weniger Jahre sank der Ölpreis wieder auf das ursprüngliche Preisgefüge. Ab Mitte der 1980er Jahre bis etwa 2004 dümpelte der Preis ganz im Sinne der ölintensiven US-Wirtschaft auf einem friedlichen Niveau zwischen 20 und 40 US$ pro Fass. Man hatte sich mit den Saudis geeinigt, Öl gab es weltweit ausschließlich gegen US-Dollar (dieses Petrodollar-System greifen wir später noch einmal auf) – und das zu Preisen, mit denen die US-Wirtschaft und die Saudis gut leben konnten. Die Öl- und Gasförderung innerhalb der USA wurde immer weiter zurückgefahren und betrug 2010 gerade noch 60 Prozent der Fördermenge aus den 1970er Jahren. Warum sollte man die eigenen Ressourcen bemühen, wenn es doch so günstiges Öl aus Saudi-Arabien gab. Vielleicht wollte man sich die eigenen Gebiete doch lieber für später aufheben, wenn der Preis attraktiver oder die strategische Bedeutung höher geworden waren, vielleicht hat es sich einfach nicht mehr gerechnet.

Die Gründe bleiben Spekulation, sind aber auch nicht von großer Bedeutung für die nachfolgende Entwicklung. Fakt ist, dass ausgerechnet ab jenem Jahr 2004, an dem die Konzessionen zur Ausbeutung der Unterwasser-Bodenschätze an die Amerikaner ausgelaufen wären, die sie aufgrund des billigen Öls aus Arabien nicht genutzt haben, ebenjener Ölpreis raketenartig auf in der Spitze 140 US$ (2008) schoss. Der Ölpreis ist so hoch wie nie zuvor, und die Prognosen lassen nicht erwarten, dass er wieder dauerhaft auf die alten Stände sinken wird. Das griechische Öl wird also plötzlich so interessant wie in den 1970er Jahren. So ein Ärger, dass man in der langweiligen Billigölphase die Konzessionen aus Desinteresse aus der Hand gegeben hatte. Nach einigen Hin-und-Her-Beteiligungen lagen die Förderrechte bis 1997/98 bei einem Firmenverbund namens North Aegean Petroleum Company (NAPC) unter der Führung der kanadischen Firma Denison Mines.

Durch den niedrigen Ölpreis, die Querelen mit der Türkei, die sich seit Bekanntwerden der Ölvorkommen einen erbitterten Streit mit den Griechen um die Hoheitsrechte in der Ägäis liefern, und das völlige Desinteresse der griechischen Seite verloren die Kanadier die Lust an diesem Projekt, schlossen den Laden ab und übergaben den Schlüssel wieder an die griechische Regierung. Hier dümpelte die Ölentwicklung in gewohnter Manier vor sich hin. Mal waren es die ehemaligen Gewerkschafter der NAPC, mal eine schillernde Figur aus Rumänien mit seiner eigenen englischen Ölfirma. Das Geschäft wurde immer uninteressanter und war kaum mehr erwähnenswert. Der Hype der 1970er und 1980er Jahre während der hohen Ölpreise war dahin.

Doch mit dem Ölpreisanstieg seit 2004 werden die griechischen Öl- und Gasfelder plötzlich wieder interessant. Neue Erkundungen mit moderner Technik ergeben ein immer faszinierenderes Bild. Überall rund um Griechenland und seine Inseln entdeckt man riesige Vorkommen. Die einst schon optimistischen Schätzungen werden von den Experten heute noch weit übertroffen. Es beginnt ein Run auf die griechischen Vorkommen. Und hier liegt der Schlüssel für die aktuellen Ereignisse um Griechenland, Zypern und für viele Entwicklungen innerhalb der Europäischen Union.

Die Amerikaner entdecken wieder ihr Interesse an den griechischen Energiefeldern und versuchen erneut, die Hand daraufzulegen. Doch ganz anders als zur Zeit der US-freundlichen Militärjunta von 1968 ist der im Jahre 2008 amtierende Ministerpräsident Kostas Karamanlis ein denkbar schlechter Partner für die amerikanischen Interessen.

Karamanlis studierte zunächst Rechtswissenschaften in Athen, später Politik und Internationale Beziehungen an der Tufts Universität in Massachusetts, USA. Seit 2004 regiert er das schöne Griechenland und macht sich vor allem gegen Ende seiner Amtszeit große Feinde im westlichen Lager. Der griechisch-orthodoxe Karamanlis gehört der konservativen Nea Dimokratia an, die sich eher in Richtung Osteuropa als nach Amerika orientiert. Spätestens zu Beginn des Jahres 2008 treibt er es aber offenkundig zu weit. Das »Handelsblatt« überschreibt den entsprechenden Artikel mit den Worten »Griechenland verbündet sich mit Russland«. Es geht um die Gasversorgung Europas. Seit Jahren liegen die USA mit Russland um eine wichtige Gaspipeline im Süden im Clinch. Die Russen (Energiekonzern Gazprom) planen gemeinsam mit Italien (Energiekonzern Eni) eine Pipeline mit dem Namen »South Stream«, die, in Russland beginnend, am Grunde des Schwarzen Meeres nach Bulgarien laufen und sich von dort nach Österreich und Italien verzweigen soll. Diese Pipeline soll die Abhängigkeit von den bisherigen Transitländern Ukraine und Weißrussland beseitigen, die in den vergangenen Jahren immer wieder die Gaslieferungen von Russland nach Europa blockiert hatten.

Die Amerikaner im Verbund mit einigen europäischen Staaten

hingegen haben anderes im Sinn. Sie planen das »Nabucco-Projekt«. Eine Pipeline, die von den Gasfeldern des Kaspischen Meeres bei Baku (Aserbaidschan) durch Georgien an Russland vorbei über türkisches Gebiet weiter nach Bulgarien, Rumänien, Ungarn und schließlich weiter zum Knotenpunkt Österreich verlaufen soll. Viele Konflikte in diesen Regionen der letzten Jahre – beispielsweise der Kaukasus-Konflikt 2008 – werden von Politikexperten auf den milliardenschweren Rivalitätskampf der Amerikaner und Russen um diese beiden Pipelineprojekte zurückgeführt. Auf diese beiden Pipelines kommen wir später noch einmal zurück.

Die USA wollen Russland das Geschäft mit dem Gasabnehmer Europa streitig machen. Und dieser Konflikt, der zwar in der Regel abseits der öffentlichen Wahrnehmung, aber dennoch mit großer Intention betrieben wird, muss als Grundlage für die folgende Entwicklung benannt werden. In die Spannungen hinein bietet der griechische Premier Karamanlis plötzlich an, sich an der russischen Pipeline South Stream zu beteiligen. Binnen fünf Monaten reist Karamanlis zweimal zum (übrigens russisch-orthodoxen) russischen Präsidenten Putin nach Moskau. Er möchte erreichen, dass der Abzweig nach Italien über griechisches Gebiet führt. Vieles deutet darauf hin, dass es bei diesen Gesprächen auch um die Erschließung der griechischen Gasfelder ging. Hat Karamanlis den Russen (Gazprom) angeboten, ihnen die Förderkonzessionen zu günstigen Konditionen zu übertragen, wenn sie im Gegenzug South Stream über griechisches Territorium nach Italien führen? So könnte Griechenlands Gasbedarf über South Stream so lange gedeckt werden, bis die eigenen Quellen strömen, und Gazprom könnte in der Folgezeit Europa mit Gas versorgen, das es in Griechenland zutage fördert.

Der Beweis für diesen letzten Punkt steht aus. Dazu liegen mir keine belastbaren Quellen vor. Aber selbst ohne diesen Umstand wird Karamanlis durch die dokumentierte Unterstützung Moskaus im Pipeline-Konflikt spätestens ab 2008 zum Dorn im Auge der Amerikaner.

Was nun folgt, könnte aus einem Roman von John Grisham stammen. Meine Informationen hatte ich zuerst durch Gespräche mit »in der Regel gut informierten Kreisen« gewonnen, 2011 hat auch die griechische Wochenzeitung »Epikaira« ausführlich darüber berichtet. Die Geschichte klingt im ersten Moment so abenteuerlich, dass man sie nicht glauben möchte. Doch lesen Sie selbst, und bilden Sie sich am Ende Ihr eigenes Urteil. Bezeichnend ist, dass man zu dem Thema ausgesprochen lange recherchieren muss, bevor man eine verlässliche Quelle findet. Neben meinen direkten Kontakten gab es vereinzelt entsprechende belastbare Quellen bei Reuters, AP und dem britischen »Guardian«.

Im Frühsommer 2008 wurden »Spezialisten« eines westlichen Geheimdienstes nach Griechenland eingeschleust, um sich der Probleme mit Kostas Karamanlis anzunehmen. Die Aktion lief unter dem Codenamen »Pythia 1«. Dazu wurden zunächst mit Hilfe von knapp zwanzig griechischen »Kollegen« die Lebensumstände und Gewohnheiten von Karamanlis beobachtet. Man ist jederzeit bereit, in Aktion zu treten und, sollte es keinen anderen Weg mehr geben, das »Problem Karamanlis« final zu lösen. Als Täter hätte man sehr schnell kommunistische Kreise der griechischen Linken definiert. Ein Spiel, das man in Europa seit dem Zweiten Weltkrieg immer wieder gerne gespielt hat. (Das Thema »Gladio« sei hier schon mal erwähnt, wir kommen später noch detailliert darauf zurück.)

Januar/Februar 2009 wird der griechische Geheimdienst (EYP) durch den russischen Geheimdienst FSB gewarnt. Dort hatte man Informationen erlangt, es gebe Anschlagsplanungen gegen Karamanlis seitens eines westlichen Geheimdienstes mit dem Ziel, die aktuelle griechische Energiepolitik zu beenden. Der griechische Geheimdienst wiederum

informierte Karamanlis mit dem Dokument »Sonderbericht
No. 219/5 Februar 2009«. 2008 befand sich der FSB in Griechenland, um im Vorfeld geplanter Gespräche zwischen Karamanlis, Putin und dem bulgarischen Staatspräsidenten Georgi
Parwanow Abhörversuche anderer Geheimdienste zu verhindern. Im Rahmen dieser Umfeldüberwachungen wurde man
auf die Ausspähtätigkeiten des westlichen Geheimdienstes
aufmerksam. Mindestens einmal kam es zum direkten Auf-
einandertreffen der beiden Geheimdienste. Der kurze Showdown von weniger als einer Minute soll im April 2008 bei Nea
Makri in Attika stattgefunden haben. Vier FSB-Agenten trafen bei der Kontrolle eines verdächtigen Fahrzeugs auf zwei
griechisch sprechende Männer, die nach kurzer Auseinander-
setzung mit einem bereitstehenden gelben Geländemotorrad
ohne Kennzeichen flüchteten. Im zurückgelassenen Fahrzeug
fanden die FSB-Leute detaillierte Karten mit Aufzeichnun-
gen der Fahrtstrecken Karamanlis', der Anzahl seiner Leibwächter und Detailbeschreibungen der Begleitfahrzeuge. Des
Weiteren Nachtsichtgeräte, Tarnmaterial, Polizeifunkscanner,
C4-Sprengstoff sowie russische Kalaschnikow-Sturmgewehre
und Tokarew-Pistolen.
Im griechischen Geheimdienstbericht heißt es weiter, die
Anschlagsplanungen seien Teil einer größeren Aktion zur
Destabilisierung Griechenlands gewesen. Dazu gehörten der
Skandal um den Klostersee Vatopedi (dazu gleich mehr), die
Destabilisierung der Wirtschaft durch verschiedene Maßnahmen, die Entführung von Geschäftsleuten (und in der Tat gab
es Entführungen dieser Art 2008 und 2009) und die Erzeugung sozialer Instabilität durch Unruhen und Anschläge. Alle
diese Aktionen zur Destabilisierung Griechenlands fanden
2008 statt. Karamanlis wurde im Februar 2009 durch den
EYP über die zunächst zufälligen Erkenntnisse des FSB informiert. In jenem Bericht gab der EYP aber auch zu bedenken,
dass diese Informationen ausschließlich von russischer Seite

kämen, deren Wahrheitsgehalt also ungewiss sei. Denn auch hierbei könnte es sich um gezielte Fehlinformationen handeln, mit denen der FSB ein gewisses Ziel erreichen möchte. Die russische Seite sagte aus, ihre Analysen hätten ergeben, dass die zu dieser Zeit in Griechenland aktiven »Terroristen« bestens organisiert seien, über eine gute Waffenausbildung verfügten und stets einen guten Fluchtplan parat hätten. Sie schließen daraus, dass es sich hier um »professionelle« Aufrührer mit militärischem Hintergrund handele.

Kostas Karamanlis wurde zunehmend nervös, und schließlich bereitete man ihn durch einen Mittelsmann auf sein politisches Ableben vor. Letztendlich blieb ihm wohl nur die Wahl, ob es beim politischen Ableben bleiben sollte oder ob er nicht nur die Bühne der Politik, sondern gleich die Bühne des Lebens verlassen würde. Auch Drohungen gegen seine Familie sollen hier eine Rolle gespielt haben. Karamanlis entschied sich für die erste Variante. Die »Spezialisten« konnten in Wartestellung gehen, und ein Possenspiel begann, das dazu diente, den Abtritt Karamanlis glaubwürdig und unverdächtig erscheinen zu lassen.

Wie geschildert, waren es sogenannte gut informierte Kreise, die mir unabhängig voneinander und ungefragt diese ungeheuerliche Geschichte erzählten, der eine dieses Detail, der andere jenes. Des Weiteren berichtete ein griechisches Wochenmagazin darüber ebenso wie ein Athener Taxifahrer – mit dem Hinweis: »Jeder weiß es, aber öffentlich wird darüber nicht gesprochen.« Andere Quellen sind der Ansicht, die ganze Geschichte sei nichts weiter als eine Erfindung des russischen Geheimdienstes FSB mit dem Ziel, Karamanlis gegen die USA und für das Gazprom-Projekt zu »motivieren«.

Ich weiß nicht, ob diese Räuberpistole Realität ist oder nur einer übertriebenen kollektiven Fantasie entstammt. In jedem Fall scheint die Geschichte doch einen solch harten Kern zu haben, dass die griechische Staatsanwaltschaft, vertreten

durch Staatsanwalt Nikos Ornerakis, im Frühjahr 2012 nach
ausgiebigen Voruntersuchungen Anklage gegen Unbekannt
wegen Hochverrats und des Versuchs der Destabilisierung
Griechenlands sowie des geplanten Umsturzes der Regierung
Karamanlis erhoben hat. Laut Aussage des Nachrichtendiens-
tes Reuters, der über die Anklageerhebung im März 2012
berichtete, äußerten sich Vertreter des Gerichts, dass die
Umsturzpläne gegen die Bestrebungen Karamanlis' gerichtet
waren, eine Energiepartnerschaft mit Russland einzugehen,
und auch eine Ermordung des Präsidenten einschlossen. Die
Hintermänner seien bislang unbekannt. Die Anklageerhebung
erfolgte laut Gerichtsquellen aufgrund entsprechender Zeu-
genaussagen griechischer Geheimdienstmitarbeiter, Polizisten und Leibwächter Karamanlis'. Ioannis Corantis, der damalige Chef des griechischen Geheimdienstes, bestätigte gegenüber der Nachrichtenagentur AP, dass seine Organisation
jenen Report des russischen Geheimdienstes zu Beginn des
Jahres 2009 erhalten habe.

Weiter berichtet Reuters über Aussagen von offiziellen Ge-
richtsvertretern, dass die Anklageerhebung auch die gewalttä-
tigen Ausschreitungen einschließe, die nach der Erschießung
eines 15-Jährigen durch Polizisten ausbrachen, die möglicherweise ein Teil des Plans zur Destabilisierung des Landes gewesen waren. Reuters zitiert einen früheren Berater Karamanlis', der sich gut daran erinnerte, wie in jenen Tagen die
Sicherheitsmaßnahmen für seinen Chef massiv verschärft
wurden.»Man nahm das damals sehr ernst.« Fakt ist, dass
zwei Tage vor der Parlamentswahl in Griechenland zwei
Sprengsätze bei einer Wahlkampfveranstaltung von Karamanlis detonierten und Sachschaden nahe der Stelle anrichteten,
an der Karamanlis reden sollte. Kurz zuvor ging eine anony-
me Warnung ein. Wollte sich da noch mal jemand in Erinne-
rung rufen?

Spätestens hier endet der Krimiteil, und wir bewegen uns wieder weg von bösen Verschwörungstheorien hin zu hinreichend belegbaren Entwicklungen, obwohl auch diese Geschichte so abstrus ist, dass man sie eigentlich in den Bereich »Mythen und Aberglaube« verlegen möchte, aber in Griechenland ist eben manches möglich.

Das politische Ende von Karamanlis begann vor mehr als tausend Jahren. Damals soll ein byzantinischer Kaiser dem Athos-Kloster Vatopedi den 42 Quadratkilometer großen Vistonidasee geschenkt haben. Das hatten die Mönche des Klosters lange vergessen, sich aber 2007 wieder daran erinnert und beim griechischen Staat ihre Eigentumsrechte geltend gemacht. Der griechische Staat fackelte nicht lange und erkannte die Eigentumsrechte des Klosters ohne längere Diskussion an. Da man diesen schönen See aber doch gerne wieder im Besitz des Staates wissen wollte, schlug man den frommen Männern ein Tauschgeschäft vor. Gegen 260 wertvolle Immobilien in ganz Griechenland wechselte der See den Besitzer, und die Mönche waren plötzlich Eigentümer von Büros, Gebäuden, Grundstücken im Zentrum von Athen und sogar eines Filetstücks des Olympiageländes. Bei diesem Tauschgeschäft – die angebliche Urkunde wird von vielen Quellen als dreiste Fälschung bezeichnet – wurden der See extrem über- und die bisher staatlichen Grundstücke stark unterbewertet. Am Ende entstand dem griechischen Staat ein Schaden von etwa 100 Millionen Euro. Gute Tauschgeschäfte haben eine jahrtausendealte Tradition in Griechenland, aber hier hatte es jemand offenkundig übertrieben. Der Abt des Klosters wurde 2011 festgenommen. Er soll sich für diesen Immobilientausch seines Freundes Theodoros Rousopoulos (verzeihen sie die Zungenbrecher, aber ich habe mir die Namen ja nicht ausgedacht), seines Zeichens Regierungssprecher von Karamanlis, bedient haben. Und hier schließt sich der Kreis. Solche oder ähnliche Korruptionsleichen hatte in der damaligen Zeit sicherlich so manch ein Politiker im Weinkeller liegen, aber diese eine nutzte man nun, um Karamanlis aus dem Sattel zu heben. Die Opposition verursachte eine große Welle. Karamanlis konnte man nichts anhängen, aber eben seinem Regierungssprecher, der im Oktober 2008 zurücktrat. Der Handelsmarineminister war ebenfalls bereits zurückgetreten. Was die Handelsmarine mit einem griechischen Binnensee zu tun hat, erschließt sich einem auch nicht auf den ersten Blick. Der Druck auf Karamanlis nahm von allen Seiten weiter zu. Es kam zu immer heftigeren Protesten, die durch den Tod eines 15-Jährigen, der von einem Polizisten unter umstrittenen Umständen erschossen worden war, erst richtig geschürt wurden.

2009, zwei Jahre vor Ablauf seiner regulären Amtszeit, kündigte Karamanlis vorgezogene Neuwahlen an, obwohl er durch den Skandal im Rücken nicht den Hauch einer Chance auf Wiederwahl hatte. War es politischer Selbstmord aus Angst vor dem biologischen Tod? Karamanlis verlor die Wahl erwartungsgemäß mit Pauken und Trompeten, und sein Nachfolger trat auf den Plan, dessen Vita beängstigend in das bisherige Gesamtbild passt.

Giorgos Papandreou, 1952 als Sohn einer amerikanischen Mutter in Minnesota in den USA geboren, besuchte dort bis 1979 das Amherst College. Nur zwei Jahre später war er Parlamentsmitglied der griechischen Partei PASOK und von 1999 bis 2004 griechischer Außenminister. 1992/93 war er Fellow im Center for International Affairs an der Universität Harvard. Eine gewisse Beziehung zu den USA scheint also durchaus gegeben. Laut griechischen Politquellen setzt er viele »Gärtner« in hohe Ämter ein, unbekannte Lakaien also im Dienste der USA – so spekuliert man wenigstens in griechischen Kreisen. Am 6. Oktober 2010 übernimmt er die Regierung und beginnt, Griechenland zu destabilisieren. Sofort nimmt er sein Versprechen einer Erhöhung der Sozialhilfe zurück, durch das er überhaupt erst an die Macht gekommen ist.

Und nur 14 Tage nach den Wahlen deckt sein Finanzminister Giorgos Papakonstantinou auf, dass das griechische Defizit 2009 nicht, wie von der Vorgängerregierung benannt, bei 6 Prozent, sondern vermutlich bei 12 bis 13 Prozent liege. Damit erstattet er praktisch unmittelbar nach Amtsübernahme Selbstanzeige des griechischen Staates in Brüssel und löst den noch heute andauernden Feuersturm über Griechenland aus. Ist das nicht extrem ungewöhnlich? Würde man nicht in guter Tradition versuchen, diese Fakten drei- und viermal zu prüfen und lieber weiter Stillschweigen zu wahren, als das eigene Land binnen zwei Wochen in den Abgrund zu werfen? Ist es nicht erstaunlich, wie schnell ein griechischer Finanzminister solche Zahlen erstellen kann, während andere in diesen wenigen Tagen nicht einmal ihre neue Büroeinrichtung ausgesucht haben? Oder war das alles ein abgekartetes Spiel? Hatte man ihm schon zuvor mitgeteilt, welche Daten er zu veröffentlichen hat, wenn er erst einmal im Amt ist? – Eine unglaubliche Vermutung? Keineswegs!

Im Januar 2013 erhebt die griechische Staatsanwaltschaft Anklage gegen den damaligen Chefstatistiker Andreas Georgiou, weil er die finanzielle Lage Griechenlands nach Amtsübernahme bewusst schlechter dargestellt hatte, als sie wirklich war. Georgiou, der wie Papandreou am Amherst College, USA, studierte, wurde an der University of Michigan promoviert, arbeitete von 1989 bis 2010 beim IWF und leitete dort Missionen für die Verhandlung, Planung und Überwachung von IWF-Programmen für diverse Länder. Die Staatsanwaltschaft will nun über den Klageweg herausfinden, wer die Hintermänner hinter dieser Aktion waren. Im Visier stehen: Ex-Finanzminister Papakonstantinou und Ex-Ministerpräsident Papandreou. Ein weiteres Vorstandsmitglied der Statistikbehörde, Frau Zoe Georganta, sagte inzwischen aus, dass die Zahlen über das griechische Haushaltsdefizit von der Statistikbehörde auf Anweisung bewusst und künstlich schlechter dargestellt wurden, als sie ohnehin waren. Inzwischen meint sogar der damalige griechische Minister für Gesundheit und Arbeit: »Papandreou und Papakonstantinou haben uns unter den Rettungsschirm gezwungen.« Die Anklageerhebung der griechischen Staatsanwaltschaft gegen Georgiou wegen Untreue wird nun in diesem Zusammenhang zum außergewöhnlich brisanten Politikum. Er wechselt nach 21 Jahren in den Diensten des IWF mit dem Regierungswechsel in die Athener Statistikbehörde und soll dort sofort binnen Tagen Zahlenmanipulation zum großen Schaden Griechenlands vorgenommen haben? Sollte das Gericht hier zu einem positiven Ergebnis kommen, wird man sicherlich auch an Papandreou und den IWF einige Fragen haben.

Es sieht so aus, als sei Papandreou die ausführende Marionette Amerikas gewesen und habe mit aller Macht den Bruch Griechenlands mit Europa herbeiführen sollen. Die möglichen Gründe dafür finden sich auf den kommenden Seiten. Im Zentrum stehen die griechischen Rohstoffe, die entstehende Konkurrenz durch ein bis zu diesem Zeitpunkt immer stärker zusammenwachsendes Gebilde »Einiges Europa« und vor allem ein Euro, der den US-Dollar als Weltleitwährung massiv bedrohte. Böse Verschwörungstheorie? Urteilen Sie selbst.

Papandreous Regierung zeichnet sich vom ersten Tag sowohl durch drakonische Sparpakete aus wie auch durch gezielt geschürte Konflikte mit der EU, ganz besonders mit Deutschland, das sich, so Einschätzungen aus deutschen sowie griechischen politischen Kreisen, von amerikanischer Seite zum naiven Brandbeschleuniger der Entwicklung in der Griechenlandkrise missbrauchen ließ. Die von deutschen und griechischen Boulevardmedien betriebene gegenseitige Hetzkampagne diente ebenfalls genau diesem Zweck.

Gnadenlos führt Papandreou Angela Merkel im Vorfeld der Wahlen in Nordrhein-Westfalen vor, die die CDU daraufhin mit Pauken und Trompeten verliert. Zunächst trotzt er den

europäischen Partnern ein milliardenschweres Hilfs- und Um-
schuldungspaket ab, um unmittelbar danach eine Volksbefra-
gung anzusetzen, die das Verhandelte mit hoher Wahrscheinlichkeit gekippt hätte. Erst auf massiven Druck aller Seiten
inklusive der eigenen Reihen zieht er diese Volksabstimmung
auf der letzten Rille wieder zurück. Er selbst muss den Hut
nehmen. Aber für Ablöse ist bereits gesorgt.

Am 11. 11. 2011 wurde Loukas Papadimos nach dem Rück-
tritt Papandreous zum neuen Ministerpräsidenten ernannt.
Ein kleiner Blick in die Vita des Herrn? Aber gerne doch:
Ab 1966 Studium am Massachusetts Institute of Technology,
USA. 1975 bis 1984 Professor für Ökonomie an der Colum-
bia Universität, USA. Ab 1980 leitender Volkswirt der Federal
Reserve Bank (Fed) in Boston, USA. Ja da schau hin! Ein
Fed-Mann als Ministerpräsident Griechenlands. Hier wird es
aber spaßig. Ab 1985 wechselt er zur Griechischen Zentralbank, der Bank von Griechenland, deren Leitung er von 1994
bis 2002 innehat. Er führt Griechenland also von der Drachme
in den Euro. Und zwar genau in der Zeit, in der sich Griechenland von Goldman Sachs erklären lässt, wie man die Haus-
haltszahlen so frisiert, dass es zum Eurobeitritt reicht. Jener
Bereich von Goldman Sachs, dessen Vizepräsident und Ge-
sellschafter ab 2002 der heutige EZB-Präsident Mario Draghi
war. Die Rolle Papadimos' bei dieser Verschleierung der griechischen Haushaltslage ist bis heute ungeklärt.

Aufgrund der extremen Sparpakete, des Zusammenbruchs der
Wirtschaft und der Not der Menschen kommt es zu politischen Verwerfungen, während deren die Regierung der US-
freundlichen PASOK selbst in den eigenen Reihen starken
Gegenwind erntet und sich nicht mehr halten kann. Die eigenen Mitglieder verstehen nicht, was ihr Chef da anstellt und
wieso er Griechenland immer tiefer in den Abgrund zieht. Es
kommt zu vorgezogenen Neuwahlen, in deren Folge Andonis
Samaras von der Nea Dimokratia das Ruder übernimmt.

Andonis Samaras – wo kommt der nun her? Studium der Wirtschaftswissenschaften am … Amherst College, Massachusetts, USA. Nein, sie haben kein Déjà-vu, es ist dieselbe Universität, die auch Giorgos Papandreou und Andreas Georgiou besucht hatten. Danach studierte Samaras gleichfalls in Harvard.

Die Tatsache, dass jemand eine amerikanische Universität besucht hat, ist natürlich kein Indiz dafür, dass er auch automatisch die Interessen der USA vertritt. Das anzunehmen wäre in der Tat Unfug. Interessant ist es aber, dass sämtliche griechische Ministerpräsidenten der letzten Jahre ihre Ausbildung in den USA absolviert haben. Sind die griechischen Universitäten tatsächlich so schlecht?

Bei Samaras wird es sehr interessant sein zu beobachten, wie die Geschichte weitergeht, denn allem Anschein nach tritt er in die Fußstapfen von Kostas Karamanlis. Auch er ist Chef der Nea Dimokratia, und auch er hat sich oft für eine »orthodoxe Achse« mit Russland starkgemacht. Bereits im Januar 2012 war er – damals noch als Oppositionsführer – zu Besuch in Russland bei Vladimir Putin. Dort erklärte er, Griechenland könne jetzt jeden Freund gebrauchen, und ein solcher »wertvoller Freund« könne Russland sein. Putin betonte in dem Gespräch Russlands Interesse an Investitionen in griechischer Infrastruktur, Häfen und Eisenbahnen. Beide bekräftigten den Ausbau der Pipeline South Stream, und Putin bekundete sein Interesse, in Griechenland bei der Produktion von Energie (?!) aktiv zu werden und dabei erzeugte Überschüsse nach Italien zu exportieren. – Es wird interessant sein, zu beobachten, ob rund um Samaras der nächste Grisham-Krimi entsteht.

In jedem Fall bleiben nach der Lektüre der letzten Seiten, unabhängig von allen Interpretationen, knallharte Fragen übrig, auf die es bisher keinerlei offizielle Antwort gibt.

Warum verschweigen die deutsche Politik und die Medienlandschaft die Existenz riesiger Öl- und Gasvorkommen in

Griechenland? Warum treiben wir Griechenland in bürger-
kriegsähnliche Zustände durch immer weitere sinnlose Sparprogramme, die zu einer Verelendung der Gesellschaft und
einem Zusammenbruch der Wirtschaft führen? Warum streichen wir Griechenland Hunderte Milliarden an Schulden,
geben ungesicherte Garantien, anstatt gemeinsam mit den
Griechen die Öl- und Gasförderung anzuschieben? Wenn die
Euro-Staaten einen Bruchteil der Hilfsgelder in die Hand nehmen würden und gemeinsam mit der BASF-Wintershall, die
in den letzten Jahrzehnten immer wieder bei den griechischen
Energiefeldern mitgemischt hat, der österreichischen OMV
und der italienischen Eni die Kohlenwasserstoffgewinnung
anfahren würde, wäre all das nicht nötig. Griechenland könnte
seine Schulden problemlos nicht nur finanzieren, sondern sogar zurückzahlen. Griechenland würde zu einem zweiten Norwegen. Die Abhängigkeit von russischem Gas würde drastisch
sinken und nicht durch neue Abhängigkeiten von dritten
Mächten ersetzt. In Griechenland würde ein enormes Konjunkturprogramm durch Investitionen in Energieinfrastruktur,
Häfen etc. entstehen. Das wäre die richtige Grundlage, um die
allfälligen Strukturreformen im griechischen Staatswesen mit
Unterstützung der griechischen Bevölkerung voranzutreiben.
Was zum Teufel machen wir hier eigentlich? Welches Spiel
spielen unsere Politiker, oder wissen sie wirklich nicht, was
hier gerade vor sich geht? Ich weiß nicht, welche Variante mir
mehr Sorgen bereiten würde.

Wenn man den offiziellen Stellungnahmen von Politikern
deutscher oder griechischer Nationalität zuhört, liegt die eigene Empfindungskurve irgendwo zwischen belustigt und scho-
ckiert.

Papandreou 2009: »Wir besitzen kein Erdöl, oder zumindest
haben wir noch keines gefunden.«

Staatssekretär Giannis Maniatis: »Wir sind weder Saudi-Ara-
bien noch Norwegen.«

Energieminister Evangelos Livieratos dämpft die Erwartungen 2012: »In Griechenland gibt es ... eine Psychose mit Kohlenwasserstoffen, die keinen Sinn hat ... es wird viel Lärm um nichts gemacht.«

Viel Lärm um nichts?

Nun, eine Studie der Deutschen Bank London spricht von potenziellen Einnahmen aus Kohlenwasserstoffen allein aus der Region südlich von Kreta in Höhe von 427 Milliarden Euro innerhalb weniger Jahre und schätzt die hieraus entstehenden Nettoeinnahmen des griechischen Staates auf 214 Milliarden Euro. Allein damit wäre ein großer Teil der griechischen Schulden bezahlt. Die restlichen riesigen Öl- und Gasvorkommen sind bei dieser Rechnung noch gar nicht berücksichtigt.

Das ist also nichts? Es gibt weitergehende Untersuchungen, die davon ausgehen, dass die Gasvorkommen rund um Griechenland ausreichen, um Europa über Jahrzehnte mit Gas zu versorgen. Wir reden über Öl und Gas im Wert von etlichen Billionen US-Dollar. Nichts Bedeutsames also. Doch je mehr ich recherchierte, umso faszinierender und widersprüchlicher wurde das Ganze.

Schließlich bin ich selbst nach Athen gereist und habe dank großer Unterstützung vieler Freunde und Kollegen mit zahlreichen Experten gesprochen.

Die Ergebnisse waren faszinierend und erschreckend zugleich. Nach übereinstimmenden Aussagen hochrangiger Wissenschaftler und Ölmarktexperten sind die Gasvorkommen im östlichen Mittelmeer so umfangreich, dass sie die gesamte energiestrategische Situation Europas und des östlichen Mittelmeerraumes neu definieren. Bereits vor einigen Jahren wurden in den Gewässern zwischen Israel, Zypern, dem Libanon und Syrien riesige Gasvorkommen entdeckt, die man auf über zehn Billionen Kubikmeter Gas schätzt.

Vermutlich werden Sie als Nichtgeologe an dieser Stelle sagen: Wow! Große Zahl – aber wie viel ist das eigentlich?

Daher hier einige Zahlen zum Aufwärmen. Gasvorkommen und Verbrauch wird in Kubikmetern angegeben. Ein durchschnittlicher Haushalt verbraucht etwa 2000 Kubikmeter Gas pro Jahr. Das sind in jenen Einheiten, die wir gleich noch brauchen werden, 0,000 000 002 Prozent. Der gesamte Gasverbrauch der Europäischen Union (alle 27 Länder!) betrug im Jahr 2010 etwa 500 Milliarden Kubikmeter Gas. Ein Drittel dieses Gases stammt aus eigenen europäischen Gasfeldern beispielsweise in Großbritannien, den Niederlanden, aber auch Deutschland. Die wichtigsten gasfördernden Länder Europas, Norwegen und Russland, sind leider nicht Mitglied der EU. Aus Norwegen importiert die EU etwa 19 Prozent ihres Bedarfs, aus Russland sogar 23 Prozent. Weitere 10 Prozent kommen aus Algerien. Der allergrößte Teil dieses Gases wird über große Pipelinenetze in die EU geleitet. Ein kleiner Teil über Gastanker.

Diese Abhängigkeit von Gasimporten führt Europa immer wieder vor Probleme. Einerseits ist es dem Preisdiktat seiner Lieferanten nahezu vollkommen ausgeliefert. Andererseits können Unterbrechungen der Gasversorgung aus politischen Gründen katastrophale Folgen nach sich ziehen. Desaster dieser Art haben sich schon einige Male angedeutet, als beispielsweise die Ukraine und Weißrussland die russischen Gaspipelines nach Europa wegen Streitigkeiten mit Moskau mehrfach dichtmachten. Aus diesen Erfahrungen hat man gelernt. Russland baute mit dem russischen Gasriesen Gazprom, in dessen Aufsichtsrat bekanntlich unser ehemaliger Bundeskanzler Gerhard Schröder sitzt, E.ON und BASF Wintershall zunächst die neue Nord-Stream-Pipeline. Schröders Engagement hier ist stark umstritten. Die einen werfen ihm vor, seine Position als Bundeskanzler ausgenutzt zu haben, um sich wirtschaftliche Vorteile für seine Zeit nach dem Amt zu verschaffen, die anderen sehen in ihm einen Kämpfer für die nationalen Interessen Deutschlands an einer sicheren Energieversorgung. Ich erspare mir hier mangels hellseherischer Fähigkeiten ein Urteil und stelle Ihnen das zur eigenen Beurteilung anheim. Diese Pipeline, die im Nordwesten Russlands beginnt und direkt auf dem Grund der Ostsee bis nach Deutschland verlegt wurde, liefert seit November 2011 Gas von Russland nach Europa. Eine solche Pipeline hat aber auch Kapazitätsgrenzen. Also wurde ein zweiter Strang gelegt. Ab 2013 sollen nun jährlich 55 Milliarden Kubikmeter Gas durch die Nord-Stream-Pipeline direkt von Russland nach Deutschland strömen.

Wir erinnern uns: Der gesamte Import der EU-Länder beträgt heute bereits weit über 300 Milliarden Kubikmeter mit stark steigender Tendenz. Die Pipeline reicht also bei weitem nicht aus. Warum baut man nicht einfach einen dritten und vierten Strang? Weil auch die Gasquellen im Norden Russlands nur eine begrenzte Kapazität haben. Da ist nicht mehr viel, mit dem man zusätzliche Röhren befüllen könnte. Also bleiben die südrussischen Felder. Hierzu plant Russland (Gazprom im Verbund mit der italienischen Gesellschaft Eni) eine weitere höchst umstrittene Pipeline namens South Stream mit einer Leistungsfähigkeit von etwa 47 Milliarden Kubikmetern pro Jahr. Und hier sitzt übrigens seit 2012 der ehemalige Hamburger Bürgermeister Henning Voscherau mit im Aufsichtsrat. Die Pipeline ist geplant von den Grenzen Russlands direkt ins Schwarze Meer und an dessen Grund geradeaus durch bis nach Bulgarien. Dort geht die Röhre wieder an Land und führt über Bulgarien, Serbien und Ungarn weiter nach Österreich, ein anderer Abzweig nach Italien. Oder besser gesagt: sollte führen. Denn wie erwähnt ist diese Pipeline höchst umstritten. Ihr Bau begann erst im Dezember 2012.

Und es gibt einen mächtigen Konkurrenten, der ebenfalls etwas vom großen Gasgeschäft mit Europa abhaben möchte. Der blöde Reiche (Europa) auf dem alten Kontinent war nie in der Lage, sich selbst um sein Gas zu kümmern, also kann man

ihm das Notwendige teuer einreiben. An diesem fetten Geschäft wollen die Amerikaner gerne auch ein wenig verdienen. Nebenbei argumentiert man – sicherlich nicht zu Un-
recht –, dass eine zu große Abhängigkeit von den Russen gefährlich sei und man sich doch bitte lieber auch ein bisschen
von den Amerikanern abhängig machen sollte. So kann man
es durchaus sehen. Also entschieden sich die Europäer, mit
der österreichischen OMV, der Mineralölagentur MOL aus
Ungarn, Transgaz aus Rumänien, RWE aus Deutschland und
einigen anderen eine eigene Pipeline im Süden zu bauen:
»Nabucco«. Der Name wurde gewählt, weil deren Initiatoren
am Abend der entscheidenden Zusammenkunft gemeinsam
Verdis Oper »Nabucco« angesehen haben. So einfach werden
Dinge nun mal häufig entschieden. Unser ehemaliger Außenminister Joschka Fischer ist übrigens politischer Berater
dieses europäisch-amerikanischen Pipelineprojektes. Wie da
wohl die Gespräche aussehen, wenn Joschka Fischer auf seinen jetzigen Gegenspieler bei Gazprom und früheren Chef
Gerhard Schröder stößt? Man möchte manchmal Mäuschen
sein.

Diese Pipeline sollte nun also von den Gasfeldern am Kaspischen Meer und im Nordiran – sieh an – durch die Türkei,
Bulgarien, Rumänien, Ungarn und schließlich wiederum nach
Österreich führen. Mit ihren geplanten 30 Milliarden Kubikmeter Jahreskapazität sollte sie die russische South-Stream-
Pipeline überflüssig machen. Das würde Europa ein klein wenig unabhängiger von russischen Gaslieferungen machen und
wäre somit durchaus sinnvoll.

Aber woher kommt das Interesse der USA an dieser Pipeline?
Neben dem selbstlosen Entschluss, Europa zu etwas mehr Unabhängigkeit von den Russen zu verhelfen, stehen noch ganz
kleine, vernachlässigbare finanzielle und geostrategische Interessen im Raum. Im Wesentlichen geht es um den Kampf
um die Rohstoffe des Kaspischen Meeres. Hier werden Ölvor-

kommen zwischen 50 und 100 Milliarden Barrel vermutet, was einem Gegenwert von aktuell etwa 4 bis 8 Billionen US$ entspricht.

Doch konzentrieren wir uns weiter aufs Gas. Im turkmenischen Teil des Kaspischen Meeres werden etwa 7,5 Billionen Kubikmeter Gas vermutet, was in etwa den gesamten konventionellen Gasvorkommen der USA (ohne Schiefergas) entspricht. Einige Geologen vermuten sogar noch größere Mengen. Noch ist es für westliche Unternehmen schwer, an diese Gasvorkommen heranzukommen, da in Turkmenistan eine knüppelharte Diktatur herrscht und zumindest offiziell niemand was mit diesem Staat zu tun haben will. Die US-Regierung arbeitet jedoch hart daran, die Bedingungen für ausländische Firmen im Land zu verbessern. Kurzum, man versucht alles, um Hand an die turkmenischen Gasvorkommen zu legen und diese dann über die Nabucco-Pipeline an Europa verkaufen zu können. Auch Aserbaidschan hat bekundet, sein Gas oder besser gesagt sein unter anderem von den amerikanischen Firmen ExxonMobil und Chevron gefördertes Gas über Nabucco verkaufen zu wollen. Hier sind jedoch noch einige technische Anschlussprobleme zu klären. Solange das alles nicht gelingt, weiß niemand so recht, mit welchem Gas Nabucco eigentlich befüllt werden soll.

Man kann das Ganze auch wie folgt zusammenfassen: Die Amerikaner haben ein großes Interesse daran, ihren Zugriff auf die Gasfelder des Kaspischen Meeres und einiger seiner Anrainerstaaten auszuweiten und dieses Gas dann über Nabucco an die Europäer zu verkaufen. Da würde eine konkurrierende russische South Stream mächtig stören. Die Russen haben ein Interesse daran, ihr eigenes Gas und jenes aus dem Kaspischen Meer, auf das sie bereits Zugriff haben, über South Stream an Europa zu verkaufen. Da würde eine konkurrierende Nabucco mächtig stören.

Seit Jahren findet ein verdeckter Krieg auf allen Ebenen der

Diplomatie und Wirtschaft statt, und auch militärische Komponenten fehlen nicht. Sehen Sie bitte die politischen Entwicklungen der letzten und kommenden Jahre in dieser Region stets auch unter Berücksichtigung dieser Interessen, und fragen Sie bei jeder Meldung aus diesem Teil der Welt: Cui bono? Wem nutzt es?

Nur die Europäer waren mal wieder zu langsam, zu träge, zu gutmütig oder zu doof, um sich selbst um die Bodenschätze dieser Region auf friedliche Weise zu bemühen. So muss man also am Ende den anderen das Gas abkaufen. Üblicherweise werden in dieser Region die Erlöse aus den Rohstoffen in etwa 50:50 zwischen den ausländischen Firmen und dem jeweiligen Staat geteilt.

Die Abhängigkeit der Europäischen Union von fremden Gaslieferungen bleibt also bestehen. Was, wenn eines Tages Ärger mit Russland aufzieht? Dann bleibt in manchem Wohnzimmer die Heizung kalt. Von dem nebensächlichen Zusammenbruch der europäischen Industrie wollen wir hier gar nicht erst sprechen. Bei einer solchen Konstellation hat man kaum eine andere Möglichkeit, als Putin für einen »lupenreinen Demokraten« (Zitat Gerhard Schröder) zu halten und die Unterdrückung von Oppositionsgruppen für »innerrussische Angelegenheiten«. Wer mehr über die Gepflogenheiten der dezenten Einflussnahme russischer Gasfirmen auf europäische und deutsche Politik erfahren möchte, dem sei an dieser Stelle das Buch »Gazprom – Das unheimliche Imperium. Wie wir Verbraucher betrogen und Staaten erpresst werden« von Jürgen Roth empfohlen. Also können wir doch froh sein, wenn wir ein bisschen weniger von den Russen und dafür eben ein bisschen mehr von den Amerikanern im Verbund mit Turkmenistan und Aserbaidschan abhängig werden. Das beruhigt doch, wie ich finde.

Wäre es nicht fantastisch, wenn wir in der Europäischen Union eigene Gasfelder hätten, mit deren Hilfe wir uns völlig

unabhängig von anderen versorgen könnten? Mit eigenen
europäischen Unternehmen? Hach, wäre das beruhigend und
vermutlich auch noch recht günstig. – Aber wir haben ja diese
Gasfelder in der Europäischen Union! Zumindest noch. Wenn
wir uns jedoch davon überzeugen lassen, dass wir Griechenland und Zypern aus dem Euro und damit eventuell aus der
Europäischen Union rausschmeißen sollten, dann nicht mehr.
Und genau an dieser Stelle lenken wir unseren Blick wieder
auf unsere Nachbarn im Süden.

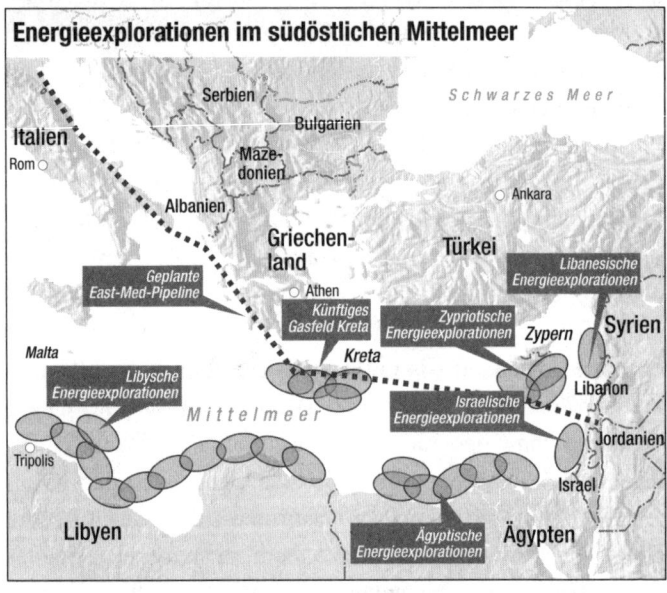

Nach den mir vorliegenden Unterlagen sind die Gasfelder der
Griechen gigantisch. Allein in einem Bereich südlich der Insel
Kreta wurden am Meeresboden Gashydrate in einer Ent-
sprechung von 25 bis 50 Billionen Kubikmeter Gas entdeckt.
Um es noch einmal ins richtige Verhältnis zu rücken: Die
(konventionellen) Erdgasreserven der USA betragen knapp
8 Billionen Kubikmeter, das bisher größte bekannte Gasfeld
der Erde (Iran/Katar) umfasst 33 Billionen Kubikmeter. Aus

diesen vor Kreta nachgewiesenen Gashydraten lässt sich auf gigantische konventionelle Gasvorkommen im darunterliegenden Meeresboden schließen. Die Experten erwarten, dass das Gasfeld größer ist als das Levante-Feld zwischen Zypern und Israel. Wir sprechen also von einem der größten Erdgasfelder der Welt im Hoheitsbereich unserer sogenannten Pleite-Griechen. Sie ahnen, auf was das hier hinausläuft.

Es bleibt jedoch nicht bei den Vorkommen südlich Kretas. Westlich von Griechenland in Richtung Italien unternimmt der US-amerikanische Konzern Nobel Energy Erkundungsfahrten. In der gesamten Ägäis werden zusätzlich große Vorkommen vermutet, deren Ausbeutung jedoch wegen der Grenzstreitigkeiten zwischen Griechenland und der Türkei etwas schwierig sein dürfte. Südlich von Kreta ist das hingegen kein Problem. Hier liegen die Vorkommen innerhalb der sogenannten 200-Meilen-Zone, der »Ausschließlichen Wirtschaftszone« (AWZ). Was nichts anderes bedeutet, als dass der angrenzende Staat das ausschließliche Recht hat, ein Meeresgebiet bis zu einer Entfernung von 200 Meilen (370 Kilometer) um seine Küste wirtschaftlich zu nutzen. Das ist im Seerechtsübereinkommen der Vereinten Nationen geregelt. Bis heute hat Griechenland von diesem Recht keinen Gebrauch gemacht und noch immer nicht diese 200-Meilen-Zone für sich in Anspruch genommen. Offiziell wird hier der Grenzkonflikt mit der Türkei angeführt. Etliche griechische Inseln liegen sehr nahe an der türkischen Küste. Wem gehören nun die Bodenschätze dazwischen? Aber egal – Kreta liegt völlig abseits jeder Rechtsstreitigkeit. Hier könnte Griechenland unbehelligt das Gas fördern.

Es gibt noch ein anderes großes Gasgebiet. Und hier kommt ein weiterer europäischer Pleitekandidat ins Spiel: Zypern! Südlich von Zypern wurden im gesamten Seegebiet bis nach Israel und dem Libanon ebenfalls riesige Gasvorkommen entdeckt. Weite Teile des Meeresgebiets sind noch gar nicht er-

forscht, aber bereits das Bekannte sprengt alle bisherige Vorstellungskraft. Vieles deutet darauf hin, dass das östliche Mittelmeer zu einem zweiten »Persischen Golf« mutiert. Und so
kann man die Konflikte in dieser Region, deren Ausbruch genau in die Zeit der Entdeckung der Gasfelder fällt, mit völlig
anderen Augen sehen. Nehmen Sie erneut die Landkarte des
östlichen Mittelmeers zur Hand, und tragen Sie die Krisenge-
biete der letzten vier Jahre ein. Revolution in Libyen. Revolution in Ägypten. Revolution in Syrien, wo der letzte Hafen der
russischen Flotte mit Zugang zum Mittelmeer liegt. Übergreifen des Konflikts auf den Libanon. Herbeiführung des wirtschaftlichen Zusammenbruchs Griechenlands und Zyperns.
Lediglich die US-Verbündeten Israel und Türkei (Nabucco-
Pipeline/Militärstützpunkte wie Incirlik Air Base) sind nicht
direkt betroffen. Wenn es nicht nur ein einziger großer Zufall
ist, dass all diese Konflikte nahezu gleichzeitig ausbrechen
und sich wie eine geschlossene Perlenkette um das östliche
Mittelmeer und seine neuentdeckten Kohlenwasserstoffe ziehen, dann ließe sich hier an eine Agenda denken, an deren
Ende man sich die vollständige amerikanisch-israelische Ho-
heit über diesen neuen »Persischen Golf« vorstellen könnte.
Zugegeben, vermutlich wäre uns das lieber, als auch diese
Vorkommen noch in der Hand Gazproms zu sehen. Am liebs-
ten wäre mir jedoch, die Europäische Union würde endlich
verstehen, was hier passiert, und sich ihren Anteil am Kuchen
für die eigene unabhängige Energieversorgung sichern.
Israel hat erst unlängst eine Erklärung abgegeben, seine Hoheitsrechte zur See weit in das vom Libanon beanspruchte
Seegebiet auszudehnen. Da sich beide Länder offiziell noch
im Kriegszustand miteinander befinden und Israel die Grenzen des Libanon nie akzeptiert hat, baut sich hier der nächste
Konflikt auf. Der libanesische Außenminister sprach von einer Aggression Israels gegen die libanesischen Öl- und Gas-
rechte, die man verteidigen werde. Und immerhin errichtet

Israel eines der größten Flüssiggasterminals der Welt auf Griechisch-Zypern, um von dort das Gas verflüssigt mittels Tankern nach Europa zu schaffen. Auch eine Untersee-Gaspipeline von Zypern nach Kreta und Griechenland ist im Gespräch. Wer bohrt im Seegebiet vor Zypern nach Gas? Wieder unsere Freunde vom amerikanischen Unternehmen Noble Energy aus Houston, Texas.

Hier werden bislang sehr konservativ 11 Billionen Kubikmeter Gas angenommen. Fassen wir also zusammen. 11 Billionen Kubikmeter zwischen Zypern und Israel zuzüglich eines vermutlich noch größeren Gasvorkommens im griechischen Einflussbereich. Das sind nach unterster Schätzung 22 Billionen Kubikmeter. Zusammen mit den bisherigen Fördermengen aus Großbritannien, den Niederlanden und Deutschland würde das genügen, um die gesamte Europäische Union für viele Jahrzehnte mit Erdgas zu versorgen, ohne auch nur eine Gasflasche aus Russland, Aserbaidschan, Libyen, Turkmenistan oder Ganzweitfortistan zu importieren. Die vollständige Energieautonomie der Europäischen Union wäre Realität. Wenn wir nicht so dumm sind, Griechenland und Zypern wegen ihrer »unbezahlbaren« Haushaltsschulden – die Staatsschulden Zyperns entsprechen gerade zweimal Stuttgart21 – aus der Europäischen Union zu werfen. Doch fast sieht es so aus, als seien wir so dumm. Zumindest versuchen uns einige dafür zu verkaufen. Da wird ein mediales Gewitter gegen die faulen Pleite-Griechen und die Geldwäscher-Zyprioten abgebrannt, die Bevölkerungen werden gegeneinander aufgewiegelt und ein Druck auf der Straße erzeugt, dessen Ziel sein soll: »Ihr Politiker, kein Geld mehr für Griechenland und Zypern. Schmeißt sie raus!«

Doch was passiert in jenem Moment, in dem wir den Geldhahn zudrehen? Griechenland und Zypern sind sofort zahlungsunfähig. Wir haben mit den Sparpaketen und den IWF-Forderungen ja alles getan, damit es so weit kommt. Beide müssen aus dem Euro austreten. Das geht aber rechtlich sauber nur, wenn sie nach Artikel 50 des EU-Vertrags auch aus der EU austreten. Der letzte Punkt ist unter Staatsrechtlern umstritten, womöglich könnte es auch andere Winkelzüge geben … In jedem Fall würden nach dem Zusammenbruch der beiden Staaten sofort die helfenden Hände des IWF zur Stelle sein: »Na, was habt ihr denn da angestellt!? Ihr seid ganz schön gekniffen, und die Unruhen auf der Straße machen es auch nicht besser. Aber wir haben einen Ausweg für euch. Hier sind ein paar Unternehmen aus der amerikanischen Öl- und Gasindustrie, die würden eure bescheidenen Rohstoffvorkommen gerne fördern. Ihr habt ja weder das Geld noch das Wissen, um es selbst zu machen. Aber wir wollen ja nicht so sein. Wenn ihr denen die Förderrechte abtretet, dann bekommt ihr auch 25 Prozent des Gewinns ab.« Ja, Sie haben richtig gelesen. Nach griechischem Recht werden die Bodenschätze nicht wie in Aserbaidschan 50:50 zwischen Staat und ausländischer Firma geteilt, sondern 25:75. Mit 25 Prozent für den Staat. Tolle Sache das, nicht wahr?

Für den umstrittenen Bereich, der zwischen der Türkei und Griechenland liegt, soll es Vorschläge aus Washington geben, die Erträge mit 20 Prozent für Griechenland, 20 Prozent für die Türkei und 60 Prozent für die fördernden US-Firmen (Noble Energy) aufzuteilen.

Im Juli 2011 besuchte Hillary Clinton – damals als US-Außenministerin – den griechischen Präsidenten Papandreou, um ihm die Unterstützung der USA zuzusagen. »Die USA unterstützen vehement die Entschlossenheit der Regierung unter Ministerpräsident Giorgos Papandreou, die nötigen Reformen durchzuführen und das Land wieder auf Kurs zu bringen«, so Clinton in Athen.

Ein Jahr darauf besuchte ebenfalls im Juli US-Finanzminister Timothy Geithner Athen und vermittelte dort den Eindruck, die USA würden alles tun, um Griechenland im Falle einer

Wiedereinführung der Drachme und eines EU-Austritts zu
helfen. Aber sicher doch!
Selbstverständlich haben die Griechen aktuell nicht das ge-
ringste Interesse, die wahre Dimension ihrer Kohlenwasser-
stoffvorräte zu benennen. Das würde die Hilfspakete und
Schuldenschnitte der europäischen Nachbarn sicherlich deutlich negativ beeinflussen und Begehrlichkeiten wecken. Inzwischen kocht jeder sein eigenes Süppchen. Die einen wollen
die Förderrechte an die Amerikaner verschachern und sicherlich dabei auch persönlich einen guten Schnitt machen, die
anderen an die Russen.
Und der Showdown um die Förderrechte rückt immer näher.
In einer ersten Phase Ende 2012 haben sich bereits zahlreiche
Firmen um die ausgeschriebenen Konzessionen zur Erkun-
dung der Fördergebiete beworben. Darunter:

Hellenic Petroleum (GR)
Edison International (USA)
Melrose Resources (GB)
Energean Oil & Gas (GR)
Schlumberger (Niederl. Antillen / Hauptsitz: Houston, USA)
Arctic Hunter Energy (CAN)
K O Enterprises (USA)
Chariot Oil & Gas (GB)

Die Vergabe dieser Konzessionen ist ausgesprochen dubios.
Meine griechischen Gesprächspartner aus den entsprechenden Instituten bestätigten mir, dass das ursprünglich staatliche
Geologische Institut für Öl und Gas schon vor langer Zeit privatisiert wurde. Dort werde auch über die Vergabe der Konzessionen entschieden. 2011 wurde unter Papandreou die Hellenic Hydrocarbon Resources Management SA gegründet, auf
die die staatlichen Rechte übertragen wurden. Eine private
Firma, die nun die gesamten Rechte des griechischen Staats

an Öl- und Gasvorkommen sowie deren Förderung verwalten soll.

Da passt es doch prima, dass Deutschland jetzt richtig Druck macht, damit Griechenland seine letzten Staatsbeteiligungen zügig »privatisiert« (»schnellstmöglich«, heißt an der Börse, »zu niedrigen Kursen«). Vor allem die Flüssig- und Erdgasfirmen Depa und Desfa sowie den Ölkonzern Hellenic Petroleum. Ausgerechnet jene Hellenic Petroleum, die um die Erschließung der Förderkonzessionen mitbietet, soll schnellstmöglich an private Investoren (woher die wohl kommen?) verschachert werden, bevor der Preis nach oben geht, wenn sie erst mal die Lizenzen haben. Nicht, dass der griechische Staat (die Bürger) am Ende noch einen Teil des Rohstoffsegens abbekommen. Entweder ist unsere Regierung hier wirklich so naiv, oder sie tritt tatsächlich nur noch als der Weisungsbüttel anderer Interessen auf.

Zunächst geht es um die Erforschung der späteren Förderfelder. Besonders interessant ist hier Schlumberger zu sehen, der größte Öldienstleister der Welt, der im Auftrag großer Giganten weltweit nach Öl sucht, die Infrastruktur erstellt und fördert. So hat Schlumberger im Oktober 2010 den Auftrag erhalten, für den US-Multi ExxonMobil zahlreiche Ölquellen im Irak zu erschließen.

Doch diese erste Bewerbungsrunde fand noch vor dem Machtwechsel in Athen zu Samaras statt. Die nun laufenden Untersuchungen sollen im Laufe des Jahres 2013 abgeschlossen, die Förderfelder aufgeteilt und die Konzessionen vergeben worden sein. Ab 2014 soll es dann mit der Errichtung der Fördereinrichtungen losgehen.

Warum in drei Teufels Namen nehmen wir das in Europa ahnungslos hin? Das ist unser eigenes Wohnzimmer. Lasst uns zusammenrücken und mit europäischen Unternehmen wie BASF Wintershall, Eni, OMV, Hellenic Petroleum und der französischen Total diese griechischen Schätze für und mit Griechenland und Europa heben. In einem ersten Schritt könnte die EU-Kommission die Hand auf die Förderrechte legen und sie als Pfand für gewährte Kredite einfordern. Wenn es doch nichts »Bedeutendes« ist, werden die Griechen und Zyprioten ja nichts dagegen haben.

Ein fairerer Vertrag muss geschlossen werden, der dafür sorgt, dass diese Kohlenwasserstoffe in erster Linie die Versorgung Europas sicherstellen. Eine gerechte Verteilung der Erträge auf den griechischen Staat, die europäischen Geldgeber und die Förderunternehmen muss damit einhergehen.

Es gibt bereits fertige Planungen für eine Unterwasser-Erdgaspipeline von Israel/Zypern nach Kreta, von dort weiter nach Griechenland und über Italien nach Zentraleuropa.

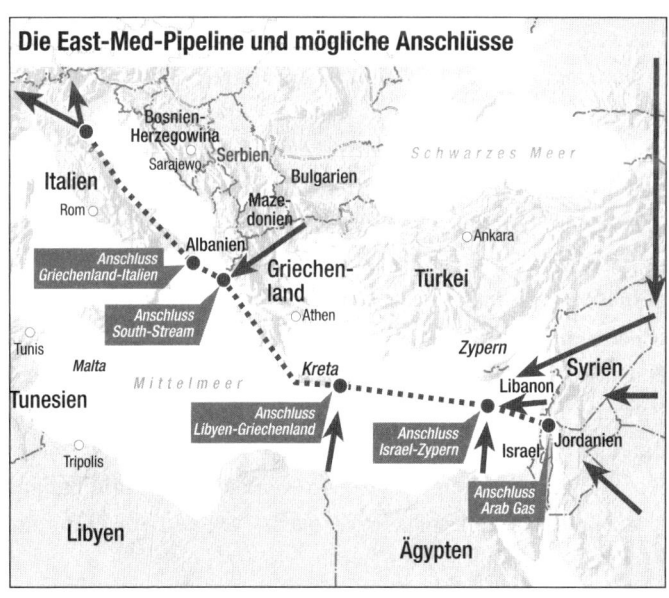

Die East-Med-Pipeline und mögliche Anschlüsse

Hierdurch würde ein nachhaltiger Wirtschaftsboom in Griechenland entstehen. Häfen, Schiffsbau, Gasterminals, Straßen, Pipelines, Öl- und Gasverarbeiter, Bauunternehmen … die Liste wäre endlos.

In einem solchen Wirtschaftsboom sind auch die zwingend notwendigen Reformen des Staatswesens und der Staatsfinanzen wesentlich leichter umsetzbar. Man könnte sie sogar in die Verträge mit Griechenland hineinschreiben. Und die Bevölkerung würde die Maßnahmen auch mittragen, weil sie wieder eine Perspektive für die Wirtschaft, ihre Arbeitsplätze und eine Erneuerung ihres Landes sähe, die mit Wohlstandssteigerungen einherginge.

An dieser Stelle kommen wir noch einmal zum Beginn dieser Geschichte: Sind Sie noch immer der Meinung, Griechenland und Zypern müssen aus dem Euro und womöglich der europäischen Union austreten? Genau darauf warten die USA und Russland wie die Geier auf der Stange, und sie tun alles, um diese Entwicklung voranzutreiben.

Lassen wir uns nicht vorführen und zum willigen Brandbeschleuniger machen. Stellen wir die Frage: »Wem nutzt es?« Und stellen wir uns auf die Seite der griechischen Bevölkerung, gegen deren eigene Politiker und gegen die Zaghaftigkeit unserer Politiker zum Nutzen der europäischen Völker.

Wir werden den Kopf gegen die Wand schlagen, wenn wir in zehn Jahren auf die Bohrinseln vor Griechenland und Zypern schauen und zusehen müssen, wie uns wahlweise die Russen oder die Amerikaner das Gas vor unserer eigenen Haustür gegen US-Dollar verkaufen, weil wir auf die billige Propaganda diverser Boulevardmedien mit US-Einfluss hereingefallen sind.

Das Rennen um die griechischen Kohlenwasserstoffe hat gerade begonnen. Ich bin sehr gespannt, wer schließlich durchs Ziel gehen wird.

Sollten Ihnen die Kohlenwasserstoffe Griechenlands noch nicht genügen, so berichten viele Studien über nennenswerte Vorkommen unter anderem an Gold, Kupfer, Silber, Nickel und Uran. Auch hierzu habe ich lange Gespräche mit den führenden Wissenschaftlern des griechischen Geologischen Insti-

tuts geführt (ganz offiziell: Institut für geologische und Berg-
bau-Forschung).

Griechenland gehört zu den Gebieten mit den reichsten Erz-
vorkommen in Europa. Viele Milliarden Euro an Bodenschät-
zen sind hier jenseits des Öls bereits erforscht. Eine UN-Stu-
die bestätigt, dass Griechenland auf einer Fülle seltener Mine-
rale sitzt, die in der Schwer- und Flugzeugindustrie dringend
benötigt werden. Griechenland ist eines der wenigen Länder
Europas, in dem Huntitvorkommen zu finden sind. Huntit
ist ein wichtiges Flammschutzmittel im Flugzeugbau. In der
Bucht von Kavala gibt es Vorkommen an Seltenen Erden, die
so umfassend sind, dass die Nachrichtenagentur Bloomberg
im April 2012 titelte:»Griechische, nordische (Finnland war
gemeint) Seltene Erden könnte die europäische Industrie retten«. In Nordgriechenland und Mazedonien gibt es große
Uranvorkommen, auch wird von bedeutenden Goldvorkom-
men dort berichtet. Viele weitere Rohstoffvorkommen sind
bekannt, müssten aber dringend weiter erforscht werden. Das
wäre die Aufgabe des griechischen Geologischen Instituts.

Doch merkwürdigerweise wurde dieses Institut als eines der
ersten nach Einzug der Troika bis zur Handlungsunfähigkeit
reduziert. Vor Jahren hatte es 1400 Mitarbeiter, heute sind es
noch 280, und es wird weiter abgebaut. Nach Einschätzung
der Geologen wird es hier ebenso ablaufen wie bei dem ehemaligen Schwesterinstitut aus dem Ölbereich, das komplett
aufgelöst wurde und zu einer privaten Agentur mit wenigen
Köpfen zum Verschachern der griechischen Bodenschätze
verkommt. Besonders die in Griechenland übliche Verteilung
der Erträge mit 20 Prozent für den Staat, 5 Prozent für die
örtliche Bevölkerung und 75 Prozent für das fördernde Unternehmen stößt hier auf großes Unverständnis. In Norwegen
gehen 70 Prozent der Erträge an den Staat. Mein Gesprächspartner (zu seinem Schutz verzichte ich hier auf eine Namens-
nennung): »Im griechischen Ministerium beschäftigen sich

nur noch zehn Leute mit der Ausschreibung der Öl-/Gasfelder … Im Gegensatz zur Türkei, die haben 3500 Leute, die sich mit der Ölförderung beschäftigen … in dem Sinn, schnell Sachen zu verkaufen, ohne viel darüber zu wissen – Hauptsache man verkauft.« Auf meine Frage, ob sich die Kürzungen im Institut mit dem Eintreffen der Troika aus EU, EZB und IWF verschärft hätten, antwortet er: »Definitiv, ja. Das Geologische Institut wurde von den damaligen Ministern als eines von den ersten zehn staatlichen Instituten benannt, die geschlossen werden sollten.«

Auf die Rolle der USA im Verhältnis zu Griechenland und Europa angesprochen, kommt die sehr nüchterne und realitätsnahe Einschätzung: »In dieser Gegend hier, in dieser geostrategischen Lage Griechenlands waren immer die Amerikaner. Nach dem Zweiten Weltkrieg war Griechenland unter dem Einfluss der amerikanischen Politik, und diese amerikanische Politik hat auch Europa unterstützt und tut es noch immer. Amerika hat Europa unterstützt und war andererseits gleichzeitig der Konkurrent von Europa. Amerika will die Europäische Gemeinschaft nicht gezielt auseinanderbringen. Es will sie in einem Zustand der Unvollkommenheit belassen. Es will, dass es so bleibt.«

Wir sehen, in Griechenland geht es um weit mehr als Olivenöl und Schafskäse. Es geht um Öl, Gas, Erze, geostrategische Situationen, Militärbasen und viele hundert Milliarden Dollar. Lassen wir uns nicht länger für dumm verkaufen und über griechische Renten diskutieren. Das sind Nebelkerzen, die die Sicht auf die Hintergründe sehr geschickt verbergen.

EINE FRAGE DER WÄHRUNG

Aber das griechische Thema und die geostrategischen Interessen reichen noch tiefer. Denken Sie an die einleitenden Sätze dieses Buches. Es geht um Geostrategie, es geht um wirtschaftliche und politische Machtachsen und darum, wer die Welt in den nächsten Jahrzehnten dominiert.

In meinem ersten Buch »C(r)ashkurs« habe ich das Thema Petrodollar ausführlich thematisiert. Die wirtschaftliche Existenz der USA hängt stark von der Tatsache ab, dass der US-Dollar die Weltleitwährung ist. Diese Rolle erhält der Dollar durch die Tatsache, dass die meisten Rohstoffe, insbesondere das Öl, ausschließlich gegen US-Dollar auf dem Weltmarkt gehandelt werden. Wer immer Öl braucht, der braucht zuvor US-Dollar. Er tauscht also seine eigene Währung bei den Amerikanern gegen US-Dollar ein, die diese beliebig herstellen können. Mit diesen Dollar kauft man nun beim Scheich das Öl, der einen kleinen Teil des Dollarsegens in eine neue Jacht, den großen Rest jedoch in US-Staatsanleihen investiert. So entsteht ein steter Kreislauf, in dem eine Nachfrage nach US-Dollars besteht, die so lange anhält, wie es die meisten Waren exklusiv gegen diese Leitwährung gibt.

Würde eine andere Währung diese Rolle übernehmen, wäre die wirtschaftliche Existenz der USA höchst gefährdet. Der stete Nachfragefluss nach US-Dollars und die Notwendigkeit, diese wieder in »sicheren« US-Staatsanleihen anzulegen, würde versiegen. Wie sagte es der US-Finanzminister John Conally bereits 1971 gegenüber ausländischen Zuhörern? »Der Dollar ist unsere Währung, aber euer Problem!«

Die Tatsache, dass der US-Dollar Weltleitwährung ist, ist also nicht nur eine Frage der Ästhetik oder des Nationalstolzes, dahinter verbirgt sich auch ein vitales Interesse der amerikanischen Sicherheitspolitik.

Unter dieser Prämisse schauen wir zurück auf das Jahr 2007. Im September erklärt der ehemalige US-Notenbankchef Alan Greenspan, er halte es für durchaus denkbar, dass der Euro den US-Dollar als Weltleitwährung ablösen könnte. Der Dollar habe »keinen allzu großen Vorsprung mehr«. Und die EZB habe sich zu einem internationalen Machtfaktor entwickelt. Ende 2006 hatten die internationalen Zentralbanken bereits 25 Prozent ihrer Devisenreserven in Euro investiert. Der Euro war drauf und dran, den US-Dollar abzulösen, und wurde immer mehr zur grenzüberschreitenden Abrechnungswährung. Der Dollar hingegen war kurz davor, seine Rolle als Weltleitwährung zu verlieren.

Ein vitales Interesse der USA war in Gefahr. Ist es da aus amerikanischer Sicht nicht mehr als verständlich, dieser Gefahr zu begegnen? Die Amerikaner konnten einen solchen Aufstieg des Euro auf keinen Fall akzeptieren. Es musste dringend etwas geschehen. Gegen Europa bringt man allerdings nicht die sechste Flotte in Stellung, sondern die Einheiten der Wall Street, deren Banken und Ratingagenturen, und die Waffe der Geheimdiplomatie.

Genau in diese Phase fallen auch die Ereignisse um Kostas Karamanlis, die Machtübernahme Giorgos Papandreous' und dessen überraschende Selbstanzeige der griechischen Finanzmanipulationen in Brüssel. Das ganze Euro-Desaster begann zu diesem Zeitpunkt durch die Oberfläche zu brechen. Papandreou und seine Gefolgsleute unternahmen alles in ihrer Macht Stehende, um Europa und Deutschland gegen sich aufzubringen. Keine Vereinbarung wurde eingehalten, die Bevölkerung und die eigene Wirtschaft immer weiter nach unten gezogen. Ein Skandal jagte den nächsten. Und eine beispiellose innereuropäische Hetzkampagne gegen »faule Griechen«, »Nazideutsche«, »korrupte Italiener« und »überschuldete Immobilien-Spanier« begann. Europa fing an, sich selbst zu zerfleischen, und das Ausland schaute dem Spektakel genüsslich zu. Die Angriffe gegen den Euro und gegen die Staaten der Eurozone kamen mit militärischer Präzision, stets geschürt von Studien großer Wall-Street-Banken oder US-Ratingagenturen, deren Timing viele Marktteilnehmer immer wieder in Erstaunen versetzte.

Eines sei aber ganz klar betont: Die grundlegenden Probleme der Eurozone sind absolut hausgemacht. Ich habe es am Anfang des Buches schon erwähnt: Vielen völlig unterschiedlichen Staaten eine gemeinsame Währung überzustülpen führt von vorneherein zu erheblichen Problemen. Diese Achillesferse haben wir uns selbst zu verdanken. Aber die Pfeile gegen unsere Achillesferse werden sehr gezielt und mit knallhartem Kalkül über den Atlantik abgefeuert.

Bevor wir uns weiter mit diesem interkontinentalen Wirtschaftskrieg befassen, sollten wir zunächst unsere Achillesferse genauer betrachten. Die Pfeile abzuwehren ist das eine, die eigene Verwundbarkeit zu beheben das andere. Doch dazu müssen wir uns auch trauen, den Blick darauf zu richten und uns nicht einzureden, alles sei in bester Ordnung.

Also schauen wir uns den malträtierten Fuß einmal in Ruhe an. Dass der Euro für die Griechen ebenso wie für viele andere Staaten in Europa die falsche, weil viel zu hohe Währung ist, das konnten Sie schon lesen. Zum weiteren Verständnis der Zusammenhänge sehen wir uns einmal auf der anderen Seite des Globus um, nämlich in China.

Seit vielen Jahren werfen wir Europäer und die Amerikaner den Chinesen vor, dass sie ihre Währung künstlich drücken, indem sie den Chinesischen Renminbi (die dortige Währung) fix an den US-Dollar koppeln. Wie das funktioniert? Die chinesische Zentralbank bezahlt einfach für jeden US-Dollar, der ihr angeboten wird, etwa 6 Yuan (das ist eine Einheit des Renminbi). Sie kann diese ja in beliebiger Menge drucken. So hat der Renminbi keine Chance aufzuwerten, obwohl die Wirtschaft Chinas explodiert und die der USA kränkelt. Ohne feste Bindung würde der Renminbi deutlich teurer werden. Und ohne Beeinflussung durch die Notenbank würde die Entwicklung der Währung wie folgt ablaufen: Ein Großhändler aus Amerika möchte in China Spielwaren einkaufen. Um den chinesischen Hersteller bezahlen zu können, braucht er Renminbi. Er kauft also am Devisenmarkt Renminbis und bezahlt diese, indem er seine eigene Währung (US-Dollar) verkauft. Somit steigt der Kurs der chinesischen Währung ein wenig an, der Kurs der amerikanischen Währung fällt ein wenig. Je öfter das geschieht, umso teurer wird der Renminbi. Ich muss immer mehr US-Dollar hergeben für die gleiche Menge an chinesischer Währung. Es wird für mich also von Monat zu Monat teurer, in China einzukaufen. Irgendwann ist es so teuer, dass ich vielleicht doch lieber wieder in den USA selbst einkaufe oder sogar ein chinesischer Käufer in Amerika kauft, weil er wegen des günstigen Wechselkurses (siehe die Geschichte mit der Schweiz und Deutschland in Konstanz) so preiswert in Amerika einkaufen kann.

Durch ein freies Schwanken des Wechselkurses kommt es zu einer Aufwertung bei wirtschaftlich starken Staaten und einer Abwertung bei weniger starken Staaten, die dadurch wiederum wettbewerbsfähiger werden. Das ist genau das Puffersystem, das sind die Federn, die durch unterschiedliche Währungen zwischen den Staaten eingebunden sind und zu einem flexiblen und sich gegenseitig stabilisierenden System führen. China hat allerdings diese Federn ausgebaut, indem es seine Währung fix an den US-Dollar gekoppelt hat. Trotz der starken chinesischen Wirtschaft und der vielen Exporte nach Amerika verhindert China somit eine Aufwertung seiner eigenen Währung. Es bleibt also wahnsinnig billig für alle Welt, in China einzukaufen, und für den Chinesen bleibt es sehr teuer, in Amerika etwas zu kaufen. Somit ergaunert sich China seit vielen Jahren Wettbewerbsvorteile.

Mindestens ebenso lange fordern Europa und Amerika, China

möge diese unfaire Kopplung aufheben und die Währungen frei handeln lassen. Aber selbst Strafzölle und Beschwerden nutzten bislang wenig. Nur zu geringen Anpassungen war China in den letzten 18 Jahren zu bewegen (so lange geht das bereits). Diese Schlingel! Die sollen endlich die Währung vom US-Dollar abkoppeln, damit sie sich nicht länger diese unfairen Wettbewerbsvorteile ergaunern. Zu Recht, jawoll!

Aber … was machen wir Deutschen eigentlich seit zehn Jahren? Wir koppeln unsere deutsche Währung an die Währung der Griechen, Portugiesen, Spanier, Italiener … und drücken damit die deutsche Währung spürbar unter den Wert, der unserer Wirtschaftskraft entspräche. Natürlich nicht so dramatisch, wie wir die Griechen nach oben katapultieren. Wir sind die Schwersten auf der Waage, und somit ist der Effekt wie bei einem übergewichtigen Burger-Fan, der sich auf die eine Seite des Wippbalkens fallen lässt. Für ihn geht es einige Zentimeter nach unten, aber der Hänfling auf der anderen Seite wird nicht nur nach oben, sondern gleich noch mächtig aus dem Sattel gehoben. Etwas fachlicher: Während wir mit unserem Gewicht die Währung der Griechen um 100 Prozent über deren Wirtschaftskraft katapultieren, sorgt die Kopplung dafür, dass der Euro um etwa 20 Prozent unter unserer Wirtschaftsleistung in Deutschland liegt. Die Angaben der Währungsexperten hierzu schwanken leicht, lassen Sie uns daher nicht um 5 Prozentpunkte mehr oder weniger feilschen. Die 20 Prozent dürften recht realistisch sein. Wir ergaunern uns somit also die gleichen Wettbewerbsvorteile im Export, wie es die Chinesen tun. Seit dieser Kopplung an die Griechen und Italiener ist es also noch viel günstiger, all die tollen Autos und Maschinen aus Deutschland zu kaufen.

Was man wegen der zu hohen Währung und der ohnehin schlechteren Qualität bei unseren europäischen Nachbarn nicht mehr gekauft hat, hat man gleich in Deutschland bestellt. Tolle Sache! Und unsere Exportfirmen haben sich gefreut wie ein Schnitzel.

Aber diese Euromünze hat noch eine zweite Seite. Wenn wir davon ausgehen, dass unsere Währung etwa 20 Prozent unter unserer Wirtschaftsleistung liegt, dann werden wir Bürger seit Jahren über den Tisch gezogen. Wir alle werden für die starke Leistung, die wir abliefern, mit einer um 20 Prozent zu schwachen Währung bezahlt. Wir müssen also zu viel davon ausgeben, sobald wir Dinge kaufen, die wir selbst aus dem Ausland importieren. Und das ist eine ganze Menge. Angefangen beim Heizöl, über das Benzin, argentinische Rindersteaks, neuseeländische Kiwi, chinesisches Spielzeug und amerikanische Apple-Produkte. Wir zahlen überall deutlich zu viel. Würde der Wert des Geldes auf Ihrem Konto, Ihrem Rentenbescheid oder Lohnsteuerzettel Ihrer Leistung (Produktivität, Wirtschaftskraft) entsprechen, müssten Sie davon wesentlich weniger für all diese Importgüter bezahlen. Es bliebe Ihnen mehr Geld übrig, um zum Friseur zu gehen, die Liebste zu einem romantischen Abendessen einzuladen oder sich ein neues Fahrrad anzuschaffen.

Den tollen Vorteil, den sich unsere Exportfirmen auf diese Weise sichern, bezahlen wir Bürger mit unserer Kaufkraft. Und genau das bestätigt sich, wenn wir auf diese langweiligen Handelsbilanzzahlen der europäischen Staaten schauen. Seit der Euro-Einführung kam die Kaufkraft der deutschen Bürger nicht aus der Kabine, während der Export boomte. Die Exportwirtschaft brummte, aber viele hatten den berechtigten Eindruck, dass das bei ihnen irgendwie nicht ankommt. Bei unseren südlichen Nachbarn war es genau umgekehrt. Der Export ging deutlich zurück, während die Kaufkraft der Renten, Löhne und Guthaben der Bürger durch die Decke schoss. Die Spanier, Iren und Griechen fühlten sich auf einmal wie Königs und haben wie die Wilden konsumiert und gebaut. Im Überschwang dann auch noch gerne auf Pump.

EURO-MYTHEN

An dieser Stelle kommen wir auf einen anderen Mythos des Euro zu sprechen. Sobald die Diskussion um den Euro aufkommt, dauert es nicht lange, bis die Ersten ein berühmtes Merkelsches Mantra wiedergeben: »Die deutsche Wirtschaft braucht den Euro!« Ohne den Euro würde der deutsche Export mindestens zusammenbrechen, wenn nicht gar völlig verschwinden. Der Untergang des Abendlandes wäre das Mindeste, vermutlich würde uns Schlimmeres erwarten. Ich frage mal ganz frech: Warum? Wir dürfen daran erinnern, dass Deutschland zu einer Zeit, als wir die D-Mark hatten, eine Währung, die eins zu eins zu unserer jeweiligen Wirtschaftskraft passte, Exportweltmeister war. Ja, da schau hin! Offenkundig ist unsere Exportwirtschaft durchaus in der Lage, mit einer Währung klarzukommen, die unserer Leistungsfähigkeit entspricht. Woran liegt das? Wir exportieren in der Regel keine Bananen, die man in vielen Ländern vom Baum holen kann und dann über den Preis verkauft. Wir exportieren Hochtechnologie.

Nehmen wir beispielsweise den Automobilbau. Wer auf dieser Welt einen Mercedes fahren möchte mit all dem Ansehen, das in diesem Markennamen steckt, wer also auf diese Qualität und Innovationskraft Wert legt, dem bleibt schlicht nichts anderes übrig, als eben einen Mercedes zu kaufen. Die Qualität, die immer wieder neuen Entwicklungen, die den anderen Herstellern oft lange voraus sind, und natürlich auch die Rolle als Statussymbol werden hier mitgekauft. Gut, BMW, Porsche, Audi könnten eine Alternative sein. Aber am Ende bleibt es doch deutscher Export. Wo sollte der Kunde sonst kaufen? Wären Peugeot, General Motors oder Hyundai wirklich Alternativen für diesen Kunden? Wer einen Mercedes fahren will, wird einen Mercedes kaufen und bezahlen müssen, auch wenn

da ein vielleicht etwas höherer Preis hinter der Windschutz-
scheibe klemmt.

Nicht anders sieht es bei unserem Hauptexportschlager aus,
dem deutschen Maschinenbau. Unsere Maschinen werden
doch nicht gekauft, weil sie so schön billig sind, sondern wegen der herausragenden Leistung unserer Ingenieure. Sie werden gekauft, weil deutsche Maschinen mehr können als die
Maschinen aus anderen Ländern, weil sie länger halten und
weil unsere Techniker in einem dualen Ausbildungssystem so
gut ausgebildet sind, dass sie diese Maschinen vor Ort zuverlässig installieren und warten können. Selbstverständlich gibt
es Grenzkosten. Ab einem bestimmten Preisunterschied wird
man eben doch die koreanische Variante bevorzugen. Sie kann
vielleicht etwas weniger, ist womöglich nicht so langlebig,
aber der Preisunterschied rechtfertigt es nicht mehr, die deutsche Maschine zu kaufen. Dann müssen wir unsere Produktivität eben wieder steigern, neue Erfindungen machen, oder
unsere Währung wertet (wegen nachlassender Exporte) wieder etwas ab. Irgendwann ist der Preis des BMW vielleicht
doch so hoch, dass die ersten Käufer auf japanische Fahrzeuge umsteigen. Aber gerade in dieser ohnehin hochpreisigen
Liga, in der unsere Fahrzeuge spielen, ist der Preis nicht das
erste Kriterium für die Kaufentscheidung.

Machen wir auch nicht den Fehler zu glauben, dass mit einer
um vielleicht 20 Prozent teureren Währung unsere Export-
güter automatisch um jene 20 Prozent teurer würden. Denn
meist wurden viele Teile eines deutschen Fahrzeugs oder
einer Maschine zunächst aus dem Ausland importiert. Fahr-
zeugsitze aus Brasilien, Kabelstränge aus Taiwan, Kupfer für
die Lichtmaschine aus China oder Afrika … Der deutsche
Fertigungsanteil an einem Porsche Cayenne betrug bereits
2006 je nach Berechnungsmethode nur noch zwischen 12 und
33 Prozent. Und das dürfte sich in den letzten Jahren nicht
zum Positiven entwickelt haben. All das, was ein deutscher

Fahrzeugbauer aus dem Ausland vorimportiert, wird durch eine stärkere heimische Währung billiger, und somit kann er sein Auto auch entsprechend günstiger anbieten.

Ich möchte nicht in Abrede stellen, dass wir mit einer stärkeren Währung in Deutschland beim Export ein paar Federn lassen würden. Aber durch die Kaufkraft der Bürger, die mit der höheren Währung gleichfalls steigen würde, hätten wir wieder mehr Wohlstand und Nachfrage innerhalb Deutschlands. Oder, um es plastischer auszudrücken: Wir würden in Peking vermutlich ein paar Mercedes weniger verkaufen, aber dafür sicherlich in Stuttgart ein paar Mercedes mehr. Das wäre sicherlich nicht die schlechteste Entwicklung. Eine starke Währung, solange sie zur Leistungsfähigkeit des Landes passt, war schon immer Ausdruck einer wohlhabenden Bevölkerung. Das war in der Schweiz (vor der übertriebenen Aufwertung) ebenso der Fall wie in Norwegen oder in Deutschland vor der Euro-Einführung.

Ich behaupte nicht, dass diese Effekte – Verluste im Export bei entsprechenden Zugewinnen in der Binnennachfrage – sich absolut ausgleichen. Vielleicht überwiegt am Ende das eine oder andere leicht. Aber ich möchte mit dem Mythos aufräumen, dass die deutsche Wirtschaft ohne die Segnungen des für uns unterbewerteten Euro dem Untergang geweiht wäre.

Eine gesamte Bevölkerung wird um einen Teil ihrer Arbeitsleistung behumpst, um die Gewinne weniger großer Exportfirmen zu steigern, die als Dank ihre Werke ins Ausland verlegen und die Steuerbescheide optimieren.

Alle anderen, vom Bäcker, der seine Sonntagsbrötchen nicht nach Schanghai exportieren kann, bis zum Fliesenleger, der es einfach nicht fertigbringt, morgens früh genug aufzustehen, um von Castrop-Rauxel zur Baustelle nach Usbekistan zu fahren, zahlen die Zeche mit einem zu geringen Lebensstandard. Das ist ein Teil der Wahrheit, wenn wir über die Tatsache sprechen, dass es Menschen in Deutschland gibt, die mit 40 Stunden Arbeit nicht in der Lage sind, ihre Familie zu ernähren.

Die Stundenlöhne der Dienstleistungsbranche müssen immer wieder an das angepasst werden, was die Kunden sich leisten können. Wer also beim Tanken 20 Prozent zu viel bezahlt, dem fehlt dieses Geld beim Friseur. Also muss der Lohn der Friseurin runter. Der reicht nun nicht mehr aus, um ihre Kinder zu ernähren, der Staat muss aufstocken. Der Kreis schließt sich. Das ist zwar nur ein Teil des Einkommensproblems, aber, wie ich finde, ein beachtenswerter.

Jetzt wissen Sie, was Sie zu antworten haben, wenn Ihnen mal wieder einer erzählen will, Deutschland brauche den Euro: »Von welchem Teil Deutschlands reden wir?«

Gelegentlich begegnet einem folgendes Argument, das besonders in der Anfangszeit des Euro immer wieder dazu genutzt wurde, die Begeisterung bei der Bevölkerung zu schüren: »Der Euro ist wichtig, weil man nicht mehr umrechnen muss!« Mit China, Brasilien, den USA und den meisten anderen Ländern der Welt handeln wir ebenfalls mit unterschiedlichen Währungen. Bricht deshalb der Handel mit China oder den USA ein? Fällt es Ihnen wirklich schwer, im Türkeiurlaub zu überschlagen, was der Espresso kostet? Jeder Lkw-Fahrer, der heute Mittag von Berlin nach Warschau fährt, ist in der Lage, seine Tankrechnung auf der anderen Seite der Grenze von Zloty auf Euro umzurechnen und gleich auf Richtigkeit zu überprüfen. Wenn das der große Vorteil der gemeinsamen Währung sein soll, der all die Nachteile aufwiegen muss …!?

Ein weiterer Euro-Mythos der letzten Krisenjahre war das Kanzlermantra: »Ohne Euro zerbricht Europa!« Ich halte diesen Satz für hanebüchenen Unfug. Wie muss ich mir das ganz praktisch vorstellen? Würde sich bei einem Zerfall des Euro der italienische Stiefel vom Festland ablösen und über das Mittelmeer Richtung Tunesien treiben? Wir haben in Europa aktuell 27 Staaten, von denen zehn keinen Euro haben. Ist Ihnen irgendwie aufgefallen, dass Dänemark sich von Europa ablöst oder dass Polen sich über die Ostsee davonmacht?

Wo wir gerade über Polen sprechen. Ist es nicht interessant, dass einige früher eher als schwach eingestufte Länder Europas, die keinen Euro, sondern ihre eigene nationale Währung haben, wesentlich entspannter durch die Krise kommen? Schauen wir uns Polen an. Ich erinnere mich noch gut daran, als im Mai 2011 die freie Arbeitsplatzwahl für polnische Arbeiter in der EU eingeführt wurde. Was hatten wir in Deutschland für eine Angst vor den Horden an Polen, die mit Kind und Kegel ins gelobte Land nach Deutschland einfallen würden, um den Deutschen die ohnehin knappen Arbeitsplätze streitig zu machen. Die Unternehmen freuten sich schon auf günstige Fachkräfte und rieben sich schon mal vorsorglich die Hände. Und dann war es so weit. Die letzte Hürde war mit großen Diskussionsrunden gefallen, und es passierte … nichts! Die Polen hatten gar kein Interesse daran, nach Deutschland zu kommen. Vermittler von deutsch-polnischen Arbeitsverhältnissen hatten zwar Jobangebote der deutschen Unternehmen, aber die polnischen Arbeiter sagten: »Bloß nicht nach Deutschland.«

Dass wir die Polen lange als Saisonarbeiter – andere sagen Lohnsklaven – im Weinbau und in der Landwirtschaft mit oft unwürdigen Wohn-, Arbeits- und Sozialbedingungen ausgebeutet haben, rächt sich nun. »Der Pole« hat die Arbeiten gemacht, für die sich die Deutschen zu fein waren. In meiner Region wächst viel Spargel. Trotz oft hoher Arbeitslosenzahl war es fast unmöglich, deutsche Erntehelfer für diese anstrengende Arbeit zu finden. Also hat man gerne auf die Polen zurückgegriffen, die meist, ohne zu murren, hart und lange gearbeitet haben, und das für wenig Geld. Und da sie schon so genügsam waren, hat man das oft bis an die Grenze des Legalen ausgedehnt, wenn es um schäbige Unterkünfte, billiges Essen oder einen Umgangston in bester Gutsherrenart ging. Viele Polen hatten lange keine andere Wahl. In ihrer Heimat waren selbst gute Jobs schlecht bezahlt, und so wurde vielerorts gescherzt, dass man mit Herzproblemen einfach mal auf dem Spargelfeld vorbeischauen sollte, dort arbeiteten im Juni angeblich die besten polnischen Kardiologen.

Diese Arbeitsbedingungen und Ausbeutung haben sich in Polen natürlich herumgesprochen. Deutschland gilt dort längst als unfreundliches, ausbeuterisches Land, bei dem man harte Akkordarbeit für mickrigen Lohn leisten muss. Wer jetzt als gut ausgebildete Fachkraft einen Job im Ausland sucht, schaut erst mal in Großbritannien oder der Schweiz vorbei, bevor er in dieses unfreundliche Deutschland geht. Aber auch das ist für viele gar nicht mehr nötig. In ihrer eigenen Heimat hat inzwischen ein Wirtschaftsboom eingesetzt, es gibt Jobs und eine Zukunftsperspektive. Warum sollte man sich in Deutschland mit mangelnden Sprachkenntnissen, fehlenden Sozialkontakten und höchstwahrscheinlich ablehnenden Zeitgenossen rumärgern?

So hat sich die polnische Wirtschaftsleistung seit dem EU-Beitritt 2004 nahezu verdoppelt. Nach dem europaweiten Einbruch 2009 ging es 2010 und 2011 jeweils wieder über 9 Prozent aufwärts. Und das ganz ohne diese Wunderdroge Euro. Machen wir doch mal einen Vergleich, wie sich einige Länder Europas mit und ohne Euro seit jenem EU-Beitritt Polens von 2004 bis 2012 entwickelt haben.

Mit Euro	Wirtschafts-wachstum 2004–2012	Abwertungs-bedarf	Ohne Euro	
Griechen-land	+10 %	50 %	Türkei	+98 % (nicht EU)
Italien	+14 %	15 %	Dänemark	+39 %
Irland	+23 %	10 %	Polen	+96 %
Spanien	+28 %	20 %	Ungarn	+58 %
Portugal	+29 %	20 %	Bulgarien	+129 %
Frankreich	+36 %	5 %	Tschechien	+110 %
			Rumänien	+180 %

Das ist doch interessant zu sehen, mit welcher Dynamik sich jene europäische Staaten entwickelt haben, die keinen überbewerteten Euro als Ballast mit sich schleppen mussten. Gerade Länder wie Polen, Bulgarien, Tschechien, Rumänien galten als wirtschaftlich schwieriges Terrain. Aber siehe da, mit einem gemeinsamen Markt der Europäischen Union und gleichzeitig einer Währung, die der eigenen Leistungsfähigkeit entspricht, ist ein Boom möglich, der diese Länder fast mit Mitleid auf ihre Euro-Nachbarn sehen lässt.

Interessanterweise verliert sich dieser Bremsklotz, wenn man auf jene Länder schaut, für die der Euro nahe an der eigenen Leistungsfähigkeit liegt.

Mit Euro	Wirtschafts-wachstum 2004–2012	Aufwertungs-bedarf	Ohne Euro	
Österreich	+44 %	5 %	Schweiz	+45 %
Niederlande	+34 %	10 %	Schweden	+40 %
Finnland	+33 %	10 %		
Deutschland	+26 %	20 %		

Natürlich ist es klar, dass hier jeweils viele Sonderfaktoren, besondere Umstände und länderspezifische Besonderheiten berücksichtig werden müssen. Die obige Aufstellung erhebt auch keinen Anspruch auf wissenschaftliche Genauigkeit. Sie ist eine Momentbetrachtung, die die These der Bedeutung einer zur Wirtschaftskraft passenden Währung veranschaulicht. Auch können bereits stark entwickelte Länder wie die Niederlande, Österreich oder Schweden keine so hohen Wachstumsraten aufweisen wie ein Land mit extremem Nachholbedarf wie beispielsweise Rumänien. Aber ist es nicht interessant zu sehen, wie schwach die gesamtwirtschaftliche Entwicklung Deutschlands in diesen acht Jahren von 2004 bis 2012 ist? Wo wir uns doch mit dem unterbewerteten Euro so schöne Ex-

portvorteile verschaffen? Wo uns doch mit Gerhard Schröders
Agenda 2010 in ebenjenem Jahre 2004 der Befreiungsschlag
gelungen ist, indem wir die Arbeitsmärkte aufgebrochen und
die Sozialsysteme reformiert haben? Könnte es etwa sein,
dass eine zu niedrige Währung ebenfalls zu negativen Effek-
ten führt? Es scheint, als würden sich jene Euro-Länder am
besten entwickeln, deren Wirtschaftsleistung möglichst nahe
am Wert ihrer Währung liegt. Offenkundig schafft es die durch
eine zu niedrige Währung subventionierte Exportwirtschaft
nicht, die sich abschwächende Binnenkaufkraft seiner Bürger
und des Staates zu kompensieren.

Damit ist zumindest in Frage gestellt, ob dieser zu niedrige
Euro Deutschland wirklich solch große Vorteile bringt – oder
eben doch nur wenigen Großexporteuren und nicht der Masse
der deutschen Wirtschaft und seiner Bürger.

Es bleibt die Erkenntnis, dass es der beste Weg ist, wenn man
mit einer Währung arbeitet, die der eigenen Leistungskraft
entspricht. Je größer die Verschiebung in die eine oder andere
Richtung, desto nachteiliger der Effekt. Wenn einer verliert,
muss der andere gewinnen. Und das sind am Ende jene Staaten, die von den Segnungen des gemeinsamen europäischen
Binnenmarktes profitieren und dies mit ihrer eigenen Währung bezahlen können.

Eigentlich wollte Polen bereits 2011 den Euro einführen.
Doch es war die polnische Seite, die das immer wieder ver-
schob, um dann zu erklären, den Euro auch 2015 nicht einführen zu wollen. Man müsse sehen, wann der geeignete Zeitpunkt sei … Polen spielt auf Zeit. Bei einer Umfrage 2012
sprachen sich nur 13 Prozent der Polen für die Einführung des
Euro aus. In Warschau hat man die wirtschaftlichen Zusammenhänge offenkundig besser verstanden als im heutigen
Berlin.

Diese Erkenntnis ist auch in Budapest gereift. Eigentlich
besteht mit dem Beitritt zur Europäischen Union auch die

Verpflichtung zur Euro-Einführung, sobald die sogenannten Konvergenzkriterien (unter anderem eine Staatsverschuldung unter 60 Prozent des Bruttoinlandsprodukts und ein Haushaltsdefizit von unter 3 Prozent) erfüllt sind. Das schätzt der ungarische Ministerpräsident ein wenig anders ein. 2012 jedenfalls sah er keine Notwendigkeit mehr, den Euro einzuführen. »Unverantwortlich« sei das. Mit Blick auf Spanien, Griechenland und Portugal sagte er: »Sie waren nicht reif dafür. Diesen Fehler machen wir nicht.« Auch er ist in guter Gesellschaft. Im selben Jahr 2012 erklärt der tschechische Regierungschef Petr Nečas, dass er (oder seine Nachfolger) frühestens in acht bis zehn Jahren über eine Euro-Einführung beraten werden. Tschechien könne nicht zum Euro-Beitritt gezwungen werden, so Nečas.

Wenn jene im Vergleich zu Deutschland und den Niederlanden wirtschaftlich schwachen Staaten sich ohne Euro wirtschaftlich stark entwickeln und sich trotz ihrer eingegangenen Verpflichtung weigern, die »Segnungen« des Euro anzunehmen, und gleichzeitig die ebenso schwachen Staaten *mit* Euro-Währung reihenweise absaufen wie die »Titanic« im Atlantik, muss man schon mit beiden Beinen tief im Glauben stehen, um das Märchen von den Wundertaten der gemeinsamen Währung zu glauben. Man könnte das Mantra auch ein wenig variieren und sagen: »Durch den Euro zerbricht Europa!«

Aber was ist mit jenem großen Argument, das alle anderen Argumente zu Nebensächlichkeiten werden lässt? »Der Euro bringt uns den Frieden!«

Ist es nicht herrlich, dass wir alle seit 2012 Friedensnobelpreis sind? Vielleicht mussten Sie auch zweimal hinhören, als der Radiosender vermeldete, die Europäische Union bekomme den Friedensnobelpreis verliehen. Mancher dachte zunächst an die Bilder von Straßenschlachten in Spanien, Portugal, Griechenland, Italien … Und dann an einen vorgezogenen Aprilscherz. Offen gestanden habe ich einen kurzen Moment gestutzt, aber ich hatte für jenen kurzen Moment denselben Denkfehler gemacht, den viele (Gott sei Dank längst nicht alle!) Politiker bis heute machen. Wir haben diesen Friedensnobelpreis für Europa bekommen und nicht für den Euro! Es wäre fahrlässig, beides gleichzusetzen. Dass Europa nach mehreren Jahrtausenden des Sich-gegenseitig-den-Schädel-Einschlagens gelernt hat, dass es friedlich und gemeinsam unter guten Nachbarn, Schicksalsgefährten, ja manchmal sogar Freunden besser funktioniert, ist aller Ehren wert. Wenn es dann auch noch gelingt, diese Erkenntnis über mittlerweile sechs Jahrzehnte mit Leben zu füllen und immer weiter auszubauen, ist das allemal einen Friedensnobelpreis wert. Europa kann mit dieser Erfolgsgeschichte in Sachen Versöhnung und Zusammenschluss ein wirkliches Vorbild für viele Teile dieser Welt sein.

Die dramatischen Entwicklungen der jüngsten Vergangenheit haben nichts, aber auch gar nichts mit dem Zusammenschluss der europäischen Völker zu tun. Die Straßenschlachten in Spanien, die Demonstrationen in Portugal, die Eskalation in Italien und die bürgerkriegsähnlichen Entwicklungen in Griechenland sind nicht die Folge einer Brüsseler Entscheidung über krumme Bananen, sie wurden nicht hervorgerufen durch Agrarsubventionen, Energiepolitik oder Demokratiedefizit. Sie sind einzig und allein die Folge einer falschen Währung für die meisten Staaten Europas. Einer falschen Währung und einer mindestens ebenso falschen Politik, mit der man die Folgen dieser Fehlentscheidung für eine gemeinsame Währung, die man vor über zehn Jahren getroffen hat, korrigieren möchte, ohne die eigentliche Ursache auch nur zur Kenntnis zu nehmen.

Wolfgang Schäuble, September 2011: »Wir haben keine Euro-krise!«

Wolfgang Schäuble, Januar 2013: »Wir haben in den Jahren der Euro-Krise eine Menge erreicht!«

François Hollande, Februar 2013: »Die Eurokrise ist vorüber!«

Angela Merkel, Neujahrsansprache 2013: »Die Krise ist noch längst nicht überwunden.«

Na, was denn nun!?

In der Tat ist die momentane politische Lage in Europa am besten mit einem Fonduetopf beschrieben. Es blubbert und es kocht, der Spiritusbrenner unter dem Kessel brennt mit heller Flamme, das Öl im Topf bildet immer dickere Lavablasen, die beim Zerplatzen über den Rand spritzen, und ein Inferno droht. Drumherum sitzen 17 »Spezialisten«. Die einen fordern, man müsse nur genug Spiritus in die Flamme gießen, dann werde das schon. Die anderen fordern vehement, Wasser ins Öl zu gießen, während die Dritten nur damit beschäftigt sind, ihre Fleischbrocken aus dem Topf zu fischen, ohne sich die Pfoten allzu sehr zu verbrennen. Niemand hatte sich die Mühe gemacht, vorab in der Bedienungsanleitung nachzulesen, wie in einem solchen Fall zu verfahren sei – nämlich den kleinen Deckel auf den Brenner legen.

In der Tat ist die aktuelle Situation brandgefährlich. Nicht nur für die Wirtschaft Europas, sondern für unsere demokratische Zivilgesellschaft. In Spanien lag die Arbeitslosenquote im Winter 2012 bei 25 Prozent. Unter den 16- bis 24-Jährigen hat nicht einmal jeder Zweite einen Job.

In Deutschland wird die hohe Arbeitslosigkeit der 1930er Jahre als eine der Hauptursachen für den Aufstieg Hitlers und die katastrophale Entwicklung der Folgezeit benannt. 1933 waren in Deutschland ebenfalls 25 Prozent der erwerbsfähigen Bevölkerung ohne Arbeit. In Griechenland lag die Arbeitslosenquote 2012 bei 26 Prozent.

Für die Revolution in Tunesien und anderen nordafrikanischen Ländern in den Jahren 2010/11 wird als wesentlicher Auslöser die hohe Arbeitslosigkeit sowie die Perspektivlosigkeit der Jugendlichen genannt. Die Arbeitslosigkeit betrug

damals in Tunesien 14 Prozent, die Jugendarbeitslosigkeit lag
etwa bei 28 Prozent. In Spanien haben wir inzwischen die
doppelten Werte erreicht.

In Portugal demonstriert 2012 sogar das Militär gegen die
Sparpolitik der Regierung in Lissabon und macht eine un-
missverständliche Ansage: »Entweder die Regierung hört
dem Volk freiwillig zu, oder wir werden sie dazu zwingen.«
Das war eine klare Anspielung auf die sogenannte Nelken-
revolution von 1974, als Militärangehörige die damalige Diktatur stürzten.

Ebenfalls im Herbst 2012 hielt die Schweizer Armee eine
großangelegte militärische Übung ab, deren Zweck es war, die
Schweizer Landesgrenzen vor Flüchtlingsströmen aus Europa
zu schützen. Man möchte lachen, wenn es nicht so ernst wäre.

Angesichts solcher Meldungen klingt es wie Hohn, wenn europäische Politiker mit fast schon debilem Grinsen erklären:
»Wir sind auf einem guten Weg.« Wenn damit der »Highway
to Hell(as)« gemeint sein sollte, entspräche es der Wahrheit.

WEIMARER VERHÄLTNISSE

Die Europäische Union hat sich ebenso wie die Schweiz bereits sicherheitspolitisch auf ein solches Szenario vorbereitet. Bereits 2006 wurde eine Militärpolizeitruppe für vollständig einsatzfähig erklärt, deren Existenz den wenigsten bekannt sein dürfte. Was eigentlich verwundert, da es sich keinesfalls um eine Geheimtruppe handelt, sondern um eine offizielle Einheit mit eigener Homepage. Die Rede ist von Eurogendfor. Was auf den ersten Blick wie die Abkürzung für »EUROpäische juGEND FORscht« noch ganz erstrebenswert klingt, lässt auf den zweiten Blick ein bedrückendes Gefühl aufkommen: »EUROpean GENDarmerie FORce«. Eine europäische, militärische Polizeitruppe. Während in Deutschland die Vermischung zwischen Polizei und Militär aus leidvoller historischer Erfahrung sofort zu reflexhaftem Zucken führt, ist eine solche Konstellation in anderen europäischen Ländern durchaus üblich. Wir denken an die französische Gendarmerie, die italienischen Carabinieri oder die spanische Guardia Civil.

So verwundert es auch nicht, dass diese europäische Militärpolizeitruppe mit Sitz im italienischen Vicenza von ebenjenen Staaten gegründet wurde. Spanien, Italien, Frankreich, die Niederlande und Portugal sind die Gründungsmitglieder, inzwischen ist auch Rumänien Vollmitglied – man hat ja beste Erfahrungen mit der eigenen Militärpolizei gemacht.

Doch was hat es auf sich mit dieser ominösen Truppe? Ganz unverdächtig soll sie dem »Krisenmanagement« dienen. Laut eigener Website besteht ihre Aufgabe als »schnelle Eingreiftruppe« unter anderem darin, Polizeikräfte eines beliebigen Landes zu unterstützen oder auch ganz zu ersetzen, sollte dies notwendig werden. Dazu gehören alle Formen der bekannten Polizeiarbeit wie: Regelung des Verkehrs, Überwachung öffentlicher Plätze und Straßen, Grenzkontrollen, kriminalpolizeiliche Aufgaben, Verfolgung von Kriminellen, das Beaufsichtigen und Begleiten von lokalen Polizeikräften sowie geheimdienstliche Tätigkeiten aller Art.

Die aktuell 900 Aktiven und 2300 Reservisten können dabei dem Kommando der NATO, der Vereinten Nationen oder der Europäischen Union unterstellt werden.

Beruhigend zu wissen, dass bei möglichen Eskalationen in Griechenland oder anderswo in Europa paramilitärische Verbände bereitstehen, um helfend einzuschreiten.

Erfahrung hat die Truppe übrigens bereits in Bosnien-Herzegowina, Afghanistan und Haiti gesammelt.

Um es ganz deutlich zu sagen: Man kann die Existenz einer solchen Eingreiftruppe durchaus positiv sehen, und es gibt sicherlich gute Gründe für deren Errichtung. Doch ein flaues Gefühl im Hinblick auf die Entwicklung in Europa bleibt.

Die Situation in Griechenland und bald auch anderen Euro-Staaten wie Spanien ist in vielerlei Hinsicht mit dem Ende der Weimarer Republik in Deutschland vergleichbar, die zum Zusammenbruch der Demokratie und zum Aufblühen des Nationalsozialismus führte. Schauen Sie sich einen kurzen Situationsbericht dieser Weimarer Zeit bei Wikipedia an, und vergleichen Sie das Gelesene mit den aktuellen Bildern aus Griechenland.

Wikipedia: Weimarer Republik
Nachdem sich im Frühjahr 1931 aufkeimende Hoffnungen auf eine konjunkturelle Wiederbelebung zerschlagen hatten und der Kapitalmangel auch für den Staatshaushalt zu immer größeren Defiziten geführt hatte, nahm (Reichskanzler) Brünings Spar- und Deflationspolitik immer härtere Konturen an. Er erließ in seiner Amtszeit insgesamt vier »Notverordnungen zur Sicherung von Wirtschaft und Finanzen«. Darin wurden die Lohn- und Einkommensteuer mehrfach erhöht, ebenso die Umsatzsteuer sowie diverse Verbrauchsteuern;

neue Steuerarten wie eine »Krisensteuer« und eine »Bürgersteuer« wurden eingeführt.

Parallel dazu wurde eine rigide Sparpolitik der öffentlichen Hand verordnet mit der Folge, dass sie auch in Ländern und Gemeinden als Abnehmer von Gütern und Dienstleistungen weitgehend ausfiel: Seit Oktober 1931 durften keine öffentlichen Gebäude mehr errichtet werden; Mittel für Reparaturen und Anschaffungen wurden nur freigegeben, wenn Menschenleben unmittelbar gefährdet waren. Mit dieser Politik erreichte die Regierung Brüning zwar erstmals seit 1914 wieder eine aktive deutsche Handelsbilanz, gleichzeitig wurde aber die Konjunktur abgeschnürt. Die weiter ansteigende Massenarbeitslosigkeit verursachte – trotz geminderter Unterstützungsdauer und in der Höhe abgesenkter Leistungsansprüche bei der Arbeitslosenversicherung sowie ständiger Kürzungen bei der nachgelagerten Sozialfürsorge – fortlaufende Deckungslücken im Staatshaushalt, die auch durch eine radikale Zurückführung der Staatsausgaben nicht geschlossen werden konnten.

Dennoch ging Brüning von seinem Kurs nicht ab, den er als alternativlos darstellte, um einerseits eine erneute Inflation zu vermeiden, andererseits um das Ausland davon zu überzeugen, dass Deutschland die Reparationen nicht mehr zu leisten in der Lage sei und dass sie folglich ganz erlassen werden müssten. So brachte auch das Hoover-Moratorium zur Stundung der internationalen Zahlungsverpflichtungen, das im Juli 1931 in Kraft trat und die Aussetzung der Reparationszahlungen sowie der interalliierten Kriegsschulden auf ein Jahr gewährte, keine Wende in seiner Deflationspolitik, wegen der unmittelbar darauf hereinbrechenden Bankenkrise verschärfte sie sich sogar noch …

In der »Vierten Notverordnung zur Sicherung von Wirtschaft und Finanzen« wurden am 8. Dezember 1931 Löhne, Gehälter, Mieten, Kohle- und Kartellpreise sowie Zinssätze abgesenkt und zugleich noch einmal die Steuern erhöht. Die Folge war eine weitere Verschärfung der Depression. Eine aktive Konjunkturpolitik blieb aus … Dabei verhinderte gerade die überproportionale Jugendarbeitslosigkeit die

soziale und politische Integration eines beträchtlichen Teils der Nach-
wachsenden und ließ die gesellschaftliche Militanz insbesondere in
KPD (Kommunistische Partei Deutschlands) und NSDAP schnell an-
wachsen …

Die aktuelle Situation Griechenlands ähnelt der finalen Phase
der Weimarer Republik. Wir waren im Januar 2013 mit einem
Cashkurs-Kamerateam vor Ort und haben in zahlreichen Gesprächen vor und abseits der Kamera versucht, die Situation in
Griechenland einzuordnen. Viele gebildete Griechen vergleichen selbst ihr Land mit Weimar. Die Hoffnungen auf eine
wirtschaftliche Belebung sind gering. Im Januar 2013 schließen in Nordgriechenland 300 Schulen, weil die Behörden
kein Geld für Heizöl haben. Die Verzweiflung der einfachen
Menschen ist zum Greifen nahe. Ausschreitungen und Demonstrationen sind eine tägliche Übung. Während ich in der
Hotellobby des Radisson Blue in Athen ein Interview mit
einem Mitglied der griechischen Nationalbank führe, macht
das Hotel die Schotten dicht. Die Stahljalousien werden her-
untergelassen, vor dem Hotel ziehen binnen Minuten schwer
gerüstete Polizeieinheiten auf. Hubschrauber sind in der Luft,
Krankenwagen und Feuerwehrfahrzeuge rücken an. Einen
Straßenzug weiter zieht eine weitere Großdemonstration an
uns vorbei. Diesmal bleibt alles friedlich, binnen einer Stunde
ist der Spuk vorbei, Demonstranten, Polizei, Hubschrauber
sind verschwunden, als wäre nie etwas gewesen. Die Griechen in unserer Nähe nehmen es mit einem Achselzucken und
erklären, dass das jeden Tag so gehe. Den internationalen Medien ist das längst keine Berichterstattung mehr wert.
In der Nacht gehen wir in das inzwischen berüchtigte Stadtviertel Exarchia. Hier ist Anarchistenland. Hier wohnen die
Anarchos, die »Linksextremisten«. Sämtliche Hausfassaden
und zahlreiche Fensterscheiben sind mit Graffiti übersät, bei
einem VW-Bus ist von der ursprünglichen Lackierung nichts

mehr zu erkennen, die Scheiben sind mit Sprühfarbe verziert. Die ganze Szenerie erinnert an düstere Zukunftsfilme. Schon am Nachmittag ziehen in den umliegenden Straßen schwer gerüstete Polizeieinheiten auf. Jeden Nachmittag in diesen Wochen. Wir werden von allen Seiten gewarnt, dort nach Einbruch der Dunkelheit nicht mehr hinzugehen, längst würde dort kein Recht und Gesetz mehr gelten. Wir wagen es dennoch und mischen uns nachts um ein Uhr unter die Einheimischen. Mitten in der Stadt an einem Denkmal brennen Lagerfeuer. Gerade wird ein alter Tannenbaum nachgelegt. Die Stimmung ist ruhig, aber angespannt. Obdachlose, Jugendliche in Lederjacken, Junkies sitzen in kleinen Gruppen zusammen, diskutieren leise, trinken Bier und wärmen sich an den Feuern. Die Polizei begnügt sich damit, einige Straßenzüge weiter ihre Stellung zu halten und zu hoffen, dass auch diese Nacht friedlich vorübergehen werde. Sie bleibt friedlich. Die Polizei weiß, dass sie hier nichts bewirken kann. Ein Zugriff, Löschen der Lagerfeuer, der Versuch, so etwas wie »öffentliche Ordnung« wiederherzustellen, würde zu einem Aufstand des Viertels und einer kaum zu beherrschenden Eskalation führen. Im Gespräch mit den jungen Menschen hören wir von Hoffnungslosigkeit, Zukunftsängsten und Desillusion. Hass auf die Deutschen? Keine Spur. Aber Resignation gegenüber der etablierten Politik. Die Bereitschaft, die eigene Verzweiflung mit extremen Mitteln zum Ausdruck zu bringen, ist groß. Dass sich solche Menschen, denen jede Hoffnung fehlt, nur zu gerne auf die verheißungsvollen Versprechungen politischer Rattenfänger einlassen, war zu allen Zeiten so.

Im Augenblick scheint es, als würden die Griechen ganz besonders auf die linken Rattenfänger hereinfallen. Ich schreibe ganz bewusst »scheint«, denn mal wieder gibt es einen großen Unterschied zwischen Schein und Sein.

Wenn man die griechische und auch die internationale Presse verfolgt, ist im Zusammenhang mit Krawallen, Ausschreitungen und sogar Attentaten immer von der griechischen »extremen Linken« die Rede. Mal die unparteiischen Anarchisten, mal die Partei Syriza unter ihrem Chef Alexis Tsipras. Die Syriza wird immer wieder zum Schreckgespenst erklärt, vor dem es zu warnen gilt. Wir haben mit einem Abgeordneten und mit Parteimitgliedern gesprochen. Sie sagen von sich selbst: »Ja! Wir sind die extremen Linken.« Aber im Gespräch offenbart sich ganz anderes. Ihre Positionen würden in Deutschland mal eben als gut sozialdemokratisch durchgehen. Offenkundig gibt es einen großen Unterschied zwischen dem, was man in Griechenland unter »extrem links« versteht, und dem, was in Deutschland unter demselben Begriff gesehen wird. Wir stellen uns darunter sofort langhaarige Bombenleger und kommunistische Stalinisten vor. Die gibt es in Griechenland ebenfalls, aber sie spielen eine überschaubare Rolle.

In den offiziellen Verlautbarungen gehen alle Straßengewalt, alle nächtlichen Brandsätze und zuletzt die Schüsse auf ein leerstehendes Büro des Präsidenten Samaras von links aus. Obwohl dazu oft jeglicher Beweis fehlt, keine Täter verhaftet wurden, wird sofort über die extremen Linken spekuliert. In der Tat erzählten uns eher linke Studenten von Ausschreitungen, die an ihrer Universität stattgefunden hätten. Die Rädelsführer hatten sie jedoch noch nie zuvor an der Uni gesehen.

Ich fühle mich immer wieder an den »Gladio-Skandal« erinnert und daran, was damals alles unternommen wurde, um die Gefahr einer erstarkenden Linken in Italien zu verhindern. Dieser Gladio-Skandal ist inzwischen bestens erforscht und belegt, wurde aber von der Öffentlichkeit kaum wahrgenommen. Daher schiebe ich hier eine kurze Zusammenfassung jener Ereignisse ein, da sie möglicherweise eng mit den heutigen Entwicklungen zusammenhängen. Von Beginn der 1950er Jahre bis mindestens 1990 gab es vor allem in einigen europäischen NATO-Ländern paramilitärische Geheimkommandos unter Führung der NATO, des britischen Geheimdienstes MI6 sowie der amerikanischen CIA. In dieser Zeit des Kalten Kriegs hatte man Angst, dass es jederzeit zu einem Einmarsch der Roten Armee in Westeuropa kommen könnte. Für diesen Fall legten geheime Undercover-Einheiten, die aus Militärangehörigen, Geheimdienstmitarbeitern, aber auch Privatpersonen aus dem rechtsextremen Umfeld rekrutiert wurden, im jeweiligen Land zahlreiche Waffen- und Munitionsdepots in Wäldern an oder vergruben sie im Gelände. Im Falle eines Einmarsches sollten diese Einheiten dann Guerillaaktionen gegen den Feind ausführen.

Die Angst vor dem Kommunismus war zu dieser Zeit sehr groß und führte in den USA zu einer landesweiten Paranoia. Unter Senator Joseph McCarthy kam es zu regelrechten Hexenjagden auf jeden, den man des Kommunismus verdächtigte, was zu Berufsverboten für Künstler und vielen weiteren Auswüchsen führte. Es war die erklärte Doktrin der USA den Kommunismus, wo immer möglich, einzudämmen und zurückzudrängen. Doch zurück nach Italien. Als sich ab den 1960er Jahren in der italienischen Bevölkerung eine Sympathie für die kommunistischen Parteien ausbildete, sah man die Gefahr nicht mehr nur in einem Einmarsch der sowjetischen Armee, sondern auch in einem Erstarken des Kommunismus im eigenen Land, an dessen Ende möglicherweise ein politischer Umschwung stattfinden könnte. Und dies galt es mit aller Entschiedenheit zu verhindern. Ob der Kommunismus über die Grenze komme oder im Land selbst entstehe, sei nicht von Belang. Und allem Anschein nach wurde das Mandat der geheimen Guerillaeinheiten erweitert. Es folgten zahlreiche Entführungen und Terroranschläge zwischen 1969 und 1985, die der Bevölkerung als Anschläge kommunistischer Extremisten verkauft wurden. So schürte man die Angst und förderte die Ablehnung des Kommunismus. Die ausführlichste wissenschaftliche Untersuchung zu all diesen Zusammenhängen hat im Jahr 2005 der Historiker Daniele Ganser im Rahmen einer Forschungsarbeit der Schweizer Eidgenössischen Technischen Hochschule Zürich vorgestellt. Ob und welche Anschläge der angeblichen linken Szene in den letzten Jahrzehnten ihren Ursprung in Wahrheit in jenem heiligen Kampf gegen den Kommunismus hatten, ist bis heute umstritten.

Diese »Stay-Behind«-Netzwerke existierten in faktisch allen westeuropäischen Ländern wie Frankreich, Griechenland, den Niederlanden, Norwegen, Belgien und Deutschland. Ihre jeweiligen Aktivitäten zur Eindämmung des Kommunismus waren mannigfaltig. In Italien ging die juristische Aufarbeitung bislang am weitesten, nachdem der italienische Politiker Giulio Andreotti die Existenz von »Gladio« öffentlich machte. Andreotti erklärte, der italienische Zweig der Untergrundarmee bestehe aus 622 Mitgliedern, die 139 Waffendepots angelegt hätten. Im November 1990 drückte das Europäische Parlament seinen entschiedenen Protest gegenüber der NATO aus. Aufgrund der engen Verflechtungen der westeuropäischen Staaten mit der Nato und der eigenen Sicherheitsinteressen gab es in den meisten Ländern allerdings nur sehr halbherzige Aufarbeitungen all dieser Aktivitäten, die in unterschiedlicher Ausprägung in zahlreichen europäischen Staaten stattfanden. Der »Spiegel« berichtete in seiner Ausgabe 47/1990 über »Das blutige Schwert der CIA«. Die ganzen Zusammenhänge finden sich detailliert aufgearbeitet im Buch des bereits erwähnten Historikers Daniele Ganser: »NATO-Geheimarmeen in Europa: Inszenierter Terror und verdeckte Kriegsführung«.

Mit Sicherheit sind die griechischen Linken nicht zu unterschätzen, dennoch sollte man aber immer dann, wenn mal wieder ein Anschlag ohne Beweise einer Gruppierung untergeschoben wird, fragen: Cui bono? So wird in der Bevölkerung eine Angst vor der roten Gefahr geschürt, in deren Windschatten sich die rechte Gegenseite unbemerkt anpirscht.

Die griechische Rechte hat sich geschickt positioniert. Aufgeteilt in drei Parteien, versucht sie eine möglichst breite Wählerschaft zu gewinnen. Da ist zum einen die »Goldene Morgendämmerung«, eine Partei, die keinerlei Zweifel an ihrer Gesinnung aufkommen lässt. Das Parteisymbol besteht aus einem leicht verfremdeten roten Hakenkreuz in einem schwarzen Lorbeerkranz. Der Hitlergruß gehört nach eigener Darstellung als antiker Gruß zu Ehren des Gottes Apollon ebenfalls zur innerparteilichen Selbstverständlichkeit. Die politischen Positionen sind aus vergleichbaren deutschen Parteien der vergangenen 70 Jahre hinlänglich bekannt. Hier sammeln sich all jene, die keinen Hehl aus ihrer braunen Gesinnung machen und lieber heute als morgen einen griechischen Führer installieren würden, der die Probleme Griechenlands samt seiner illegalen Einwanderer mit eisernem Besen lösen soll. Die Partei existiert offiziell seit 1993, spielte aber nie eine große Rolle. Bei den Wahlen 2009 kam sie in ganz Griechenland gerade einmal auf überschaubare 0,29 Prozent oder nicht einmal 20 000 Stimmen. Doch das sollte sich schlagartig ändern. Immerhin fast 11 Prozent Stimmanteil ergab die letzte große Wahlumfrage im September 2012.

Da eine solche radikale Positionierung so manch einen Wutbürger verschreckt, wurde Abhilfe geschaffen. Im Februar 2012 gründete ein Aussteiger aus der bürgerlich konservativen Partei Nea Dimokratia die neue rechtspopulistische Partei »Unabhängige Griechen«. Sie ist die Keimzelle, die zum Hass gegen Deutschland bläst. Die Gründung der Partei fand ausgerechnet in Distomo statt, in dem die Waffen-SS 1944 ein Massaker angerichtet hat. Zum Parteiprogramm gehören »nationales Erwachen und Aufstehen« ebenso wie Reparationsforderungen an Deutschland. Hier finden rechtskonservativ orientierte Anwälte, Banker und Selbständige eine politische

Heimat. Bei den letzten Wahlen erreichte die Partei ebenfalls knapp 11 Prozent.

Bleibt noch die LA.O.S. (Laïkós Orthódoxos Synagermós), eine erzkonservative Partei mit streng religiöser Basis. Sie kann als extrem rechts, nationalistisch und ausländerfeindlich eingestuft werden und sammelt die älteren erzkonservativen Gläubigen mit Hang zu rechtem Gedankengut ein. Bei den aktuellen Umfragen liegt sie bei etwa 4 Prozent.

Jede der rechten Parteien für sich stellt keine größere Gefahr da, doch etliche – unpolitische – Griechen, mit denen wir gesprochen haben, treibt die Sorge, dass bei einer der kommenden Wahlen die rechten Parteien jede für sich einen solchen Zulauf erhalten, dass sie sich danach im Parlament vereinigen könnten, womit eine noch schwärzere Zeit für die griechische Demokratie hereinbräche. Dann wäre der Vergleich mit der Weimarer Republik und dem ihm nachfolgenden Nationalsozialismus vollendet.

Mit jeder Horrormeldung über linke Gewalt, mit jedem Bericht über die Gefahr von links werden wieder verunsicherte Wähler auf die rechte Seite getrieben. Extreme Parteien sind stets eine Gefahr für die Gesellschaft, ganz gleich auf welcher Seite diese Übertreibung stattfindet. Die Griechen sind nicht nur die Erfinder der Demokratie, sie lieben sie auch heute noch. Umso schwerer fällt es zu verstehen, warum sich ausgerechnet hier eine solche dramatische Entwicklung an den undemokratischen politischen Rändern entwickelt. Bei all meinen Gesprächen mit jungen, gut ausgebildeten und intelligenten Griechen habe ich stets dieselbe Frage gestellt: Warum entsteht keine politische Partei in der Mitte des Spektrums? Getragen von jenen demokratischen, intelligenten und gebildeten Menschen, die die Schnauze voll haben von den alten Strukturen und das Heft in die Hand nehmen? Die Massen würden doch darauf warten. Und stets habe ich dieselbe Antwort bekommen: »Wir haben dafür keine Zeit, wir sind zu sehr mit unserer Arbeit oder unserer Ausbildung beschäftigt.«

So bleiben nur die wütenden Eiferer rechts wie links, die alten, verbrannten und korrupten Kader in der Mitte und um alle herum die nationalen und internationalen Lobbyisten, die diese explosive Lage für ihre eigenen Interessen nutzen. Sei es mit finanzieller, personeller oder medialer Unterstützung.

Die verhängnisvolle wirtschaftliche Lage Griechenlands beschleunigt diese Entwicklung. Ein politischer Strippenzieher erklärte mir in Athen das, was viele Griechen inzwischen empfinden: »Die etablierten Parteien mit ihren alten Seilschaften können es nicht richten. Die einzige Chance auf eine wirkliche Veränderung in Griechenland kann nur durch einen starken Führer kommen. Gerne auch eine Militärdiktatur.«

Die Leidtragenden sind wie immer am Ende die Bürger, die gar nicht verstehen, in welchem Spiel sie zur Marionette verkommen.

Eine ähnliche Entwicklung ist inzwischen auch in Spanien zu beobachten.

Zur Verschärfung der Situation in den schwächeren Ländern Europas trägt ein verhängnisvoller Fehler bei, den wir seit 2010 zuerst in Griechenland und dann viral in allen weiteren Krisenländern wiederholen und mit dem Gehirnwäschesatz »Sparpakete sind alternativlos« rechtfertigen. Liebe Leser, wenn Sie jemanden treffen, der Ihnen das begründen kann, ohne dass Sie Ahnungslosigkeit oder Böswilligkeit unterstellen müssen, schicken Sie ihn zu mir. Ich habe bis heute nicht verstehen können, warum wir diesen Wahnsinn anrichten.

Wir Deutsche wissen aus eigener Erfahrung und Experimenten der jüngeren Geschichte, wie die wirtschaftlichen Zusammenhänge in diesem Bereich sind.

Denken Sie zurück an das Ende der Weimarer Republik. Reichskanzler Brüning sparte in die 1929 in den USA entstandene Wirtschaftskrise hinein, um den Finanzmärkten zu be-

weisen, dass Deutschland ein verlässlicher Partner ist – und
um einen Schuldenschnitt zu erzwingen, ganz wie Griechenland. Die unmittelbare Folge waren der Zusammenbruch der
Wirtschaft, Massenarbeitslosigkeit und Verelendung der Mit-
telschicht. In der Konsequenz kam es zur Abkehr von der herrschenden demokratischen Politik und zu einem Erstarken der
extremen rechten und linken Kräfte in Form der Kommunistischen Partei Deutschlands (KPD) und der Nationalsozialisti-
schen Deutschen Arbeiterpartei (NSDAP). Die Rechten hatten am Ende die Situation für sich entschieden mit all dem
bekannten Wahnsinn, der folgte. Der Zuspruch zu Hitlers
Politik nährte sich im Wesentlichen aus der Beendigung der
Wirtschaftskrise und der Schaffung von Arbeitsplätzen. Der
verheerende Fehler war, dass er diesen Wirtschaftsaufschwung
durch Investitionen in Kriegsvorbereitungen wie Rüstung und
Transportinfrastruktur für Kriegsgüter (Schienen, Autobahnen etc.) erzeugt hat. Und so konnte er Millionen hinter sich
vereinen, die ihm blind gefolgt sind, weil er ihnen ja eine bessere Zukunft nicht nur versprach, sondern scheinbar auch bot.
Machen wir einen Zeitsprung ins Jahr 2003. Gerhard Schröder erläuterte in seiner Regierungserklärung seine Pläne für
seine Reformpolitik »Agenda 2010«. Deutschland galt damals – man mag es heute kaum mehr glauben – als der »kranke Mann Europas«. Wir waren zu wenig wettbewerbsfähig,
hatten verkrustete Arbeits- und Sozialstrukturen, so hieß es.
Bis zu Schröders Agenda 2010 hat Deutschland all das falsch
gemacht, was wir heute von unseren Nachbarn fordern. Der
damalige Finanzminister Hans Eichel (wegen seiner Sparpakete der »Eiserne Hans« genannt) hatte den Gürtel immer
enger geschnallt, Staatsausgaben reduziert und Steuern und
Abgaben angehoben. Die Folge war jedoch keine Haushalts-
konsolidierung, sondern eine stagnierende Wirtschaft und
drastisch steigende Arbeitslosenzahlen von fünf Millionen
Bundesbürgern. Deutschland war in einer Abwärtsspirale ge-

fangen und sollte laut Brüsseler Einschätzung weiter sparen. Doch dann kam Schröder und durchbrach den Teufelskreis. Man kann zu jener Agenda 2010 stehen, wie man möchte. Sie ist zweifellos streitbar und war ein Kotau vor der Industrie, wie wir später noch sehen werden. Sie hat viel Negatives, aber eben auch viel Positives bewirkt. Diese Reformen hier zu diskutieren würden unseren Rahmen sprengen. In jedem Fall hat Schröder für sich erkannt, dass blindes Sparen der falsche Weg war. Er erkannte zudem, dass er Deutschland reformieren musste, um die internationale Wettbewerbsfähigkeit wiederherzustellen und zu erhalten. Dazu wollte er die Sozialsysteme modernisieren (Hartz IV etc.) und die Arbeitsmärkte liberalisieren. »Fördern und Fordern« lautete das Motto der Stunde. Wie weit das geglückt ist, dazu hat jeder seine eigene Erfahrung.

Doch nehmen wir einige Elemente seiner Reformpolitik heraus, und bitte denken Sie dabei immer parallel an die Forderungen, die wir momentan an Griechenland stellen:

Schröder	Forderung an Griechenland
Aufbrechen der Handwerksordnung Eröffnen von Betrieben auch ohne Meisterbrief	Aufbrechen diverser Monopole wie Taxilizenzen oder Lkw-Lizenzen, um mehr Selbständige zu ermöglichen
Lockerung des Kündigungsschutzes	Lockerung des Kündigungsschutzes
Senkung der Lohnnebenkosten	Senkung der Löhne
Kürzung der Arbeitslosengelder (Hartz IV)	Kürzung der Arbeitslosengelder
Kürzung der gesetzlichen Renten (Riester-Konzept)	Kürzung der Renten

Und tatsächlich ist es Schröder damit gelungen, Deutschland wieder wettbewerbsfähiger zu machen – auch gegenüber Griechenland und anderen europäischen Staaten.

Das ist doch recht verblüffend. Drängt sich hier nicht die Er-

kenntnis auf, die Griechen müssten nur endlich auch mal richtig diese Reformen umsetzen, dann klappt es auch mit der
Wirtschaft!?

Nicht ganz. Denn dabei würden wir einen wesentlichen Faktor des Schröderschen Handelns übersehen. Ihm war vollkommen klar, dass diese Reformen nur funktionierten, wenn
er sie mit Konjunkturpaketen unterstützen würde. Ansonsten
würden die Reformen in die Katastrophe führen. Folglich
unterstützte er die Reformen mit einem ganzen Bündel an
Maßnahmen. Spezielle Ausbildungsangebote für Jugendliche,
Erhöhung der Bildungsausgaben um 25 Prozent innerhalb
von fünf Jahren, mehr BAföG für Studenten, vier Milliarden
Euro Investitionen im Bildungssystem, Einführung von Steu-
ervergünstigungen für Haushaltshilfen und Kinderbetreuung.
Dazu kamen nennenswerte Ausgaben für Infrastruktur und
Straßenbau.

Mit den Reformen war die EU-Kommission in Brüssel sehr
einverstanden, aber mit den Konjunkturpaketen absolut nicht.
Brüssel bestand darauf, dass Schröder weiter die Sparschrau-
ben anziehen und den Haushalt »konsolidieren« solle. An-
dernfalls drohte ihm ein blauer Mahnbrief aus der europäischen Zentrale. Schröder tippte sich an die Stirn und dachte:
Die spinnen, die Brüsseler. Und ignorierte das Gezeter aus
Belgiens Hauptstadt. Ihm war völlig klar, dass Einschnitte in
den Arbeitsmarkt wie Lockerungen des Kündigungsschutzes,
Lohn- und Rentenreformen, Senkung der Sozialleistungen
mit gleichzeitigen Sparmaßnahmen des Staates zum Scheitern
ebenjener Reformen, zum Zusammenbruch der Wirtschaft
und zum Aufstand der Bürger führen würden. Also stand er
vor der schwerwiegenden Entscheidung: den falschen Vorstellungen Brüssels nachgeben und Deutschland wie in den
vergangenen Jahren weiter in den Keller sparen, womit das
Land immer noch nicht zukunftsfähiger wäre, oder den eigenen Überzeugungen folgend die Reformen auf den Weg brin-

gen, die Sparbemühungen in dieser Phase auszusetzen und die Abmahnung seitens der EU zu kassieren.

Wir wissen, wie er sich entschieden hat. Er hat die Reformen umgesetzt und Hans Eichel gegen dessen Überzeugung angewiesen, Geld lockerzumachen und den Blauen Brief aus Brüssel unter »unliebsame Bettelbriefe« abzulegen.

Die Folge war ein wirtschaftlich erstarkendes Deutschland, das die damalige Krise immer besser hinter sich ließ. Die Arbeitslosenzahlen gingen deutlich zurück, auch wenn sie besonders seit 2005 drastisch geschönt werden. (Wie das gemacht wird, vergleichen Sie bitte erneut im Buch »C(r)ashkurs«.) Heute wird Deutschland nicht mehr als der kranke Mann angesehen, sondern als der reiche Onkel, der vor lauter Geld in den Taschen nicht laufen kann und gefälligst den Rest Europas mittels Bürgschaften und Überweisungen zu retten habe. Beide Bezeichnungen waren und sind gleichermaßen lustig wie falsch. Wir sind bestenfalls der Einäugige unter den Blinden, wie ein rascher Blick mit dem einen verbliebenen Auge auf den Zustand unserer Straßen, Schulen, unseres Bildungssystem und den Flughafenneubauten offenbart.

Doch selbst diese leidlich gute Entwicklung war für Deutschland nur möglich, weil Schröder diesen Wahnsinnsmechanismus

Sparpakete / Steuererhöhungen –> Wirtschaftseinbruch –> steigende Arbeitslosigkeit –> geringere Steuereinnahmen –> schwächere Haushaltslage –> Sparpakete / Steuererhöhungen durchbrochen hat.

Gehen wir noch wenige Jahre weiter zu den Jahren 2008 und 2009. Die weltweite Wirtschaftskrise tobte, und Deutschland wurde aufgrund seiner großen Exportabhängigkeit – für eine starke Binnennachfrage ist die Währung ja bekanntlich zu schwach – besonders hart getroffen. Die Wirtschaftsleistung brach 2009 um 5 Prozent ein, was kurz zuvor noch niemand für möglich gehalten hatte. Gerne zitiere ich an dieser Stelle Peer

Steinbrück mit seinen Worten von 2008: »Für 2009 ist natürlich eine Abschwächung zu erwarten, aber bitte nicht wieder
die typische deutsche Beschwörung einer Rezession … Wir
sind nicht in einer Situation, in der wir schon wieder Krisenszenarien entwickeln müssen.« – Hoffentlich haben nicht
allzu viele auf ihn gehört. Die deutsche Wirtschaft tat in
dieser Phase sehr gut daran, Krisenszenarien zu entwickeln,
ohne die die Lage vermutlich noch dramatischer ausgefallen
wäre.

Zu diesen Krisenvorbereitungen gehörte beispielsweise das
deutsche Instrument der Kurzarbeit. Hier hat der Staat Milli-
ardensummen in die Hand genommen und den Unternehmen
einen Teil der Löhne bezahlt. So war es den Firmen möglich,
von Entlassungen abzusehen. Die Mitarbeiterstruktur der Unternehmen blieb erhalten, die Arbeiter und Angestellten er-
hielten weiter Lohn und mussten den Gürtel nicht allzu eng
schnallen. Mit dem ersten Wiederanziehen der Konjunktur
konnten die deutschen Unternehmen sofort wieder voll produzieren, da es kein Problem war, die auf Staatskosten ge-
parkten Arbeiter zu reaktivieren. Man musste nicht erst lang-
wierig neue Mitarbeiter einstellen und anlernen. Aber das
war nur deshalb möglich, weil der Staat in dieser Situation *eben nicht* sparte, um den Haushalt zu konsolidieren,
sondern Geld in die Hand nahm, um Bürger und Industrie zu
entlasten.

Doch damit nicht genug. Unsere Politiker erklärten uns damals, es sei der größte Fehler, wenn wir in diese Krise hinein-
sparen würden. Wir müssten unbedingt die Konjunktur ankurbeln. Dafür haben wir Konjunkturpakete geschnürt. Erinnern
Sie sich noch an die Abwrackprämie? Wir haben funktionierende Autos auf Kosten des Staates zerstört, um neue Autos zu
bauen. Kosten: Fünf Milliarden Euro. Wie pervers kann ein
Konjunkturpaket noch werden? Nur einen Schritt weiter wäre
die Idee gewesen, Fensterscheiben einzuwerfen, um hernach

neue einzusetzen. Ich bin mir nicht sicher, ob nicht sogar irgendwer darüber nachgedacht hat.

Uns war klar: Würde der Staat jetzt nicht massiv Geld ausgeben, wäre das die Katastrophe für die deutsche Wirtschaft und seine Bürger. Dadurch wuchs das deutsche Defizit (Bund, Länder, Kommunen und Sozialversicherungen) auf 77 Milliarden Euro. Es gab zwei große Konjunkturpakete. Kreativ, wie Beamte sind, nannte man sie … Trommelwirbel … Konjunkturpaket I und Konjunkturpaket II!

In beiden war ein ganzer Blumenstrauß an bunten Maßnahmen aller Art enthalten. Hauptsache, es würde die Wirtschaft ankurbeln. Sonderdarlehen mit Zinsvergünstigung, Befreiung von der Kfz-Steuer bei Neuwagenkäufen, Infrastrukturinvestitionen und Baumaßnahmen aller Art für Kommunen. Da wurden die abenteuerlichsten Projekte finanziert. Legendär war beispielsweise der Umbau des Karl-Liebknecht-Stadions in Babelsberg. Mit 7,2 Millionen Euro aus dem Topf des Konjunkturpakets II wurde die Spielstätte des Viertligisten SV Babelsberg 03 auf Vordermann gebracht. Einige behaupten, das habe daran gelegen, dass der damalige Finanzminister von Brandenburg im Vorstand des Vereines gesessen habe, aber das ist natürlich völliger Unfug. So was gibt es bekanntlich nur in Griechenland, oder?!

Apropos Griechenland: Hier schließt sich der Kreis.

Reichskanzler Brüning 1930, Gerhard Schröder 2004 und Angela Merkel 2009: Wir wissen aus der deutschen Geschichte ganz genau, wie man es richtig macht, und was passiert, wenn man es falsch macht. Brünings unbeirrbares Ansparen gegen die Wirtschaftskrise führte zum Zusammenbruch der deutschen Wirtschaft und Demokratie mit katastrophalen Folgen – für Deutschland und die Welt. Schröders rechtzeitiges Umschwenken vom gleichen verhängnisvollen Sparkurs auf Reformen mit konjunkturunterstützenden Maßnahmen brachte für Deutschland die wirtschaftliche Trendwende. Merkels radikales Investieren gegen die Krise führte Deutschland in sensationeller Weise durch diese Turbulenzen und zu einer Spitzenposition unmittelbar nach selbiger.

Kann mir jetzt bitte irgendwer erklären, warum wir wider besseres Wissen von unseren südlichen Nachbarn das genaue Gegenteil von dem verlangen, von dem wir selbst überzeugt sind, dass es gut und richtig wäre? Warum wir von diesen Staaten verlangen, das Gegenteil von dem zu tun, was wir gemacht haben? Das kann man nur noch mit maßloser Borniertheit oder Boshaftigkeit erklären. Beides würde mir gleichermaßen Sorge bereiten.

Es ist völlig unbestritten, dass sich viele Länder Europas große Reformen vornehmen müssen. Griechenland muss nahezu ein komplettes Staats- und Steuerwesen neu aufbauen, weswegen ihm eine Sonderrolle zukommt. Schauen wir weiter nach Spanien. Die hohe Arbeitslosigkeit von 26 Prozent und die Jugendarbeitslosigkeit von über 50 Prozent hatten wir hier bereits angesprochen. Aber auch schon vor der aktuellen Krisenverschärfung hatte Spanien eine hohe Arbeitslosenquote. Das liegt unter anderem an einem extrem verkrusteten Arbeitsmarkt. Wenn Sie spanischer Unternehmer sind und Sie haben sich irgendwann einmal entschieden, einen Mitarbeiter einzustellen, dann kriegen Sie den nicht mehr los, ganz egal, was die Konjunktur oder Ihre Auftragslage macht. Es sei denn, der Mitarbeiter verstirbt freiwillig. Aber selbst dann zahlt man den Toten noch die Rente weiter. Sorry, das war ja jetzt wieder Griechenland.

Versetzen Sie sich also bitte für einige Zeilen in die Rolle eines spanischen Unternehmers mit sorgenvoller Miene. Jetzt schnüre ich Ihnen ein Reformpaket. Ich breche den Arbeitsmarkt auf, reduziere den Kündigungsschutz, so dass es Ihnen leichter fällt, einmal eingestellte Mitarbeiter bei schlechter Auftragslage auch wieder zu entlassen. Ihr Gesicht hellt sich merklich auf. Aber im selben Atemzug erkläre ich eine großangelegte Sparkampagne für den Staatshaushalt. Ich friere alle Bereiche der Staatsausgaben ein, die mir zur Verfügung stehen. Ich entlasse Zehntausende Mitarbeiter des öffentlichen Dienstes, kürze die Renten und erhöhe die Steuern. Kurzum, ich würge die Wirtschaft mit aller Kraft ab. Was würden Sie nun tun? Würden Sie Ihre neugewonnene Flexibilität tatsächlich einsetzen, um Mitarbeiter einzustellen? Natürlich nicht! Sie würden diese neue Freiheit nutzen, um all die Mitarbeiter rauszuschmeißen, die Ihnen ohnehin schon zu lange auf der Tasche liegen. Sie würden versuchen, Ihr Unternehmen so schlank wie möglich zu machen, um auf die kommenden schwierigen Wirtschaftszeiten vorbereitet zu sein. Sie würden damit zum Abbau der Arbeitsplätze beitragen. Flexibilisierungen der Arbeitsmärkte bei gleichzeitigen Sparpaketen führen zur Massenarbeitslosigkeit und einem unheiligen Teufelskreis.

Würde ich – als spanische Regierung – diese Arbeitsmarktreformen jedoch mit Konjunkturpaketen wie seinerzeit die Investitionen in Infrastruktur in Deutschland unterstützen, dann würden Sie vermutlich schnell versuchen, Mitarbeiter einzustellen, ansonsten wären Sie nicht in der Lage, neue große Aufträge anzunehmen. Ihr Nachbar auf der anderen Straßenseite würde die Aufträge einheimsen, und wenn Sie zu spät kommen, bestraft Sie der Arbeitsmarkt, da die besten Köpfe schon weg sind. Ihr Risiko ist überschaubar, da sich erstens die konjunkturellen Aussichten deutlich verbessert haben und Sie zweitens die neu eingestellten Mitarbeiter auch recht unkompliziert wieder freisetzen können, wenn es doch nicht so prickelnd werden sollte. Nur durch eine solche Unterstützung der Konjunktur gelingt es, die Reformen wirken zu lassen. Der dadurch entstehende Aufschwung ist es am Ende auch, der die Bürger davon überzeugt, die Reformen mitzutragen.

Natürlich muss der spanische Staat seinen öffentlichen Dienst verschlanken. Aber das ist wesentlich einfacher, wenn es in einem Wirtschaftsaufschwung geschieht, in dem die aus dem Staatsdienst Entlassenen eine gute Chance haben, in der aufstrebenden und nach Arbeitskräften suchenden freien Wirtschaft einen Job zu erhalten. Im Wirtschaftsaufschwung hat die Regierung wesentlich mehr Freiheiten, auch unliebsame Entscheidungen durchzusetzen, da sie sich anscheinend bewähren.

Warum ist dann aber Gerhard Schröder 2005 abgewählt worden? Es ist aus seiner Sicht vermutlich fast schon tragisch. Seine Reformen waren verständlicherweise sehr umstritten. Deutschland dümpelte mit Wachstumsraten von 0,8 Prozent (2004) und 1,1 Prozent (2005) vor sich hin – und nun auch noch die harten Einschnitte. Diese wurden diskutiert und angefeindet, bevor die gleichzeitig eingeführten Konjunkturmaßnahmen gegriffen haben. Vielleicht war es Schröders größter Fehler, 2005 aufgrund des harschen Gegenwinds gegen seine Politik vorgezogene Neuwahlen zu erzwingen. Er fühlte sich offenkundig so sicher, dass er glaubte, mit dieser Wahl die Legitimation für sein Vorgehen zu erhalten. Doch er irrte sich. Er verlor die Wahl und in der Folge auch sein Amt. Angela Merkel übernahm das Ruder.

Sie wiederum hatte beinahe unverschämtes Glück. Die schmerzhaften Reformen wurden ihrem Vorgänger angelastet, aber der unmittelbar nach der Wahl einsetzende Aufschwung wurde in der Wahrnehmung der Menschen nicht als Folge der von Schröder umgesetzten Konjunkturpakete gesehen, sondern der wundertätigen Hand der neuen Kanzlerin zugeschrieben. Was so natürlich nicht ganz korrekt war. Beschlossene Kürzungen, Steuererhöhungen und Sparmaßnahmen wirken sofort. Wird eine Erhöhung der Mehrwertsteuer beschlossen, steigen die Preise am Tag des Inkrafttretens unmittelbar an. Konjunkturpakete wirken aber mit Zeitverzögerung. Werden beispielsweise Milliarden für Bauprojekte zur Verfügung gestellt, müssen solche Projekte erst einmal erdacht, dann geplant, genehmigt und schließlich umgesetzt werden. Es gehen also viele Monate ins Land, bevor aus beschlossenen Konjunkturmaßnahmen ein Wirtschaftsaufschwung und Arbeitsplätze entstehen.

Dieser Zeitversatz war es vermutlich, der Schröder um den Lohn seiner Politik und damit auch um sein Amt gebracht hat. Denn unmittelbar nach dem Regierungswechsel kam es zu dem von ihm angeregten Konjunkturaufschwung. Deutschlands Wirtschaft entwickelte sich prächtig um 2,9 Prozent in 2006 und 2,5 Prozent in 2007. 2008 begann noch fulminanter, bevor die platzende Immobilienblase in den USA zum Wirtschaftseinbruch auch in Deutschland führte. Wenn für Erich Honecker der legendäre Satz Gorbatschows geprägt war »Wer zu spät kommt, den bestraft das Leben«, muss Schröder für sich anfügen: »Wer zu früh geht, den auch!« Aber er lässt sich in Russland ja gebührend trösten.

Doch an diesem Punkt sind wir noch nicht angekommen. Bislang ist die Notwendigkeit von konjunkturbelebenden Maßnahmen in Europa noch gar nicht erkannt. Wir setzen ausschließlich Reformen und Sparpakete um, und das während der größten Wirtschaftskrise seit Jahrzehnten. Die Folge ist eine Entwicklung wie unter Reichskanzler Brüning. Die Staaten saufen förmlich ab. Die griechische Wirtschaft versinkt im Bodenlosen. So schrumpft die Wirtschaftsleistung seit 2009 mit dramatischer Dynamik. 2009: −3,2 Prozent. 2010: −3,5 Prozent. 2011: − 6,9 Prozent. 2012: − 6 Prozent. Das Elend der einfachen Bevölkerung ist dramatisch und einem Land innerhalb des reichen Europa unwürdig.

Ein französischer Politiker sagte einst: »Eine Revolution entsteht nie durch jene, die ohnehin nichts mehr zu verlieren haben. Eine Revolution entsteht, wenn der Mittelstand um seine Existenz fürchtet.« Genau diesen unheilvollen Punkt haben mehrere Länder Europas gerade erreicht. Die Konzepte der etablierten Parteien werden als volksfeindlich eingestuft, es gibt kein Hoffnungslicht am Ende des Tunnels in Form von Konjunkturpaketen, die die Menschen dazu ermutigen könnten, die letzten Meter durch den Tunnel zu marschieren. Sie stolpern nur immer weiter in eine endlose dunkle Röhre und verzweifeln. Da kommen rechte Rattenfänger, die in den Elendsvierteln von Athen Lebensmittelpakete verteilen und eine goldene Zukunft versprechen ohne diese kriminellen Ausländer, die die Jobs wegnehmen, gerade recht. Sie geben wieder diesen Funken Hoffnung. Sie entfachen ein Licht am rechten Tunnelabzweig, und es ist nachvollziehbar und in der Geschichte immer wieder zu beobachten, dass die Menschen nur zu gerne diesem Licht glauben wollen und dieser Abzweigung im Tunnel folgen. Dass es ein böses, flackerndes Irrlicht sein könnte, merken sie meist erst, wenn es zu spät ist.

Es mehren sich die Berichte, dass rechte Sturmtrupps, teilweise unter dem Schutz, aber in jedem Fall unter Duldung der Polizei, Jagd auf Ausländer und sonstige »Schmarotzer« machen. Spätestens bei diesen Berichten müssten doch gerade bei uns Deutschen alle Alarmglocken schrillen. Genau so hat es mit Hitlers Sturmabteilung (SA) vor seiner Machtergreifung begonnen, als sie Hetzjagden auf Linke und politische Gegner veranstaltete und als Macht- und Druckmittel diente. Spätestens jetzt müsste die deutsche Politik erschrocken die Augen aufreißen und sich fragen: »Um Gottes willen, was haben wir angerichtet?«

Versuchen wir doch einmal eine Antwort auf diese Frage zu finden. Was haben wir angerichtet? Und vor allem: warum?

Die Entwicklung, die wir heute in Griechenland und Europa beobachten, war von Beginn an absehbar. Kein Politiker kann mir erzählen, dass er um diese Umstände nicht gewusst hat, gemäß dem Motto: »Das konnte man ja nicht ahnen!« Natürlich konnte man das ahnen. Es gehörte schon eine große Portion Unwissenheit und Planlosigkeit dazu, die folgenden Entwicklungen *nicht* vorherzusehen.

Ich habe zu Beginn des Jahres 2010, als die ersten »Maßnahmen« für Griechenland getroffen wurden, auf allen Sendern mit Schaum vor dem Mund auf die griechische Tragödie hingewiesen. Auf meiner Internetseite »Cashkurs.de« hatte ich im 8. Februar 2010 folgende Kolumne veröffentlicht, die sich leider allzu sehr bewahrheitete:

»Es ist schon eine faszinierende Finanzwelt. Je mehr man sich mit den Hintergründen beschäftigt, desto offensichtlicher wird, wie an allen Ecken bis in die höchste Politik vor sich hin gestümpert wird. Mal mit heimtückischer Absicht, um die verschiedenen Interessen durchzusetzen, mal aus purem Unverständnis. Man weiß nicht, was schlimmer ist und welches gerade hier wieder der Beweggrund ist. Schauen wir mal nach Griechenland und lassen den Blick dabei langsam über Portugal, Spanien und Irland gleiten, die gerade so sehr in der Diskussion stehen.

Zum einen erschreckt uns, dass die Sorge um Griechenland, deren Gewicht in der EU gerade einmal 2,6 Prozent ausmacht, zu einem Abverkauf des Euro mit angeblicher Flucht in den Dollar führt. Die Währung der USA, die in zwei Monaten Neuschulden in der Höhe der griechischen Gesamtverschuldung draufpacken. Der Bundesstaat Kalifornien ist de facto bereits pleite (da ist es mit Sorge nicht mehr getan … da würde ich das Wort »Panik« für angemessen halten). Kalifornien hat einen Anteil von 13,6 Prozent (2006) an der amerikanischen Wirtschaftsleistung. Griechenland 2,6 Prozent an der EU. Aber die Anleger »flüchten« aus dem Euro in den Dollar. Ja, ne, is klar!

Kommen wir aber zu den Konsequenzen, die Griechenland (und demnächst den anderen Kandidaten) seitens der EU und gerne auch des IWF auferlegt werden.

Sie sollen ihren Haushalt konsolidieren. Staatsausgaben kürzen, Gehälter reduzieren. Jawoll! So kriegen sie die Staatsfinanzen und die Verschuldung in den Griff.(Achtung: Ironie ! ;-))

Aber Moment … haben wir nicht gerade mit der genau gegenteiligen

Argumentation in Deutschland, Amerika, ach was, weltweit riesige Schulden aufgenommen und die Staatsausgaben hochgefahren? Konjunkturpakete verabschiedet und den Menschen möglichst viel Staatsgeld nachgeworfen (Abwrackprämie, Steuererleichterungen, Steuerschecks in den USA) mit der Argumentation: »Es wäre tödlich, jetzt gegen die Krise ansparen zu wollen! Dann bricht die Wirtschaft endgültig zusammen!«

Und genau das wird den ohnehin schwachen Staaten jetzt aufgezwungen!? Die Griechen kürzen also auf Druck der EU die Staatsausgaben, die Gehälter des öffentlichen Dienstes und erhöhen die Steuern. Was wird die Folge sein? Die Folge wird sein, dass die griechische Wirtschaft aufgrund des entzogenen Geldes erst richtig einbricht, die Staatseinnahmen noch weiter zurückgehen und die Gefahr der Pleite noch größer wird. Von den Gefahren sozialer Unruhen, die bereits begonnen haben, ganz zu schweigen.

Wir machen aktuell mit Griechenland (bei Portugal und weiteren Staaten probieren wir es, die Portugiesen wehren sich noch heftig) genau das Gleiche, was der IWF seit Jahren mit den Drittweltländern macht. Er zwingt sie, dramatische Sparprogramme durchzuziehen, und stürzt diese Staaten damit erst richtig in die Wirtschaftskatastrophe. Sie werden immer abhängiger von den weiteren Krediten des IWF und sind am Ende dessen willenlose Werkzeuge, verschleudern ihre Rohstoffvorkommen zu Spottpreisen an die großen Industrieunternehmen der IWF-Kapitalgeber.

Wenn wir einen Weg suchen, um die EU zum Kollabieren zu bringen, ist das genau der richtige.

Das Grundproblem bestand von Anfang an in einer Währungsunion ohne politische Union. Griechenlands Wirtschaft war schon immer schwach. Solange sie die schwache Drachme hatte, war das kein Problem. Man konnte durch Abwertung die weltweite Konkurrenzfähigkeit halbwegs aufrechterhalten. Jetzt hat die immer noch schwache Wirtschaft aber einen starken Euro, den sie nicht abwerten kann. Also säuft die griechische Wirtschaft immer weiter ab. Den kurzfristigen Vorteil niedriger Euro-Zinsen hat man leider nicht für

Investitionen in die Produktivität, sondern für den Konsum und Staatsgeschenke an die Bevölkerung genutzt. Da hätte die EU handeln müssen. Jetzt ist das Kind im Brunnen.

Griechenlands einzig reale Chance besteht in einer Rückkehr zur Drachme, einem per Gesetz erlassenen Umtausch von Euro-Anleihen in Drachmen-Anleihen und folgender Währungsabwertung. Verrückt? Warten wir's ab. Das Sparprogramm führt jedenfalls direkt in die Katastrophe.«

Ich war sicherlich nur einer von vielen, die bereits damals die katastrophalen Folgen der politischen Fehlentscheidungen abschätzen konnten. Ich hatte eigentlich gehofft, dass die hohe deutsche Politik Berater einsetzt, die in der Lage sind, die elementarsten Grundlagen wirtschaftlicher Zusammenhänge in ihre Konzepte einzubeziehen. Aber offenkundig konnten oder wollten sie das nicht. Letzteres wäre ein bitterböser Vorwurf. Schauen wir uns das also einmal genauer an. Wer waren denn die Berater dieser Zeit?

DIE ROLLE DES IWF

Deutschland war es, das 2010 darauf bestanden hatte, den US-dominierten IWF mit an Bord zu holen. Was die deutsche Regierung dazu getrieben hat, wird wohl ihr Geheimnis bleiben. Der Internationale Währungsfonds wird von vielen mit der Materie Vertrauten seit je als der verlängerte Arm der USA bezeichnet. Eigentlich ist dieser IWF eine Organisation der Vereinten Nationen. Sein Sitz befindet sich bezeichnenderweise in Washington. Aufgrund der Stimmverhältnisse innerhalb des IWF sind die USA die einzige Nation, die dort ein Vetorecht besitzt. Ohne Zustimmung der USA ist der IWF also nicht in der Lage, auch nur einen Satz Briefmarken zu kaufen. Zwar ist der Direktor des IWF gemäß einer Vereinbarung der Amerikaner mit den Europäern stets ein Europäer, der Erste Stellvertretende Direktor jedoch ist stets ein Amerikaner – und, wie viele meinen, der eigentliche Strippenzieher des IWF.

Schauen wir uns also mal diesen Mann hinter der sympathischen Französin Christine Lagarde an. Sein Name ist John Lipsky. Er arbeitete von 1978 bis 1980 als Repräsentant des IWF in Chile. Zu einer Zeit also, als der von den westlichen Regierungen – im Wesentlichen den USA, aber auch vom damaligen Kanzlerkandidaten Franz Josef Strauß – unterstützte Diktator Augusto Pinochet am Ruder war und sein Land mit harter Hand und dem Einsatz der Folter regierte. Danach wechselte Lipsky die Seiten, vielleicht aber auch nur die Adresse auf derselben Straßenseite. Er war nun über viele Jahre als Investmentbanker bei JP Morgan, Chase Manhattan Bank (heute ebenfalls JP Morgan) und Salomon Brothers (heute Citigroup) tätig. 2006 wechselte er erneut als nun Stellvertretender Direktor zum IWF. In dieser Funktion blieb er bis 2011, da er aufgrund der »Unpässlichkeiten« des damaligen

Direktors Dominique Strauss-Kahn kurzfristig die Leitung des IWF übernahm.

Nach Lipskys Ausscheiden übernahm übrigens David Lipton dessen Position als Erster Stellvertretender Direktor. Und sein Lebenslauf kommt einem fast schon vertraut vor: Studium in Harvard, danach acht Jahre beim IWF – Abteilung »Wirtschaftliche Stabilisierung von Schwellenländern und Ländern der Dritten Welt«. Es folgte die Berufung in den Stab des amerikanischen Präsidenten Bill Clinton, bevor er 2000 zunächst für fünf Jahre bei einem Hedgefonds arbeitete, um 2005 zum Investmentbanking der Citigroup zu wechseln. Danach kam noch ein Einsatz im Weißen Haus als Berater des Präsidenten und Senior Director für Internationale und nationale Wirtschaftsangelegenheiten sowie Fragen der nationalen Sicherheit. Mit dieser doch guten Grundlage ging es dann 2011 wieder zum IWF, um fortan den Europäern zu helfen, ihre Wirtschaftsprobleme zu lösen.

An dieser Stelle und zum Verständnis der »Truppen« in dem aktuell tobenden Weltwirtschaftskrieg ist es nötig, einen Blick auf die großen international agierenden Spieler wie IWF und Weltbank zu werfen.

Viele der Zusammenhänge wirken einmal mehr, als seien sie lediglich Teil einer »Verschwörungstheorie«. Doch wie so oft kann man jede Sauerei tarnen, indem man die Berichterstattung darüber als »Verschwörungstheorie« abtut und damit jegliche Diskussion im Keim erstickt. Sie sollten immer dann hellhörig werden, wenn jemand von »Verschwörungstheorie« spricht. Dann fehlen ihm vermutlich die Gegenargumente, und er möchte die Diskussion mit einem solchen Argument ersticken und für sich gewinnen. Ansonsten würde er es sich nicht nehmen lassen, die Argumente der Gegenseite mit eigenen Fakten zu widerlegen.

Ich empfehle Ihnen an dieser Stelle das Buch »Bekenntnisse eines Economic Hit Man« von John Perkins. Perkins erzählt darin von sich selbst, als er in den Jahren 1971 bis 1981 für die USA als Economic Hit Man unterwegs war. »Economic Hit Man« kann auch als »Wirtschaftskiller« übersetzt werden. Perkins' Aufgabe bestand laut eigener Beschreibung darin, »mit viel Geld Regierungen der Dritten Welt in ein Netzwerk aus US-Interessen hineinzuziehen und sie in eine finanzielle Abhängigkeit zu befördern, die sie für die USA wirtschaftlich und politisch steuerbar macht«.

Das lief meist nach den gleichen Mechanismen ab. Zunächst wurden die ausgewählten Länder mit großen Kreditversprechen etwa der Weltbank zu völlig überdimensionierten Investitionen gedrängt. Große Prestigeobjekte, die das Ansehen des jeweiligen Präsidenten fördern sollten, Staudämme oder Flughäfen. Die Aufträge für diese Projekte gingen in der Regel an amerikanische Unternehmen. Das Geld dafür hatte die Weltbank teilweise wiederum bei westlichen Banken geliehen. Um es einfacher auszudrücken: Das Geld hat die USA nie verlassen. Die Weltbank lieh sich das Geld bei amerikanischen Banken oder Investoren, um damit Bauunternehmen, Beratungsfirmen und Ingenieurbüros in den USA zu bezahlen, die jene Großprojekte in Staaten der Dritten Welt ausführten. Das Geld wurde von einem Konto einer amerikanischen Bank auf das Konto eines amerikanischen Unternehmens überwiesen, und für die Summe haftete nun jener Dritte-Welt-Staat. Diese oft völlig überzogenen Projekte führten häufig in eine dramatische Schuldenfalle. Der Staat konnte die Kredite kaum noch stemmen, und der erhoffte wirtschaftliche Aufschwung durch den Staudamm blieb aus. Korrupte Strukturen in den betroffenen Ländern trugen ihr Übriges dazu bei. In der Folge kam der Staat in die unangenehme Lage, dass er seinen Kreditverpflichtungen gegenüber der Weltbank kaum mehr nachkommen konnte.

Der IWF schaltete sich ein und übernahm die Koordination. Man machte sich ein Bild von der Lage und erkannte viele

Baustellen. Als Erstes müsse der Staat dringend sparen, um seine Finanzen in den Griff zu bekommen. Dieses Sparen sollte aber möglichst nicht im Rüstungsbereich stattfinden, hier waren ja wieder amerikanische Interessen als weltgrößter Rüstungsexporteuer betroffen, sondern bei der Bevölkerung. Subventionen für Lebensmittel, Sozialprogramme, Mitarbeiter des öffentlichen Dienstes und all diese unnötigen Dinge, die internationalen Konzernen nichts bringen, sollten reduziert werden. Das führte logischerweise zu einer weiteren Verschlechterung der wirtschaftlichen Lage des Landes und zugleich zu einer Verelendung der ohnehin nicht auf Kaviar gebetteten Bevölkerung. Die Steuereinnahmen gingen noch weiter zurück, und der Staat konnte seinem Schuldendienst erst recht nicht nachkommen. Man brauchte weitere Unterstützungskredite des IWF. Bedingung war aber erst einmal eine völlige Öffnung der Märkte. Freier Handel ist ja immer was Gutes. So wurden viele Staaten gezwungen, ihre Schutzzölle und Handelsschranken niederzureißen.

Klingt sinnvoll? Schauen wir uns die Folgen für einen afrikanischen Musterstaat an. Bislang hatte die Bevölkerung dort mit traditionellen Methoden und alten Traktoren Mais für die eigene Bevölkerung angebaut. Mit den Weltmarktpreisen konnte man längst nicht mithalten. Die hocheffiziente amerikanische Maisindustrie wird über staatliche Subventionen dermaßen gepampert, dass sie den Mais unter den eigentlichen Produktionskosten verkaufen kann. Den Rest plus Gewinn legt der US-Staat per Steuergeld drauf, um die »amerikanische Landwirtschaft« zu fördern. Das ist einer der wesentlichen Gründe, warum Mais in den USA für nahezu alles verwendet wird. Diesen Mais verkaufen die amerikanischen Unternehmen natürlich auch gerne rund um die Welt. Eben auch in unser afrikanisches Beispielland.

Dieser Importmais war billiger als der Mais, der vor Ort in Afrika produziert wurde, da dort längst nicht solch eine effizi-

ente und vor allem subventionierte Landwirtschaft existier-
te. Ärgerlicherweise gab es aber Zollschranken. Importierter
Mais durfte entweder gar nicht oder mit hohen Zöllen importiert werden, um die bäuerlichen Landwirte zu schützen. Jetzt,
auf Druck von IWF und Weltbank, wurde diese Schranke ein-
gerissen. Der schöne, globalisierte Welthandel solle doch bitte
auch hier wirken dürfen. Und eine Lawine billigen US-Maises
rollte ins Land. Zunächst freuten sich die Bürger über den billigen Mais, zumindest diejenigen, die selbst nicht von der
Landwirtschaft lebten, was in Ländern der Dritten Welt allerdings die wenigsten sind. Mit dieser unschlagbaren Dumping-
konkurrenz konnten die einheimischen Bauern nicht mithalten. Sie wurden ihren Mais nicht mal mehr zu ihren Erzeuger-
kosten los. Folglich mussten sie ihre Betriebe dichtmachen
und die Feldarbeiter entlassen. Und die konnten sich als Arbeitslose nun nicht einmal mehr den billigeren Importmais
leisten. Die Verelendung der Bevölkerung ging weiter. Dazu
kam auch noch eine wachsende Abhängigkeit vom Importmais, die eigene Produktion war ja massiv zurückgegangen.
Wenn jetzt an den internationalen Warenterminbörsen durch
wilde Spekulation in Grundnahrungsmittel – ein ganz eigenes
Hassthema von mir – der Maispreis durch die Decke schoss
(2007/08 verdoppelte er sich binnen sechs Monaten), waren
katastrophale Auswirkungen auf die Bevölkerung vorprogrammiert. Die Menschen konnten sich den nun sehr teuren
Importmais überhaupt nicht mehr leisten. Die eigene Produktion, die zuvor durch die Handelsschranken vom Weltmarkt-
preis recht unabhängig die Bevölkerung versorgte, war weg-
gebrochen. In der Folge kam es zu Hungerunruhen rund um
den Globus.
So ging das Spiel weiter, bis der betroffene Staat endgültig am
Boden lag. Dann zeigte man sich entsetzt: »Was macht ihr da
eigentlich? Ihr bekommt das ja gar nicht hin! Nun ja, ihr habt
ja auch an dieser und jener Stelle unseren Plan nicht eins zu

eins umgesetzt, da seid ihr selbst schuld. Wir haben leider keine Wahl, als euch den Hahn zuzudrehen und die Hilfskredite einzustellen. Unsere Geldgeber hätten sonst kein Verständnis, dass wir ihr Geld bei euch verschleudern. Der Zusammenbruch eures Staates tut uns auch wirklich leid. Obwohl … Eine Chance gäbe es vielleicht noch. Ihr habt doch noch jede Menge Rohstoffe in Form von Öl, Gas, Kupfer, Uran … Und ihr seht ja selbst, dass ihr weder das Fachwissen noch die finanziellen Mittel habt, um diese Rohstoffe selbst zu fördern. Wir kennen da ein paar sehr gute internationale Rohstoffkonzerne, die wären ganz selbstlos bereit, mit ihrem Know-how und ihren Geldern eure Rohstoffe zu fördern. Unser Vorschlag: Ihr überlasst diesen Unternehmen für die nächsten Jahrzehnte die Förderlizenzen, ihr bekommt von dem Segen ein paar Krümel ab, und mit diesen Krümeln könnt ihr eure Schuldenlast bei uns weiter bedienen. Und Sie als Präsident könnten Ihr Amt behalten. Na, was sagt ihr?«

Und an dieser Stelle denken wir doch bitte noch mal an die Entwicklung der griechischen Tragödie seit 2009 zurück. Wir denken an die Öl- und Gasvorkommen, die auf eine Erschließung warten, wir denken an die Kredite des IWF und seine Troika an Griechenland, wir denken an die Forderungen des IWF nach dramatischen Sparpaketen bei der Bevölkerung, wir denken an die Forderungen nach einer Privatisierungswelle und dem Verkauf von Staatsbesitz in Griechenland. Und jetzt stellen wir noch einmal die Frage vom Beginn des Buches: Cui bono? Wem nutzt es?

Ein geschätzter Kollege beliebte stets zu sagen: »So wird das Spiel nun mal gespielt. Hat dir bei der Geburt jemand erzählt, dass das Leben gerecht sei? Na siehst du!«

Aber ich habe mich an diesen Gedanken bis heute nicht gewöhnen können, und es treibt mir noch immer die Zornesröte ins Gesicht.

Ich suche noch heute nach Erklärungen, die mir begreiflich

machen, warum wir Europäer – insbesondere wir Deutsche –
den US-dominierten IWF an Bord geholt haben, um die inner-
europäischen Probleme anzugehen in einer Zeit, in der die
Welt im Wirtschaftskrieg um die künftige Weltdominanz
steht. Bundesfinanzminister Wolfgang Schäuble hatte sich
2010 massiv gegen eine Einbeziehung des IWF ausgesprochen, da er eine zu große Einflussnahme der USA fürchtete.
So berichtet die »Zeit«: »Griechenland als Einfallstor der
Amerikaner in das Prestigeprojekt Eurozone – zu einer solchen Kapitulation ist man in Berlin noch nicht bereit. ›Die
Verantwortung für die europäische Währung hat die Europäische Währungsunion‹, so Schäuble.«

Auch der Chef der Eurogruppe und luxemburgische Ministerpräsident Jean-Claude Juncker sprach sich gegen den IWF
aus. Aber Otmar Issing, der langjährige EZB-Chefökonom
und seit 2008 Vorsitzende der Deutschen Regierungskommis-
sion zur Reform der Finanzarchitektur, machte sich für die
Einbindung des IWF stark: »Meine Präferenz ist, dass man
den IWF einschaltet.«

An dieser Stelle sei darauf hingewiesen, dass Otmar Issing
seit 2007 »International Advisor« der Investmentbank Goldman Sachs ist. Einen möglichen Interessenkonflikt zwischen
seiner gleichzeitigen Tätigkeit für Goldman Sachs und die
Bundesregierung sah offenkundig niemand.

Wie wir erleben mussten, hat sich Issings Sichtweise gegen
Schäuble und Juncker durchgesetzt. Ein aus meiner Sicht verhängnisvoller Fehler Europas. Man hat die Tore geöffnet und
das trojanische Pferd IWF hereingeschoben. Um noch einmal
die Worte der »Zeit« aufzugreifen: Nun war man in Berlin zu
einer solchen Kapitulation bereit.

Bei einer hochkarätigen Veranstaltung in Berlin fragte ich
im persönlichen Gespräch einen angesehenen amerikanischen
Wirtschaftswissenschaftler, ob er eine Erklärung habe, warum
Europa den IWF hinzugezogen hat. Seine Antwort kam so

prompt wie ehrlich: »Herr Müller, wir alle wissen, was für eine irrsinnige und fatale Politik der IWF in den letzten Jahrzehnten gefahren hat und welche Katastrophen er ausgelöst hat. Seien Sie versichert, die USA wären der letzte Staat dieser Erde, der auf den IWF hören würde.« Was mich aber dann vollends vom Glauben hat abfallen lassen, war die Antwort eines deutschen Regierungsmitglieds auf dieselbe Frage: »Wir haben in Europa die Kompetenzen und das Fachwissen nicht. Daher benötigen wir den IWF.«

Ich fasse zusammen: Die größte Volkswirtschaft der Welt mit den besten Wissenschaftlern und Ingenieuren, mit EZB und Wirtschaftsweisen hat das Fachwissen nicht, um seine eigenen Probleme zu erkennen und zu lösen, und benötigt daher die Hilfe der amerikanischen »Retter«.

Da fällt mir unwillkürlich ein Zitat aus der Fernsehserie »Peter Strohm« ein (die Älteren werden sich erinnern): »Die Welt ist im Arsch, die Ratten gehen an Krücken. Lass uns gehen.«

Vielleicht brauchen wir nicht die Hilfe des IWF, sondern Politiker, die sich, Europa und seinen Bürgern etwas zutrauen und die vor allem in der Lage sind zu erkennen, wenn andere sie freundlich lächelnd über den Tisch ziehen wollen.

Jetzt ist das trojanische Pferd nun mal hinter den Mauern, und die Männer in seinem Inneren haben ihre zerstörerische Arbeit aufgenommen. Griechenland wird mit immer neuen Spardiktaten in den Abgrund gedrückt. Erstes Ziel ist eine Abspaltung Griechenlands von Europa. Und das soll für Europa so teuer wie möglich werden und idealerweise das Gesamtkonstrukt Europa spalten. Ein Hilfspaket folgt dem nächsten, eine Garantieübernahme auf die andere. Doch all die Hilfskredite sind nicht bei den griechischen Bürgern angekommen. Sie dienten fast ausschließlich dazu, den internationalen Banken und Investoren ihre griechischen Staatsanleihen abzukaufen oder abzulösen. Sie sollten schadlos gehalten werden oder gar mehr. Etliche internationale Hedgefonds und Banken haben Milliarden an der griechischen Tragödie verdient, während die Kosten und Risiken zu den europäischen Steuerzahlern verlagert wurden. Schlechter hätte man die Krisenbewältigung nicht machen können. Aber da es ja ohnehin kaum jemand versteht, kann man einen solchen Humbug auch noch als große Leistung verkaufen und sich vom Wahlvolk mit guten Umfragewerten dafür feiern lassen.

Bleibt zu hoffen, dass Wolfgang Schäuble – dem ich durchaus zutraue, längst erkannt zu haben, welches Spiel hier gespielt wird – die Kraft und die Macht hat, das schlechte Spiel zu beenden.

Auch in der Türkei hat es einige Zeit gedauert, bis Recep Erdoğan das Spiel durchschaut hatte. 2001 war die Türkei in schweres Fahrwasser geraten und nahm einen Kredit des IWF an. Die geforderten Maßnahmenpakete erinnern sehr an die für die Griechen 2010. 2012 schließlich erklärte Erdoğan, der IWF habe oft, statt zu helfen, ernsthafte Probleme verursacht. »Im April 2013 werden wir unsere Schulden komplett beglichen haben, und wir haben keine Absicht, noch einmal mit dem IWF zusammenzuarbeiten.«

Warum schmeißen wir nicht den IWF raus, nehmen einen Bruchteil der »Bankenspendengelder« für Griechenland in die Hand und erschließen gemeinsam mit den europäischen Firmen in einem fairen Abkommen mit Griechenland die griechischen Rohstoffe zugunsten einer sicheren Versorgung Europas, einer aufstrebenden griechischen Industrie, einer besseren Zukunft der griechischen Bürger und letztlich einer stabileren europäischen Zukunft? Diese positive wirtschaftliche Entwicklung dann mit den nötigen langfristigen Reformanstrengungen in Griechenland zu verbinden wäre ein sehr realistischer Weg, der in die vertraglichen Abkommen über die wirtschaftliche Zusammenarbeit mit aufgenommen werden könnte. Und das würde mit großer Wahrscheinlichkeit von der Mehrheit der griechischen Bevölkerung mitgetragen, die sich ohnehin schon zu lange nach Veränderungen hin zu einer erkennbar besseren Zukunft sehnt.

Auf dieses Thema kommen wir im Laufe des Buches an passender Stelle noch einmal zurück.

DIE ZUKUNFT EUROPAS

Konzentrieren wir uns zunächst noch einmal auf die Kernprobleme der Europäischen Union.

Wir haben eine Währungsunion völlig unterschiedlicher Wirtschaftsräume (Staaten) geschaffen, ohne zuvor eine politische oder zumindest wirtschaftliche oder steuerliche Union zu haben. Wir haben damit die lebenswichtigen Puffersysteme zwischen den Staaten entfernt. Es ist in der Folge zu einem Verschuldungsstand gekommen, der die einzelnen Staaten und folglich das gesamte Gefüge bedroht. Die bisherigen Versuche, die Probleme zu lösen, waren absurd. Die Sparpakete haben zu einer Verschlimmerung der Situation und zur Verelendung ganzer Bevölkerungsschichten in Südeuropa geführt, die mittlerweile die Demokratie gefährden.

Was wäre also der richtige Weg, um mit dieser Situation umzugehen? Wenn Sie auf einen Sumpf zukommen, haben Sie in der Regel drei Möglichkeiten. Möglichkeit eins: Sie gehen rechts um den Sumpf herum. Möglichkeit zwei: Sie gehen links um den Sumpf herum. Möglichkeit drei ist die dümmste aller Alternativen: Da Sie sich nicht entscheiden können, laufen Sie weiter geradeaus immer tiefer in den Sumpf hinein. Dieser schon eingangs gezogene Vergleich klingt noch ziemlich abstrakt, daher möchte ich das gerne etwas anschaulicher beschreiben. Stellen Sie sich vor, Sie wohnen in einem Mehrfamilienhaus in der Lindenstraße Nr. 6. In Ihrer Nachbarschaft wohnt eine hübsche junge Dame. Vielleicht ist es sogar eine nette Griechin. Sollten Sie weiblichen Geschlechts sein, liebe Leserin, stellen Sie sich bitte einen netten Griechen vor, aber ich kann das so besser beschreiben. Die junge Dame hat nur einen Minijob, lebt aber schon geraume Zeit deutlich über ihre Verhältnisse. Ständig neue Schuhe, neue Kleidung, und nächtelang zieht sie mit ihren Freunden um die Häuser. Es kommt, wie es kommen muss. Der Schuldnerberater Peter Zwegat hat schon längst die Tür ins Schloss geworfen, der Gerichtsvollzieher steht beharrlich vor selbiger, da kommt die junge Dame in ihrer Not auf einen rettenden Gedanken: Sie klingelt bei Ihnen und stellt Ihnen ihren tollen Plan vor: »Pass auf, wir gehen morgen gemeinsam zur Bank, du überweist mir erst mal gleich ein bisschen Geld, dann machen wir ein gemeinsames Konto auf, und du bürgst für meine Schulden. Klar, jeder von uns lebt sein Leben weiter wie bisher, dann wäre mein Problem gelöst, und der Ruf des Hauses, in dem du wohnst, und damit der Wert deiner Eigentumswohnung wäre auch besser, da ja nicht mehr ständig die Gerichtsvollzieher zinslos im Hausflur rumlungern. Was meinst du? Ist doch klasse, oder?!«

Nach kurzem Nachdenken würden Sie zu der Erkenntnis gelangen, dass Sie das so nicht wollen. Denn Sie wüssten ganz genau: Selbst wenn Ihr Einkommen ganz einträglich sein mag, würde das für Sie beide über kurz oder lang in die Katastrophe oder zumindest ins Armenhaus führen. Sie würden der jungen Dame vermutlich entgegnen: »Mein liebes Mädel, du bist ja wirklich eine Nette, aber so geht das nicht. Wir sind gute Nachbarn und auch ein wenig befreundet, daher helfe ich dir, so gut ich kann. Ich komme gerne mal mit rüber, und dann gehen wir gemeinsam deine Einnahmen und Ausgaben durch und versuchen, die Verhältnisse ein wenig zu ordnen, wenn du möchtest, dass ich mich einmische. Ich gehe dann auch gerne mit dir zur Bank und rede mit dem Direktor. Den kenne ich, das ist kein Unmensch. Wenn wir dem zeigen, dass du deine Verhältnisse in den Griff bekommst, gibt der dir bestimmt ein bisschen mehr Zeit und Luft, um deinen Verpflichtungen nachzukommen. In der Zwischenzeit bringe ich dir gerne ab und an ein paar Lebensmittel vom Supermarkt mit, und wenn es ein ganz klammer Monat ist, bekommst du von mir auch mal 50 Euro für die Stromrechnung. Aber mehr kann ich beim

besten Willen nicht für dich tun, sonst endet das für uns beide
in der Katastrophe.«

Ich weiß, das klingt gleichermaßen vernünftig wie auch ein
wenig hartherzig. Daher ist mir folgende Möglichkeit der
Fortsetzung des Gesprächs wesentlich sympathischer. Sie bitten die junge Dame herein, schauen ihr tief in die dunklen
Augen, trinken gemeinsam eine Flasche guten, meinetwegen
spanischen Rotweins und stellen fest, dass Sie sich eigentlich
schon immer unglaublich lieb gehabt haben. Sie beschließen,
Ihr Leben in Zukunft gemeinsam zu gestalten. Sie entscheiden künftig gemeinsam über Ihre Einnahmen und Ausgaben.
Sie fahren gemeinsam in den Urlaub, treffen sich gemeinsam
mit Freunden und teilen sich auch sonst allerlei schöne Dinge
wie auch die Pflichten. Das bedeutet längst noch nicht, dass
Sie auch gleich in eine gemeinsame Wohnung ziehen müssen.
Ganz im Gegenteil. Es wäre vermutlich wesentlich span-
nungsfreier, wenn jeder in seiner eigenen Wohnung bliebe.
Sie unternehmen vieles gemeinsam, treffen die Entscheidungen, die Sie beide angehen, zusammen, aber dennoch entscheidet jeder für sich, wie er mit jenen Dingen umgeht, die
nur ihn betreffen. Jeder entscheidet selbst, ob und wann er
sein Bad putzt, die Küche aufräumt oder den Müll runter-
bringt.

In dieser Konstellation würden Sie möglicherweise eher bereit sein, zu Ihrer Nachbarin und neuen Lebensgefährtin zu
sagen:»Morgen gehen wir zur Bank und eröffnen ein gemeinsames Konto. Ich helfe dir auch bei deinen alten Schulden. Du
hast ja ganz schön über deine Verhältnisse gelebt, aber jetzt
sehen wir gemeinsam zu, dass das nicht mehr passiert.«

Das ist exakt die aktuelle Situation der Eurozone. Wir stehen
im Hausflur, die junge Dame hat soeben an Ihrer Haustür ge-
klingelt. Leider begehen wir gerade den katastrophalen Fehler, nach einigem Drängen auf den ersten Vorschlag der Dame
einzugehen, ein gemeinsames Konto einzurichten, über das

jeder frei verfügen kann (Target-System, mit bestem Gruß an Hans-Werner Sinn), und eine Bürgschaft für die Schulden der Lady abzugeben, indem wir den Europäischen Stabilitätsmechanismus (ESM) in Kraft gesetzt haben. Was wir geschaffen haben, ist nichts anderes als die Vereinigten Schulden von Europa, ohne jede Möglichkeit, in die teilweise abenteuerliche Haushaltsführung unserer Partner eingreifen zu können.

Sollte Ihnen die Funktionsweise des ESM nicht ganz klar sein, so befinden Sie sich in guter Gesellschaft. Ich glaube, dass es so manchem Politiker nicht viel anders ergeht, weshalb ich Ihnen die Funktionsweise an dieser Stelle einmal sehr plastisch vor Augen führen möchte. Dabei bediene ich mich in Teilen der umwerfend präzisen Schilderung des großen Satirikers HG. Butzko, die ich aus dem Gedächtnis zitiere.

Bei jenem Rettungsschirm ESM hat ein jeder so seine eigene Vorstellung über die Funktionsweise. Sie erinnern sich noch an jenen unglaublich wagemutigen Felix Baumgartner? Das war der Mann, der aus 39 Kilometer Höhe aus einem Ballon gesprungen ist, um zu überprüfen, ob sein Rettungsschirm funktioniert. Bei ihm ist es gutgegangen. Also stellt sich manch ein unbedarfter Zeitgenosse den ESM-Rettungsschirm so ähnlich vor. Nämlich dass er uns vor einem harten Aufprall auf dem weiten Feld der Europäischen Finanzkrise schützen möge. Wer nicht ganz so hoch hinauswill und ein wenig gemächlicher durchs Leben schreitet, hat vielleicht doch wenigstens die Hoffnung, dass dieser Rettungsschirm so ähnlich wie ein Regenschirm funktionieren möge, der, einmal aufgespannt, verhindert, dass wir nass werden.

Doch bei unserem ESM-Schirm müssen Sie sich das genau umgekehrt vorstellen. Sie spannen den Schirm auf und stellen ihn dann umgedreht auf seine Spitze, so dass er eine Art Schüssel bildet. Um diese Schüssel stehen nun alle Schuldner herum. Sobald einer von ihnen seine Schulden nicht mehr bezahlen kann, wirft er sie einfach in die Schüssel. Die anderen

Umherstehenden nehmen sich jeder einen Teil davon heraus und haften fortan dafür.

Wenn Sie an dieser Stelle den Sprung in jener Schüssel suchen, dürfen Sie nicht im Schirm nachsehen, sondern bei dem, der sich diesen Unfug ausgedacht hat. Denn wie muss man sich das ganz praktisch vorstellen?

Da ist ein beliebiges Land, nennen wir es einmal … Griechenland. Griechenland hat ganz schön viele Schulden. Da kommt eine Rate-Agentur und sagt zu den Anlegern: »Hey, seht mal, Griechenland! Die haben aber ganz schön hohe Schulden. Wenn ihr denen weiter Geld leihen wollt, dann müsst ihr dafür ganz schön hohe Zinsen nehmen!« Das ist zwar in etwa so, als würden Sie jemandem, der gerade einen Herzinfarkt erlitten hat, als Erste-Hilfe-Maßnahme die Kehle zudrücken, aber weil jemand so etwas rät, ist er auch eine »Rate-Agentur«. Es kommt, wie es kommen muss: Aufgrund der hohen Zinsen kann Griechenland seine Schulden nicht mehr bezahlen und wirft diese in seiner Not in die Schüssel. Alle Umstehenden nehmen sich ihren Anteil davon heraus. Für Deutschland und Frankreich ist das noch kein Problem, aber nehmen wir den schwächsten der übrig gebliebenen 16 Staaten, nennen wir ihn … Spanien! Spanien hat jetzt zu seinen eigenen auch noch griechische Schulden dazubekommen. Da kommt eine Rate-Agentur und rät: »Hey, seht mal, Spanien! Die haben aber auf einmal ganz schön hohe Schulden. Wenn ihr denen weiter Geld leihen wollt, dann müsst ihr dafür ganz schön hohe Zinsen nehmen!« Es kommt, wie es kommen muss: Spanien kann seine Schulden nun ebenfalls nicht mehr bezahlen und wirft diese in höchster Not und erleichtert in die Schüssel. Alle Umstehenden nehmen sich ihren Abteil davon heraus. Für Deutschland und Frankreich ist das nach wie vor noch kein Problem, aber nehmen wir den schwächsten der übrig gebliebenen 15 Staaten. Nennen wir ihn … Italien! Sie ahnen, worauf ich hinauswill. Als ich noch zur Schule ge-

gangen bin, nannten wir das »Reise nach Jerusalem«. Mit
dem wichtigen Unterschied, dass derjenige, der am Ende
übrig geblieben war, gewonnen hatte.

Ich denke, dass die Funktionsweise des Rettungsschirms in all
ihrem Glanz nun deutlich geworden ist, auch wenn der eine
oder andere bei obiger Schilderung eine leicht vereinfachte
Darstellung der Thematik unterstellen mag.

An dieser Stelle wird von Befürwortern des Rettungsschirms –
sie treten häufig mit solch großer Überzeugung, mit einem
solch missionarischen Eifer und solcher Humorlosigkeit auf,
dass man befürchtet, an Scientologen oder Zeugen Jehovas
geraten zu sein – meist auf die segensreiche Wirkung des
sogenannten Fiskalpakts verwiesen. Dieser Fiskalpakt soll
eben genau jene Mitspracheregeln ersetzen, die unsere Nachbarn davon abhalten sollen, auf unseren Darlehen und Bürgschaften genauso liederlich weiter zu feiern wie bisher. Sollten Sie an einem langweiligen Tag ohne Wetten-dass-Über-
tragung nicht wissen, wie Sie den Abend totschlagen können,
nehmen Sie sich eine Flasche – diesmal italienischen – Rotwein, ein Exemplar des Fiskalpakts und lesen Sie sich das
in Ruhe durch. Vermutlich werden Sie im Anschluss noch
eine weitere Flasche Rotwein samt Grappa benötigen, um
sich wieder zu fassen. Dieser Fiskalpakt ist das Papier nicht
wert, auf dem er steht. Im Wesentlichen wird darin festgelegt,
dass sich alle unterzeichnenden Staaten verpflichten, eine Art
Schuldenbremse in ihre nationalen Gesetze hineinzuschreiben. Das klingt zunächst sinnvoll, findet aber wie immer seine
humoristische Note im Detail. Schuldenbremse heißt vereinfacht ausgedrückt, dass der Staat in »normalen Zeiten« nicht
viel mehr ausgibt, als er einnimmt. Einmalige und befristete
Geldausgaben werden da schon nicht mehr dazugerechnet.
Wenn es aber zu Störungen der konjunkturellen Entwicklung
kommt (Übersetzung: Wenn es halt nicht so toll läuft), darf
der Staat davon abweichen.

An dieser Stelle sei darauf hingewiesen, dass es im Deutschen Grundgesetz mit Paragraf 115 schon seit Jahrzehnten eine ähnliche Regelung gibt, nach der die Regierung ebenfalls feste Grenzen der Neuverschuldung einzuhalten hat, es sei denn, es liegt eine »Störung des gesamtwirtschaftlichen Gleichgewichtes« vor. Fast jede deutsche Regierung der Nachkriegszeit hat regelmäßig geglaubt, eine solche »Störung des gesamtwirtschaftlichen Gleichgewichtes« zu erkennen, um diese Grundgesetzbestimmung schlichtweg zu ignorieren. Hier seien exemplarisch erwähnt: Gerhard Schröder 2002/03, Helmut Kohl in den 1990er Jahren und Helmut Schmidt 1981.

Wie naiv ist es, anzunehmen, dass unsere europäischen Partner nicht reihenweise die Situation »Es läuft grad net so toll!« erkennen, um die Schuldenbremse nicht einhalten zu müssen. Aber es wird noch besser. Diesmal hat man nämlich an Strafmechanismen gedacht. Ha! Jetzt aber! So sieht der Fiskalpakt Folgendes vor. Wenn ein unterzeichnender Staat seiner Verpflichtung nicht nachkommt, eine solche wachsweiche Schuldenbremse in seine Gesetze zu schreiben, dann kann jedes andere Land des Vertrags dieses unzuverlässige Land vor dem Europäischen Gerichtshof in Luxemburg verklagen. Ich habe mit Staatsrechtsexperten gesprochen, die vorsichtig schätzten, dass ein solches Verfahren mindestens zwei bis drei Jahre dauern würde, vermutlich länger, da zuvor erst jede Menge an Überprüfungen, Abmahnungen, Drohungen, erhobenen Zeigefingern und Gegengutachten stehen. Doch sollte es am Ende zu einer Verurteilung und der Höchststrafe kommen, dann muss dieses rechtsbrecherische und unfolgsame Land eine drakonische Geldstrafe in Höhe von 0,1 Prozent seines Bruttoinlandsprodukts aufbringen. Das entspricht im Falle Griechenlands etwa 200 Millionen Euro oder einem Vierzigstel seiner Militärausgaben.

Jetzt sind 200 Millionen für Sie und mich doch recht viel Geld, aber wie realistisch ist es anzunehmen, dass ein einziger griechischer Finanzminister folgende Überlegung anstellen wird: »Wenn ich jetzt wieder 30 Milliarden Euro neue Schulden aufnehme, dann muss mein Nachfolger in drei Jahren möglicherweise 200 Millionen Euro Strafe zahlen, wenn es ganz dicke kommt! Oje, das lass ich lieber, ich verzichte auf die Neuverschuldung.«

Alleine das sollte einem schon anraten, die Tragfähigkeit dieses Fiskalpakts in Frage zu stellen. Aber es kommt noch dicker. Wir können zwar gegen ein Land klagen, das seiner Verpflichtung, eine Schuldenbremse in seine Gesetze hineinzuschreiben, nicht nachkommt. Wenn dieses Land das aber getan hat, sich aber einfach nicht an seine eigenen Gesetze hält oder sie umgeht (siehe Deutschlands regelmäßige Störungen des gesamtwirtschaftlichen Gleichgewichts), dann können wir nicht mal klagen, dann haben wir einfach Pech gehabt.

Dieser Fiskalpakt ist das Papier nicht wert, auf dem er ausgedruckt wurde.

Um in unserem Bild des Mehrfamilienhauses mit der attraktiven Griechin zu bleiben, fassen wir den Fiskalpakt wie folgt zusammen: Das Einzige, was Sie künftig tun können, ist, auf dem Weg zur Arbeit bei ihr an die Haustür zu klopfen und zu rufen: »Aber gell, nicht so viel Geld ausgeben heute, sonst übernehme ich nächsten Monat deine Kehrwoche nicht.«

Jetzt ist der Moment für den Grappa. Salute!

AUSSTIEG AUS DEM EURO?

Es gilt also, so schnell wie möglich diesen Weg, der uns immer weiter geradeaus in die Sümpfe von Mittelerde führt, zu verlassen. Stattdessen sollten wir die mutige Entscheidung treffen, ob wir rechts oder links um den Sumpf herumgehen. Für beide Wege gibt es gute Argumente, und sie sind die einzige echte Wahl, die wir haben. Dieser Weg wird kein leichter sein, dieser Weg wird steinig und schwer. Mit vielen werden wir nicht einig sein, doch Europa bietet so viel mehr.

Lassen wir die kalauernde Lyrik hinter uns und sehen uns diese beiden Wege an. Da gibt es den Weg rechts um den Sumpf herum, er entspricht der etwas egoistischeren Variante in unserem Wohnhausbeispiel. Ich kann diejenigen gut verstehen, die keine Lust auf ein großes Europa haben und keine Liebesbeziehung mit Spanien und Griechenland eingehen wollen. Der eine oder andere mag denken: »Lasst mich doch mit den Italienern in Ruhe. Urlaub o.k., auf eine Pizza zum Italiener soll mir auch recht sein, aber dann ist auch gut.« Diese Sichtweise entspricht nicht der meinigen, es ist definitiv nicht mein Weg, aber ich kann diejenigen verstehen und respektieren, deren Weltanschauung es ist. Für die Europa ein bürokratischer Moloch ohne demokratische Legitimierung ist, von dem nichts kommt außer Glühbirnenverbote und Gurkenverordnungen. Die Argumente sind zu gewichten, die sagen, dass die Länder Europas zu unterschiedlich sind, die Sprachen zu einem babylonischen Durcheinander statt zur gegenseitigen Verständigung beitragen und dass wir in Europa nicht romantisch beseelt von »Vereinigten Staaten von Europa« träumen sollen, sondern lieber sehen, dass jeder sein eigenes Land auf Vordermann bringt und wir lediglich wie gute Nachbarn miteinander umgehen und uns in Grenzen gegenseitig unterstützen sollten. Eben genau wie die erste Variante im Gespräch mit der jungen Griechin in der Lindenstraße Nr. 6.

Dazu kann man stehen, aber wenn wir das wollen, dann müssen wir und die Politiker, die für diesen Kurs stehen, auch ganz klar dazusagen, was das bedeutet und wie wir das umsetzen werden. Es bedeutet, dass wir das Rad Europas bis zu jenem Punkt zurückdrehen müssen, an dem wir vor der gemeinsamen Währungseinführung waren. Wir müssten zurück zur reinen Europäischen Wirtschaftsgemeinschaft. Eine Gemeinschaft von Nachbarn, die weitgehend selbst über ihr Schicksal entscheiden und nur in wenigen gemeinsamen Interessenfeldern auf freiwilliger Basis zusammenarbeiten. Diese dann wieder völlig selbstverantwortlichen Staaten bräuchten zwingend ihre eigenen Währungen. Wir müssten den Euro auflösen, und das wäre diesmal wirklich »alternativlos«. Viele Eurobefürworter argumentieren hierzu stets, dass das schlicht unmöglich sei. Man könne aus verschiedenen Zutaten einen Kuchen backen, aber aus einem Kuchen nicht wieder die einzelnen Zutaten zurückgewinnen. Dieses Beispiel ist so anschaulich wie falsch. Selbstverständlich kann man eine Währungsunion wieder auflösen. Es wäre auch keineswegs das erste Mal in der Geschichte. Zuletzt 1993, als sich die Tschechoslowakei auflöste und in die beiden selbständigen Staaten Tschechien und Slowakei zerfiel. Im einen galt fortan die Tschechische Krone, im anderen die Slowakische Krone, die 2009 dem Euro weichen musste. Dort war es offenkundig möglich, eine gemeinsame Währung wieder auseinanderzudividieren.

Der Euro ist im Übrigen nicht der erste Versuch einer grenzüberschreitenden Gemeinschaftswährung in Europa. 1865 gab es bereits die »Lateinische Münzunion«, die zunächst eine Währungsunion zwischen Frankreich, Belgien, Italien und der Schweiz war. Dieser Währungsunion trat 1868 auch Griechenland bei. Politische Zeitgenossen jener Zeit bezeichneten diesen Beitritt wegen der in Griechenland herrschenden Korruption und Misswirtschaft als sehr fragwürdig. Der Amerikaner Henry Parker Willis schrieb seinerzeit über Griechenland: »Das Land ist in einem bemitleidenswerten Zustand: wirtschaftlich unseriös, von politischen Streitereien gelähmt und finanziell verrottet.« Da meint man doch ein Déjà-vu zu erleben.

Das Besondere dieser Münzunion und somit auch der Grund, warum sie recht lange Bestand hatte (je nach Definition bis 1914 beziehungsweise 1926), war ihre Edelmetalldeckung. In all diesen Staaten gab es Gold- und Silbermünzen mit exakt derselben Gewichtung der Einheiten. Daher war es einfach, die Münzen des Nachbarn auch im eigenen Staatsgebiet als gesetzliches Zahlungsmittel zu akzeptieren. Auf diese Goldmünzen wurden allerdings auch Banknoten (Geldscheine) ausgegeben. Gold- und Silbermünzen konnte jeder Staat nur in dem Maße prägen, in dem er auch Gold oder Silber besaß. Haben die Italiener also in großem Maße in Frankreich eingekauft, so haben sie in genau diesem Maße Gold und Silber bei der Bezahlung mit diesen Münzen nach Frankreich geliefert. Lediglich bei den Banknoten konnte man mogeln. Jede Banknote stellte nichts anderes dar als ein Recht zur Herausgabe einer entsprechenden Menge an Goldmünzen. Theoretisch dürfte ein Staat auch nur so viele Banknoten drucken, wie er über entsprechende Goldmünzen verfügte. Die Italiener, besonders aber die Griechen haben das ignoriert und in ihrer Finanznot wesentlich mehr Banknoten gedruckt, als sie Gold zur Verfügung hatten. Zwar waren die Banknoten im Gegensatz zu den Goldmünzen nur im jeweils eigenen Land gültig, dennoch führte das ungebremste Drucken von Banknoten in Italien und Griechenland zu hoher Inflation. Die Preise in Italien stiegen also stark an. Folglich hat man lieber in Frankreich oder Belgien eingekauft und seine Gold- und Silbermünzen dorthin getragen, denn die waren ja überall gültig. In der Folge kam es durch die starke Auslandsnachfrage auch in diesen Ländern zu einer importierten Inflation. Die anderen Staaten mussten also für Italiens und Griechenlands schlechte Finanzwirtschaft geradestehen. Nach einer Umschuldung und einem Totalbankrott folgte 1908 der Rausschmiss Griechenlands aus der Währungsunion. Wer möchte da noch behaupten, dass Geschichte sich nicht wiederhole?

Interessant zu sehen, was nach dem Rausschmiss der Griechen geschah. Sie konnten sich wirtschaftlich rasch erholen und wurden zwei Jahre später wieder in die Münzunion aufgenommen. Schau an!

Diese Lateinische Münzunion hatte genau die gleichen Webfehler wie die heutige Währungsunion. Schon damals träumte man den Traum von einer Europäischen Union mit einer »Europe« genannten Gemeinschaftswährung. Ein gemeinsames Staatengebilde sollte entstehen, dessen Leitung eine »Europäische Kommission« und ein »Europäisches Parlament« innehaben sollte. Doch dazu kam es nicht. Es blieb bei der Währungsunion völlig unterschiedlicher und selbständiger Staaten. Man hat es nie geschafft, die politische Union umzusetzen. Daraus entstanden die gleichen wirtschaftlichen Verwerfungen wie heute. Im Westen nichts Neues.

Doch wie sah das Ende der Lateinischen Münzunion aus? Man hat sich auch damals über viele Jahrzehnte nicht getraut, sie offiziell aufzulösen, da man große Sorge vor den Kosten und Folgen hatte. Erneut ein vertrautes Bild. Während die Gold- und Silbermünzen ihre Gültigkeit im jeweils anderen Land behielten, gingen die einzelnen Länder zunehmend dazu über, die Golddeckung für ihre jeweiligen Banknoten aufzuheben und sich der Druckerpresse zu bedienen. Faktisch existierten damit zwei Währungen. Man hat die Goldmünzen einfach weiter existieren lassen, in den einzelnen Ländern jedoch eine eigene Währung in Form von ungedeckten Banknoten installiert, die nur im jeweiligen Land Gültigkeit besaßen.

Übertragen auf unsere Zeit, hieße das, dass ein Auflösen der Währungsunion dadurch geschehen könnte, dass man den Euro einfach weiter bestehen lässt, aber jedes Land zusätzlich seine eigene Währung herausgibt. Die Neue Drachme, die Neue Lira und die Neue D-Mark. Der Euro bleibt bestehen und wird seinen eigenen Wechselkurs zu den jeweiligen Währungen entwickeln. Unrealistisch? Im Mai 2012 schlägt Thomas Mayer, damals Chefvolkswirt der Deutschen Bank, vor, in Griechenland zusätzlich zum Euro eine neue griechische Währung namens »Geuro« einzuführen, die Parallel zum Euro laufen solle. Wie sich Geschichte doch wiederholt.

In der Folge würde Griechenland seine Beamten mit der stark abwertenden Drachme bezahlen. Für das Ausland würde es wieder günstiger, in Griechenland einzukaufen. Aber dennoch würden alle alten Konten und Schulden weiter in Euro lauten. Der Hausbesitzer bekommt seine Miete ab sofort in immer wertloser werdender Drachme, muss aber seinen Hauskredit in Euro zurückbezahlen. Auch die Staatsanleihen Griechenlands würden zumindest zum Teil weiter in Euro bestehen bleiben, während die Steuereinnahmen als Drachmen hereinflössen. Das könnte Griechenland nur durch einen Schuldenerlass schaffen. Ein solcher Schuldenerlass würde jedoch weder für die griechischen Unternehmen noch die Bürger in Frage kommen. Diejenigen, die Schulden haben, müssten über lange Jahre diese Last tragen. Fassen wir zusammen: Es käme zu einem Wirtschaftsaufschwung durch wieder konkurrenzfähige Preise gegenüber dem Ausland, damit auch zu einer besseren Zukunft für den Staat, die Arbeiter und Rentner, sofern sie keine Schulden haben. Wer Geldguthaben besitzt (weiterhin in Euro), der kann damit innerhalb Griechenlands nun wesentlich mehr kaufen. Die Wohlhabenden können sich nun die Häuser unter den Nagel reißen, die der verschuldete Hausbesitzer nicht mehr finanzieren kann.

Was würde denn nun passieren, wenn der Euro weiter bestehen bliebe, aber Deutschland zusätzlich die Neue Mark einführte? Wie weiter vorne ausgeführt, würde diese Neue Mark sofort um etwa 20 Prozent gegenüber dem Euro aufwerten. Unsere internationalen Staatsschulden blieben in Euro bestehen. Schließlich wurden sie in dieser Währung ausgegeben. Die Schulden des deutschen Staates wären also schlagartig um 20 Prozent leichter. Das Gleiche gälte für die Schulden der Bürger und der Unternehmen. Ärgerlich wäre das jedoch für die Sparer. Deren Euro-Guthaben hätten jetzt eine entsprechend geringere Kaufkraft. Doch alle Renten, Löhne und Gehälter würden ab sofort in der neuen starken Mark ausbezahlt, und es würde zu einem Wohlstandszuwachs der Bevölkerung und somit der Binnenwirtschaft führen.

Fassen wir die Folgen für Deutschland zusammen: Der Staat, die Bürger und die Unternehmen haben schlagartig eine geringere Schuldenlast. Wer Geldguthaben besitzt, verliert einen Teil seiner Kaufkraft. Dennoch kommt es vermutlich zu einem Wirtschaftsaufschwung, weil der Staat nun wieder freier ist und investieren kann, die Bürger eine stärkere Kaufkraft ihrer Löhne, Gehälter und Renten erfahren, die den Rückgang beim Export (es wird für Ausländer nun teurer, in Deutschland einzukaufen) vermutlich ausgleichen könnten.

Ganz besonders tragisch wäre diese Entwicklung jedoch für die Besitzer von Renten- und Lebensversicherungen. Deren Geld ist eben im Wesentlichen auch in griechische, spanische, vor allem aber deutsche Euro-Staatsanleihen investiert. Diese verlieren entweder jeglichen Wert, weil dem griechischen Staat diese Schulden erlassen werden. Oder sie werden um jenen Prozentsatz wertloser, um den sich für den deutschen Staat die Schuldenlast durch die Abwertung des Euro erleichtert. Einfacher ausgedrückt: Sie bekommen zwar am Ende der Laufzeit immer noch die gleiche Menge an Euro ausgezahlt, da in Deutschland aber inzwischen die wertvollere Mark gilt,

können Sie mit diesem Euro nicht mehr so viel anfangen wie
gedacht.

Und hier beenden wir das Gedankenspiel für den Moment und
fassen die Ergebnisse zusammen: Es gab schon einmal vor
etwa 150 Jahren eine verblüffende Parallele zum Euro. Wie
auch damals würde diesmal eine Auflösung der Gemeinschaftswährung nicht durch seine schlagartige Abschaffung,
sondern durch Einführung zusätzlicher Währungen der einzelnen Länder erfolgen. Die Folgen daraus wären für einen Teil
der jeweiligen Bevölkerung eines Landes von Vorteil, für den
anderen von Nachteil. Die exakten finanziellen Folgen eines
solchen Schritts sind kaum zu kalkulieren, dennoch wäre dies
der mögliche Weg, um die Währungsunion in Europa wieder
aufzulösen, ohne dass es zum Untergang des Abendlandes
führen würde.

Wer also diesen Weg Europas um den Sumpf herum wählen
möchte, der muss ihn auch so beschreiten. Und das muss er der
Bevölkerung auch vermitteln und die entsprechenden Schritte
einleiten. Und wieder einmal wäre der Traum von der politischen Einheit Europas ausgeträumt – wie bereits vor hundert
Jahren. Unsere ziemlich besten Freunde außerhalb Europas
würden sich über eine solche Entwicklung sicherlich sehr freu-
en. Dass der endgültige Zerfall der Lateinischen Münzunion
seinerzeit mit dem Ersten Weltkrieg zeitlich einherging, war
hoffentlich nur eine zufällige Parallelität der Ereignisse.

Vielleicht sind wir in weiteren hundert Jahren weiterentwickelt und dann in der Lage, auch die politische und fiskalische
Union als zwingende Grundlage für ein einiges Europa mit
gemeinsamer Währung umzusetzen. Eines Tages wird diese
Entwicklung auf jeden Fall kommen. Wenn wir heute noch
nicht reif genug dafür sind, wird das später einmal der Fall
sein. Schade für die Generationen, die so lange unnötig auf
diesen Schritt warten müssen.

Wir sehen, der Weg rechts um den Sumpf herum ist möglich,

man kann es auch vertreten und nationale Interessen über die Bereitschaft zu einem gemeinsamen Miteinander stellen. Ich vertrete diese Einstellung nicht, respektiere sie aber.

Mir persönlich läge der andere Weg links – das ist hier keineswegs politisch gemeint, sondern zufällig in meinem Gleichnis so entstanden ;-) – um den Sumpf herum wesentlich mehr am Herzen. Wir sprechen ja schließlich von der romantischen Variante unserer Geschichte in der Lindenstraße Nr. 6. Wie könnte eine solche Beziehungskiste Europas sich entwickeln? Was erwartet uns auf diesem sicherlich nicht weniger anstrengenden Weg?

Jeder hat seine eigene Vorstellung, wenn wir von einem gemeinsamen Europa sprechen. Den einen schwebt die beängstigende Drohkulisse eines europäischen Superstaates vor Augen. Ein Staat wie Frankreich, in dem ein übermächtiges Zentralgestirn wie Brüssel alles regelt und kontrolliert, was im hintersten Winkel seines Reiches geschieht. Das Ganze noch möglichst ohne Kontrolle durch die Bürger. Bereits heute sind die europäischen Gremien weit entfernt von dem, was wir als demokratische Strukturen im Bürgerauftrag verstehen. Tatsächlich ist Europa gegenwärtig mehr ein bürokratisches Monster denn ein demokratisches Konstrukt.

Aber am Ende liegt es an uns Bürgern, wie wir dieses künftige Europa gestalten. Es liegt an uns, es mitzubauen und die Dinge, die wir für unsere Vorstellung eines künftigen Europas erwarten, laut, vernehmlich und, wenn es sein muss, etwas aggressiver einzufordern.

Wenn wir es nicht mitgestalten, werden andere das nach ihren Vorstellungen tun. Und wie diese Gestalten dann Europa gestalten, das gestaltet sich möglicherweise ganz unangenehm. Deshalb halte ich es für wichtig, Europa nicht rundum abzulehnen nach dem Motto: »Wird eh nicht so, wie ich das will, also bin ich ganz dagegen und halt mich raus.« Sondern mit einem trotzig optimistischen Motto: »Ein gemeinsames Europa ist sinnvoll, aber nur, wenn es richtig gemacht ist. Ich werde mich einmischen und lautstark meinen Teil dazu beitragen, *dass* es richtig gemacht wird. Und bildet euch nicht ein, ihr könntet mich loswerden!«

Also machen wir uns doch mal Gedanken, wie dieses Europa aussehen sollte. Ist es wirklich erstrebenswert, alle und alles gleichzumachen? Ist es erstrebenswert, dass die Spanier und Portugiesen genauso »produktiv« werden wie wir ach so fleißigen Deutschen? Ich denke, nein. Einer der größten Vorteile Europas ist eben gerade seine Unterschiedlichkeit, die einerseits eine große Stärke darstellt, andererseits aber auch nicht so dramatisch ausfällt, dass sie ein Miteinander völlig unmöglich machen würde. Was ist sinnvoller? Ein Wald in Form einer Monokultur nur mit Kiefern oder ein Mischwald mit vielen unterschiedlichen Baumsorten und Spezies? Natürlich Letzteres. Alle profitieren voneinander eben durch ihre Verschiedenheit. So ist es überall in der Natur. Von Wald über die Landwirtschaft bis zur Tierwelt. Die Unterschiedlichkeit hat große Vorteile gegenüber Monokulturen. Das gilt in der Wirtschaft genauso. Ein Staat, der nur von wenigen Exportgütern lebt, ist höchst anfällig. Je bunter seine Wirtschaft aufgestellt ist, desto gesünder und widerstandfähiger ist er. Warum soll das nicht auch für unsere Europäische Gemeinschaft gelten?

Wer einmal samstags auf dem Wochenmarkt im französischen Arles war, der wird fasziniert sein von dem bunten und gleichzeitig so beschaulichen Treiben. Überall werden Fische und Schalentiere auf Holztischen mit ein wenig Eis angeboten – der deutsche Wirtschaftskontrolldienst würde vermutlich sofort die Quarantäne über der Innenstadt verhängen –, Gemüse, Gewürze, Käse, Wurst in allen Varianten. Die Menschen diskutieren miteinander, probieren hier ein wenig, dort einen Bissen und genießen es, in aller Ruhe die besten Produkte auszuwählen. Danach sitzt man noch bei einem Espresso in einem der zahlreichen Straßencafés rundherum, bevor es wieder zur Familie nach Hause geht. Ist diese Lebenskultur, dieses Sich-Zeit-Nehmen für die Genüsse des Lebens, nicht etwas, das uns Deutschen und Nordeuropäern nicht auch guttäte? Es ist doch sinnvoll für Europa, dass die Franzosen sich diese Muße für die Auswahl der Lebensmittel, deren Frische und Qualität nehmen. Würde Europa ihnen das durch kurzsichtige Beschlüsse nehmen und ihnen verbieten, die Waren zum Anfassen und ohne allzu große Beschränkungen feilzubieten, würden sie auf die Barrikaden gehen.

Würden wir das auch tun? Wie sieht der Einkauf bei den meisten Familien in Deutschland an einem Samstagmorgen aus? Schnell mit dem Auto zum Supermarkt auf der grünen Wiese, den Einkaufswagen durchs Gedränge an der Kühltheke vorbeigeschoben. Vollgeladen mit industriell gefertigter Nahrung. Wann haben Sie das letzte Mal beim Einkaufen Gewürze probiert, anstatt die sterilen runden Metalldosen ungeprüft in den Einkaufskorb zu legen? Dazu fehlt die Muße. Wir haben selten Zeit, nach dem Einkauf noch einen Cappuccino im Straßencafé zu trinken. Zu Hause wartet die Steuererklärung oder zumindest der Rasen, der gemäht werden muss.

Weder das eine noch das andere ist verkehrt oder zu belächeln. Im Gegenteil. All das hat seine Berechtigung, aber ist es nicht ein großer Vorteil, all diese Dinge miteinander zu teilen und vom jeweils anderen etwas zu lernen? Wir können von den freundlichen Menschen in Arles lernen, das Leben etwas mehr zu genießen, den Lebensmitteln wieder mehr Wert beizumessen und mit einer kritischen Auswahl, die Zeit kostet, auch für eine insgesamt bessere Qualität der angebotenen Ware zu sorgen. Kleine Delikatessenzulieferer zu ermöglichen, die im hektischen Massenshopping keine Chance finden.

Der Franzose kann von unserem vermeintlichen Drang zur Perfektion auch lernen und für sich Anregungen finden, Dinge besser zu machen. Also vielleicht doch lieber einen Edelstahltisch für den Fisch zu verwenden als das morsche Holzbrett oder einfach ein wenig »produktiver« zu arbeiten, ohne gleich die ganze Lebensweise in Frage zu stellen.

Darüber hinaus wird es ganz praktisch überhaupt nicht möglich sein, die absolut gleiche Produktivität in allen Teilen Europas zu schaffen. Unterschiede wird es immer geben, aber sie dürfen auch nicht unüberwindbar groß sein. Es ist völlig unrealistisch, dass ein Rohbau in Südfrankreich oder Spanien bei Sommertemperaturen von über 40 Grad in derselben Geschwindigkeit fertiggestellt werden kann wie im klimatisch gemäßigteren Österreich. Dafür ruhen dort in den verschneiten Wintermonaten die meisten Außentätigkeiten, die in Portugal weitergeführt werden können. Strukturen, Temperaturen, Mentalitäten und grundlegende Lebensweisen lassen sich auch mit Zwang nicht zu 100 Prozent vereinheitlichen, und das ist gut so.

Bleibt die Frage, wie man diese vorhandenen Produktivitätsunterschiede auf ein gesundes Maß reduziert und wie man die restlichen Ungleichgewichte ausgleicht, denn das wird man tun müssen. Die Europäische Union war schon immer eine Transferunion – lange vor ESM und EZB. Schon als Europäische Wirtschaftsunion gab es jedes Jahr milliardenschwere Transferzahlungen. Und schon damals flossen die meist von Deutschland aus in Richtung Süden.

Selbst innerhalb der Bundesrepublik Deutschland ist es uns in all den Jahrzehnten nicht gelungen, eine gleiche Produktivität und wirtschaftliche Stärke in allen Bundesländern zu erreichen. Noch immer sind Bayern und Baden-Württemberg kraftstrotzende Regionen, in denen man mitleidig auf die wirtschaftliche Leistungskraft des Saarlands und von Mecklenburg-Vorpommern schaut. Obwohl in all diesen Bundesländern die meisten Grundlagen wie Steuern, Sozial- und Rechtssysteme identisch sind, gibt es aus vielerlei Gründen zahlreiche Unterschiede. Diese Strukturdefizite werden in einem solidarischen System – Länderfinanzausgleich – zumindest teilweise ausgeglichen. Dieses System ist sicherlich nicht perfekt und führt seinerseits wieder zu etlichen Fehlanreizen. Dennoch sorgt dieser Ausgleich dafür, den gesellschaftlichen Konsens, den sozialen Frieden und die Gemeinschaft Bundesrepublik Deutschland zusammenzuhalten. Kaum jemand – zumindest außerhalb Bayerns – käme auf die Idee, die Bundesrepublik wieder aufzulösen, damit Baden-Württemberg nicht für das Saarland aufkommen muss. Die Vorteile eines solchen Gemeinwesens überwiegen den Kostenaspekt. Die Bürger haben – wenn auch grummelnd – den Solidaritätszuschlag für den Aufbau der neuen Bundesländer akzeptiert. Unsere gesamte »soziale Marktwirtschaft« beruht auf dem humanistischen Grundgedanken, dass der Stärkere dem Schwächeren hilft. Es geht nicht darum, beide so lange auszugleichen, bis kein Unterschied mehr da ist. Das wäre Kommunismus und würde von den Menschen zu Recht nicht akzeptiert werden. Aber ein Ausgleich, der es dem Schwächeren ermöglicht, seine grundlegenden Bedürfnisse zu decken und ein menschenwürdiges Leben zu führen, ist die Grundfeste unserer friedlichen Gesellschaft. Auch dem Reichen geht es besser, und er lebt sicherer, wenn der Ärmere nicht um sein Überleben kämpfen muss.

Die wichtigste Grundlage für ein solch solidarisches System ist auch hier wieder Gerechtigkeit. Solange ich weiß, dass der andere dieselben Regeln einhalten muss wie ich, dass wir also im selben Boot sitzen, bin ich bereit, ihn als Schwächeren zu unterstützen. Wüsste ich als Baden-Württemberger aber, dass der Saarländer mit fünfzig in Rente gehen könnte, seine Steuersätze die Hälfte von meinen betrügen und der Staat ohnehin dort nicht so genau hinschaut, wenn er sich das ganze Jahr in die Hängematte legt und die Hand aufhält, würde ich mich zu Recht fragen: »Ah, wie hämmas donn?!«

Transferzahlungen machen nur dann Sinn, wenn sie auf Augenhöhe unter gleichen Voraussetzungen stattfinden. Trans-

ferzahlungen auf schiefen Ebenen führen zu einem ungebremsten Abfluss von Geld und zum Aufstand der »Gebenden«, die eine solche Ungerechtigkeit nicht lange schultern
werden. Bestenfalls ist man zu Almosen wie in der Entwicklungshilfe bereit, wo man den »armen Kindern in Afrika« ein
paar Krümel zukommen lässt. Das hat aber nichts mit den
Transferzahlungen zu tun, die in der Europäischen Union flie
ßen müssten. Hier reden wir über nennenswerte Beträge, die
erstens auf ein Minimum zur Existenzsicherung beschränkt
sein müssen und zweitens erst dann aufgenommen werden
dürfen, wenn jene Augenhöhe hergestellt ist. Wenn die Arbeitsmarktgesetze vergleichbar sind, wenn die Steuersätze
ähnlich sind, wenn es – wie in Griechenland nötig – überhaupt
eine vergleichbare Steuerbehörde gibt. Wenn die Sozialsysteme ebenso vergleichbar sind wie das Renteneintrittsalter. Es
gibt hier viel zu tun, bevor ein Transfersystem, ähnlich dem
deutschen Länderfinanzausgleich, sinnvoll wird.

Ohnehin bleibt noch immer die Frage im Raum, ob es für diese Föderierten Staaten von Europa eine gemeinsame Währung
braucht. Es wäre auch für dieses Modell wesentlich einfacher,
die Länder zueinander zu führen, hätten sie ihre eigenen Währungen. Die vorhandenen Unterschiede in all jenen Bereichen,
die wir auch gar nicht ändern wollen, könnten wir viel einfacher durch eigene Währungen ausgleichen. Das würde uns
eine Menge Transferzahlungen ersparen. Denken wir noch
einen kurzen Moment zurück an die deutsche Wiedervereinigung. Hier hatten wir einige Monate lang darüber diskutiert,
in den neuen Bundesländern die Ostmark beizubehalten. Und
auch hier ging es aus politischen Gründen nicht, da die neuen Bundesbürger mit einer Völkerwanderung gen Westen
drohten, wenn sie nicht sofort die D-Mark erhalten sollten.
»Kommt die D-Mark nicht zu uns, kommen wir zu ihr.« Die
Folge war, dass die wirtschaftlich extrem schwachen Ostbetriebe nun mit einer für ihre Leitungsfähigkeit völlig über-

bewerteten Währung operieren mussten. Sie waren damit kaum wettbewerbsfähig. Diesen Unterschied zwischen der Leistungsfähigkeit des Ostens und seiner nun viel zu hohen Währung mussten wir seitdem mit inzwischen etwa 1,5 Billionen Euro Transferzahlungen von West nach Ost ausgleichen. Wäre in den neuen Bundesländern weiterhin die schwache Ostmark erhalten geblieben, wäre es zu einem großen Boom gekommen. Die Währung hätte zur Leistungsfähigkeit gepasst, und zusätzlich hätte man nun die komplette Rechtsstaatlichkeit der Bundesrepublik genossen. Es wäre für Leute aus dem Westen wie aus dem Ausland sehr attraktiv gewesen, in den neuen Bundesländern einzukaufen oder zu investieren. Mit den entstehenden blühenden Landschaften – Kohl hätte bei Beibehaltung der Ostmark recht behalten – wäre diese Währung parallel mit der wirtschaftlichen Entwicklung immer weiter angezogen, bis beides in etwa dem Stand Westdeutschlands entsprochen hätte. Dann hätte man, wenn unbedingt gewünscht, die gemeinsame Währung umsetzen können. Wir hätten uns zwar längst nicht alles, aber einen großen Teil der Transferzahlungen sparen können.

Wenn man es zu Ende denkt, dann wäre es auch heute durchaus sinnvoll, wenn in den unterschiedlichen Bundesländern eigene Währungen gelten würden. Viele gehen noch weiter und denken an zahllose Regionalwährungen. Irgendwann wird es aber einfach zu komplex und unübersichtlich, was den Handel in der Tat behindert. Daher ist es durchaus sinnvoll, eine gemeinsame Währung in einem Bereich einzuführen, der weitgehend homogen ist und »im Gleichschritt« marschiert. Ob das beim Vergleich von Bayern und Mecklenburg-Vorpommern noch gegeben ist, darüber mag man streiten. Aber wir sehen, dass diese Unterschiede, sobald sie nicht durch unterschiedliche Währungen austariert werden, nur durch Transferzahlungen ausgeglichen werden können, wie eben in Deutschland zwischen den wohlhabenden und den ärmeren

Bundesländern. Sobald diese Transferzahlungen zu groß werden, gefährdet das die Solidarität und den sozialen Frieden. Dann kommt es zu jenen berüchtigten Forderungen Bayerns, den Transferausgleich einzustellen oder zumindest deutlich zu kürzen.

Die unterschiedlichen Währungen würden ein Zusammenwachsen Europas wesentlich vereinfachen, so wie zwei unterschiedliche Deutsche Mark die Wiedervereinigung erleichtert hätten. Das bedeutet nicht, dass es mit einer gemeinsamen Eurowährung völlig unmöglich ist, aber der Kraftakt fällt wesentlich schwerer aus, und die Transferzahlungen zum Ausgleich der fehlenden Währungspuffer werden in die Billionen gehen. Ob die Bevölkerung dazu bereit ist, sei mit Blick auf die Diskussionen um den deutschen Länderfinanzausgleich einmal mehr in Frage gestellt. Immerhin würden wir im europäischen Einigungsprozess über eine XXL-Variante des Finanzausgleichs sprechen.

Vielleicht fragen Sie sich, wieso wir denn überhaupt Transferzahlungen leisten sollen. Wieso soll nicht jeder alleine für sich selbst verantwortlich sein?

EUROPÄISCHE WERTE

Es ist ein elementarer Kern unseres europäischen Wertesystems, dass der Stärkere dem Schwächeren hilft. Diese Solidarität ist eine der wichtigsten Errungenschaften der europäischen Völker und hebt uns in wohltuender Weise von den meisten anderen Weltmächten ab. Das humanistische Weltbild Europas, dessen grundlegende Erkenntnis darin liegt, dass es mir bessergeht, wenn es auch meinem Nachbarn zumindest nicht schlecht geht, ist der Garant für sozialen und militärischen Frieden, und es ist die Grundlage für ein Zusammenwirken von Menschen in dieselbe Richtung.

Es ist dieser Humanismus, der seinen Ursprung in der Antike hat und sich bis heute in keiner anderen Region der Welt so fortentwickelt hat, wie in unserem heutigen Europa zu beobachten ist. Schon die erste Grundstufe des Humanismus erklärt den Zusammenhang:

Das Glück und Wohlergehen des einzelnen Menschen und der Gesellschaft bilden den höchsten Wert, an dem sich jedes Handeln orientieren soll.

Aber auch weitere Grundlagen dieser alten Idee der Menschheit haben nirgendwo sonst eine solche Entwicklung genommen wie in Europa:

- Die Würde des Menschen, seine Persönlichkeit und sein Leben müssen respektiert werden.
- Der Mensch hat die Fähigkeit, sich zu bilden und weiterzuentwickeln.
- Die schöpferischen Kräfte des Menschen sollen sich entfalten können.
- Die menschliche Gesellschaft soll in einer fortschreitenden Höherentwicklung die Würde und Freiheit des einzelnen Menschen gewährleisten.

Denken wir an die USA, wo ein gesellschaftlicher Konsens ganz anderer Art herrscht. Hier bemüht sich jeder, einen möglichst großen Bissen vom Apfel abzubeißen. Wer kräftiger zubeißt, hat eben mehr. Wenn er gütig ist, lässt er per »Charity« ein paar Brosamen fallen, um sein Gewissen zu beruhigen. Wer nicht kräftig zubeißt, weil er nicht will oder kann, hat eben Pech gehabt. Die aus europäischer Sicht unverständliche aggressive Stimmung gegen eine staatliche Krankenversicherung für die Ärmsten der Armen sei hier beispielhaft genannt. Wenn jeder an sich selbst denkt, ist am Ende auch an alle gedacht.

In China geht es keineswegs besser zu, ganz im Gegenteil. Der Einzelne zählt nichts, beim Einsteigen in den Bus wird wild um sich geschubst und geboxt, und wer so dumm ist, eine Lücke zu lassen, ist selbst schuld, wenn sich ein anderer reindrängt. Das steht sinnbildlich für ein ganzes Gesellschaftsmodell. Auch in Indien hat niemand ein Problem damit, einen protzigen Palast direkt neben ein Slumviertel zu bauen. Jeder ist sich selbst der Nächste, und was gehen mich die anderen an. Spricht man hinsichtlich Amerikas von einer Ellbogengesellschaft, hat man in vielen Ländern Asiens noch Dornen an die Ellbogen geschnallt.

Dieser humanistische Gerechtigkeitsgedanke ist auch der Grund, warum es in Europa als unanständig gilt zu protzen. Über Geld spricht man nicht. Reichtum hat dezent stattzufinden. Ein zu großes Auto wird mit Argwohn gesehen. Warum? Nicht, weil ein anderer ein größeres Auto hat als man selbst. Es wird erst dann in Frage gestellt, wenn es vermeintlich *zu* groß ist. Wenn der Unterschied zwischen dem Durchschnitt und dem da oben zu groß ist, dann kommt ein Gefühl der Ungerechtigkeit auf. Oft nennen wir dieses Gefühl Neid. Der gesellschaftliche Konsens ist in Frage gestellt. Und dieser gesellschaftliche Konsens ist wichtig für die weitere Entwicklung.

Die Grundfrage des Humanismus ist seit der Antike die Frage: Was ist der Mensch? Was ist sein wahres Wesen? Wie kann der Mensch dem Menschen ein Mensch sein?

Sollten wir da nicht stolz darauf sein, welche Entwicklung die Menschlichkeit – das Mensch-Sein – in Europa genommen hat?

Und ja, ein wesentlicher Punkt darin ist es eben, dem Schwächeren beizustehen. Das bedeutet längst keine kommunistische Gleichmacherei. Man soll nicht von einem Extrem ins andere fallen, sondern wie so oft den goldenen Mittelweg suchen. Jeder soll sich frei entfalten können und für seine Arbeit und Leistung entlohnt werden. Das Streben des Menschen nach einer besseren Zukunft, das »Haben-Wollen« ist der Urantrieb unserer Spezies. Jeder wünscht sich, dass es ihm (oder seinen Kindern) morgen besser geht als heute.

Was das bedeutet, das definiert jeder für sich anders, aber dieser Drang nach einem besseren Morgen, danach, ein schnelleres Auto »haben zu wollen«, eine weitere Reise »haben zu wollen«, gesünderes Essen »haben zu wollen«, mehr freie Zeit zur Selbstverwirklichung »haben zu wollen« – dieser Drang treibt uns alle an. Er sorgt für Fortschritt, Leistungen und die Entwicklung unserer Zivilisation und Gesellschaft.

Wenn man den Menschen das nimmt und ihre Leistungen zu keinen Veränderungen ihrer Zukunft mehr führen, dann stockt die gesellschaftliche Entwicklung, wie es der Kommunismus in aller Welt bewiesen hat. Lässt man dieses »Haben-Wollen« aber unreguliert ausufern, wird es zur »Gier«. Gier bedeutet, ich möchte etwas so unbedingt haben, dass ich dafür bereit bin, andere und vielleicht sogar das große Ganze zu schädigen. Wenn Sie an die Handlungen großer Banken, Hedgefonds, Heuschrecken-Investoren oder auch den einen oder anderen Großkonzern denken, wissen Sie, was ich meine. Das gesunde »Haben-Wollen«, das Sichentwickeln, ohne andere zu schädigen, ist gut. Das übersteigerte »Haben-Wollen«, die

Gier, ist schädlich. Da aber längst nicht jeder in unserer Gesellschaft den Humanismus gleichermaßen entwickelt hat, genügt es eben nicht, sich auf die guten Kräfte zu verlassen. All jene, die den Humanismus nicht verinnerlicht haben – und von dem Ideal einer durch und durch humanistisch durchdrungenen Gesellschaft sind wir noch etliche Generationen entfernt – würden die »Gutmenschen« gnadenlos ausbeuten, gäbe es nicht entsprechende wehrhafte gesellschaftliche, also gesetzliche, Regelungen.

Genau dieses Aufeinanderprallen der Systeme erleben wir seit den 1990er Jahren mit erschreckender Konsequenz. Seit Beginn der Globalisierung kamen große amerikanische und in neuerer Zeit auch asiatische Konzerne nach Europa, für die es selbstverständlich war, dass nur ein Ziel gilt: vom Apfel ein möglichst großes Stück abzubeißen. Ob das Logo eines bekannten Elektronikkonzerns hierfür sinnbildlich stehen soll, muss sein Designer beantworten.

Eine gewisse Ironie beinhaltet es allemal. Es war schon immer völlig normal, dass ein Firmenchef mehr verdient als seine Angestellten. In den USA hat sich dieses Gefüge aber aufgrund einer in dieser Hinsicht unregulierten Gesellschaft vollkommen pervertiert. Hat in den 1980er Jahren der Vorstandsvorsitzende eines der großen Unternehmen etwa das Vierzigfache des Durchschnittsverdienstes seiner Mitarbeiter verdient, stieg dieses Einkommen innerhalb von 25 Jahren auf das 500-Fache. In einem Land, in dem es keine soziale Kontrolle durch ein gesellschaftsweit verbreitetes humanistisches Grundmodell gibt, stellt das auch niemand in Frage. In Europa haben sich mit dem Einfall der amerikanischen Konzerne auch deren wirtschaftliche Logik und Selbstverständnis breitgemacht. Nur jene Unternehmen in Europa konnten noch mit der Konkurrenz von Übersee mithalten, die entweder ein konkurrenzloses Geschäftsmodell hatten oder sich schnellstmöglich den Regeln der anderen anpassten. Die noch immer exis-

tente soziale Selbstkontrolle in der »alten Welt« hat die Ge-
haltsexzesse hierzulande ein wenig gebremst. Dennoch setzt
sich auch bei uns eine Unkultur kurzfristigen Denkens durch.
Welche unsinnige Bedeutung haben Quartalsergebnisse bei
Unternehmen wie beispielsweise Automobilfirmen, deren
Produktzyklen viele Jahre dauern? Der Unternehmer alter
Schule hat sein Unternehmen mit Weitsicht auf die Zukunft
ausgerichtet. Er hat investiert, wann immer er es für nötig
hielt. Das hat zwar kurzfristig Geld gekostet, für die nächsten
Jahre aber gute Gewinne und ein gesundes Unternehmen ver-
sprochen, auch für die Mitarbeiter. Heutige Kurzzeitmana-
ger – andere verwenden den Begriff »Durchlauferhitzer« –
sehen sich nur noch den Finanzmärkten verantwortlich, und
die wollen immer schneller immer höhere Gewinne. Also
wird auf vielleicht langfristig dringende Investition verzichtet
und die Zitrone – sprich der Mitarbeiter – gepresst, solange er
noch Saft gibt. Der Aktionär freut sich, und wenn das Unternehmen langfristig nicht mehr funktioniert – was soll's? Der
Manager und die Aktionäre wechseln zur nächsten Melkkuh.
Der Arbeiter und die Angestellten der unteren Ebenen bleiben
zurück, müssen den Gürtel immer enger schnallen, bis sie am
Ende doch auf der Straße sitzen.

Vielen kapitalgeführten Firmen fehlt es heute an einer Verantwortung für ihre Mitarbeiter, für die Gesellschaft. Das, was
ein familiengeführtes Unternehmen früher als soziale Verantwortung im Rahmen einer humanistischen Denkweise verstanden hat, kommt heute durch den Zusammenprall der wirtschaftlichen Kulturen zunehmend unter die Räder. Die Politik
muss endlich verstehen, was geschieht. Dass die unkontrol-
lierte Deregulierung zum Zusammenbruch unserer humanistischen Werteordnung führt. Die Wölfe drängen ins Gehege und
freuen sich, dass sie sich hier ohne Gegenwehr austoben können. Während sie zu Hause nur auf ihresgleichen treffen und
somit ein Gleichgewicht der Starken entsteht, wundern wir

uns auf dieser Seite des Atlantiks darüber, dass diese Firmen so rücksichtslos sind und gar nicht an die Mitmenschen denken. Es wird höchste Zeit, dass die Politik ihrer grundlegensten Aufgabe nachkommt. Jeder soll sich frei und selbstbestimmt entwickeln können, aber ohne dabei andere oder das Gesamtwesen zu schädigen. Diese Leitplanken zu setzen, jenen Einhalt zu gebieten, die über diese Grenzen hinausgehen und gierig in Kauf nehmen, den gesellschaftlichen, humanistischen Konsens *unseres* Wertesystems zu gefährden, ist die wichtigste Aufgabe der Politik.

Diese Werte Europas gilt es zu bewahren. Eine soziale Marktwirtschaft ist der goldene Mittelweg zwischen den beiden Extremen »Sozialismus« auf der einen Seite und dem reinen »Kapitalismus« auf der anderen. Eine ausgewogene Mischung wird zur Sozialen Marktwirtschaft auf Grundlage eines humanistischen Weltbilds.

Sind die unterschiedlichen Sprachen dabei wirklich ein Hindernis? Ich glaube nicht. Denken wir daran, dass es alleine auf dem vergleichsweise winzigen Gebiet der Schweiz vier (!) unterschiedliche Sprachräume gibt. Deutsch, Französisch, Italienisch und Rätoromanisch. Stellt das für die Schweiz etwa ein unüberwindbares Hindernis dar? Warum sollte es dann für Europa eines sein.

Am Ende wird Europa immer ein Kontinent tausender Facetten bleiben. Deutschland ist mir hier in vielen Fällen ein passendes Beispiel. Seit der Gründung des Deutschen Reichs unter Bismarck 1871 ist Deutschland eine wenn auch immer mal sich verändernde Einheit mit vielen gleichen Gesetzen, Steuern und Strukturen. Dennoch ist es in Deutschland bis heute nie gelungen, alles »gleich«zumachen. Das war in kultureller Hinsicht auch nie gewollt.

2. CHANCEN FÜR EUROPA

STRUKTURFEHLER:
UNSER SCHULDGELDSYSTEM

Doch die Probleme in Europa gehen weit über unser Euro-Problem hinaus. Zur falschen Währung kommen auch noch die hohen Schulden. Hier sprechen wir allerdings von einem Problem, das inzwischen sämtliche entwickelte Staaten teilen. Bemerkenswert ist, dass die akute angespannte Staatsschuldenkrise in Europa ihren Ursprung in den USA hat. Amerikanische Politiker stellen sich vor die Kameras und fragen besorgt in Richtung Europa: Was macht ihr da eigentlich? Europa gefährde den amerikanischen Aufschwung, sagen sie. Und packen gerne noch segensreiche Ratschläge mit dazu. Ich darf höflich, aber bestimmt daran erinnern, dass der Auslöser der aktuellen Situation seine Ursache in einem zusammengebrochenen Schneeballsystem namens »US-Häusermarkt« hatte. Amerikanische Banken haben unter Mittäterschaft der amerikanischen Politik ein völlig irrsinniges Geschäftsmodell über die amerikanischen Bürger gestülpt. Verbriefungen dieser Immobilienkredite durch amerikanische Banken, die anschließend von amerikanischen Ratingagenturen mit vermeintlichen Gütesiegeln versehen wurden, haben wiederum amerikanische Banken wie Goldman Sachs rund um den Globus und ganz besonderes nach Europa verkauft, während sie selbst längst auf den Zusammenbruch dieses Systems wetteten. Die IKB (Deutsche Industriebank AG) und andere deutsche Banken werden sich ungern daran erinnern. Die Hintergründe habe ich in meinem Buch »C(r)ashkurs« detailliert und launig aufbereitet, das möchte ich hier nicht seitenschindend wiederholen. Wichtig ist: Erst durch diesen Zusammenbruch des US-Schneeballsystems und der damit verbundenen Lehman-Pleite sind in Europa die Banken wie die Dominosteine gepurzelt. Nun mussten diese Finanzinstitute durch große Staatsgelder

gerettet werden. Erst das war der Grund, warum beispielsweise Irlands Staatsverschuldung um 70 Prozent in die Höhe ge-
schossen ist. Die durch Amerikas Husarenritt erzeugte Welt-
wirtschaftskrise war der Auslöser für die aktuelle Situation.
Es ist schon ein Meisterstück der Propaganda – Verzeihung,
heute heißt das politisch korrekt »Marketing« –, dass dieser
Zusammenhang völlig in Vergessenheit geraten ist und stattdessen Europa jetzt als Sündenbock durchs Dorf gejagt wird.
Doch am Ende spielt es eine herzlich geringe Rolle, wer wo-
für der Auslöser war. Wichtig ist, die Fehlentwicklungen zu
verstehen und zu beseitigen. Aber davor steht die Erkenntnis.
Das Thema Euro haben wir für den Moment hinreichend beleuchtet. Wie sieht es also mit diesen Schulden aus. Wo kommen die her, wo gehen die hin und vor allem: warum?

Staatsverschuldung USA (Bundeshaushalt)

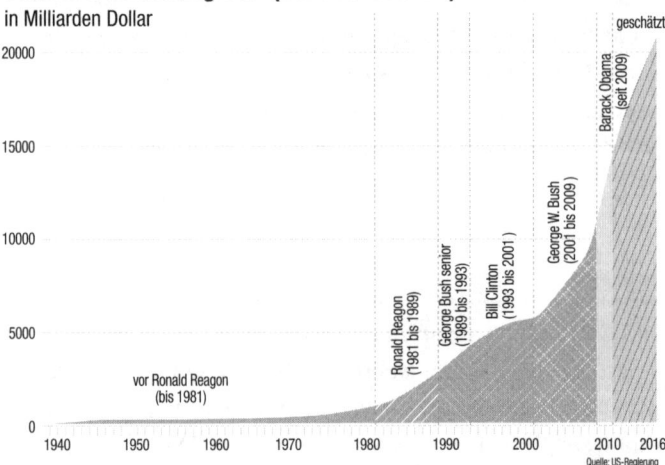

Am Beispiel der amerikanischen Verschuldung wird klar, welche Dynamik dahintersteckt. Wer sich diese Grafik ansieht,
der erkennt eine mathematische Funktion, die er möglicherweise noch aus der Schule kennt: eine exponentielle Kurve,
die Eulersche Zahl e. Die Grundlage für eine mathematische

Funktion, deren Ergebnis mit immer höherer Geschwindigkeit zunimmt.

Das kennen wir aus der Mathematik, der Biologie, der Chemie und der Physik. Wo immer diese Entwicklung auftaucht, ist jedem sofort klar: Ein unendliches exponentielles Wachstum kann es in einem geschlossenen System nicht geben, vorher bricht das System zusammen.

An dieser Stelle könnte ich die Erläuterungen zum legendären Josephspfennig wiederholen oder eben zum x-ten Male auf »C(r)ashkurs« verweisen, um die explosive Kraft des Zinseszinses zu erläutern. Stattdessen wollen wir uns auf die Frage konzentrieren: Wo kommen all die Schulden her? Wie und warum entstehen sie überhaupt?

Unser gesamtes Weltwirtschaftssystem basiert heute auf einem Schuldgeldsystem. Geld wird nicht einfach gedruckt und verteilt, so wie es vielleicht früher der König tat, als er Gold und Silber einfach zu Münzen prägen ließ, mit denen er dann einkaufen ging, seine Soldaten und Bediensteten bezahlte, die dann mit ihrem erarbeiteten Geld auch einkaufen gingen. Davon erhob er wieder Steuern, und so flossen die Goldstücke wieder zu ihm zurück. Schulden hatte der König so erst einmal keine. Geld ist ohne Kredit entstanden, wurde geprägt und ausgegeben, solange der König über ausreichend Metall verfügte. – Historiker mögen mir die stark vereinfachte Darstellung nachsehen.

Doch das ist heute anders. In einem Schuldgeldsystem entsteht Geld ausschließlich durch Kreditaufnahmen. Nirgends wird Geld einfach vom Staat gedruckt und ausgegeben. Dann hätte der Staat ja auch keine Schulden. Vielmehr muss der Staat, wenn er heute – jenseits der Steuereinnahmen – Geld ausgeben will, einen Kredit bei den privaten Banken aufnehmen. Diese lassen das Geld wie von Zauberhand entstehen, aber dem steht nun eine Schuldforderung an den Staat gegenüber. Einen Teil dieses so geschaffenen Geldes leihen sich die

Banken selbst von der Zentralbank (der Bundesbank oder der
EZB). Diese erschafft dann das Geld und verleiht es an die
private Bank. Wieder ist also parallel mit dem geschaffenen
Geld ein Kredit – Schulden – in exakt gleicher Höhe entstanden.

Eine kleine Ausnahme bilden lediglich die Geldmünzen. Die
darf der Staat selbst prägen und ausgeben. Der daraus entstehende Gewinn (Wert der Münzen abzüglich Metall- und
Prägekosten) fließt in den Staatssäckel. Der Anteil der Münzen
am gesamten umlaufenden Geld ist verschwindend gering und
auch gesetzlich begrenzt. Anfang 2013 kam es jedoch zu einem
Kuriosum. In den USA existiert eine Gesetzeslücke. Der Staat
darf Platinmünzen selbst prägen und ausgeben. Und bei diesen
eigentlich für Sammlerzwecke gedachten Platinmünzen hatte
der Gesetzgeber offenkundig vergessen, eine solche Beschrän-
kung einzufügen. Theoretisch hätte der amerikanische Staat
lediglich 16 Platinmünzen mit dem Nominalwert von je einer
Billion-US$ prägen können und wäre seine Schulden mit
einem Schlag losgeworden. Selbst der Wirtschaftsnobelpreis-
träger Paul Krugman hatte sich für diese Möglichkeit starkgemacht. Nach heftigen Diskussionen in einschlägigen Medien und schließlich auch bei den Politikern erklärte das Weiße
Haus, davon keinen Gebrauch machen zu wollen.

So kommen wir zu der Erkenntnis, dass, von solchen Kuriosi-
täten abgesehen, alles Geld, das in unserem System zirkuliert,
zuvor durch Kreditaufnahme entstanden ist. Allen Schulden
auf der Welt stehen exakt genauso viele Geldguthaben gegenüber. Wenn Amerika, wie aktuell, 16 Billionen US$ Schulden
hat, dann hat irgendjemand 16 Billionen US$ Geldguthaben
als Ansprüche in Form von Staatsanleihen gegen Amerika.
Wenn Deutschland jährlich 30 oder 40 Milliarden Euro Zinsen bezahlt, bekommt irgendwer diese Zinsen ausbezahlt. Sie
sehen, es ist ein absolutes Nullsummenspiel. Schulden und
Geldguthaben stehen sich wie bei einem Spiegel eins zu eins

gegenüber. Also können wir uns ganz entspannt zurückleh-
nen, die Krise ist gar keine, denn es gleicht sich ja alles aus.
Oder?

Vermögensverteilung

Erwachsene Bevölkerung nach Zehntel, Anteile am Gesamtvermögen in Prozent, 2002 und 2007*

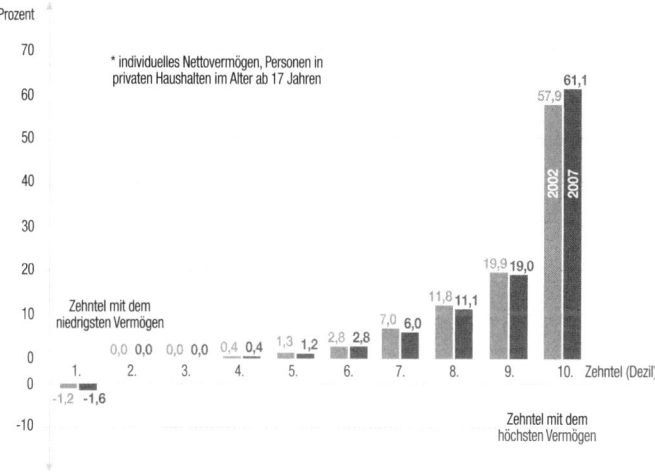

Leider nein. Das Perfide an unserem System und damit der
Kern des Problems ist die Tatsache, dass sich diese Schulden und Guthaben sehr ungleich verteilen. So haben wir in
Deutschland beispielsweise knapp 5 Billionen Euro Geldvermögen der privaten Haushalte. Dazu kommen noch über
6 Billionen Euro an Sachvermögen wie zum Beispiel Immobilien. Eine Menge Kohle. Liegt die bei Ihnen? Ihre Bank würde
sich freuen. Tatsächlich ist dieses Geld sehr ungleich verteilt.
Die Hälfte der Deutschen Bevölkerung besitzt von diesem
Vermögen so gut wie nichts. Diese Hälfte (wir sprechen nur
von den Erwachsenen) besitzt zusammengenommen nur etwa
ein Prozent. Die reichsten 10 Prozent der Bevölkerung hingegen besitzen zwei Drittel des Geldes. Die reichsten 0,1 Prozent (etwa 67 000 Personen) verfügen allein über mehr als
22 Prozent des Reichtums.

Keine Angst, das soll keine linke Hetzschrift werden, und Sie müssen auch keine Sorge haben, dass im Hintergrund die »Internationale« erklingt. Es ist lediglich eine nüchterne Erklärung unseres Finanzsystems. Es gibt vielfache Gründe und Ursachen für diese extreme Ungleichverteilung. Der Volksmund sagt:»Der Teufel scheißt immer auf den größten Haufen.« Das meint nichts anderes als: Wo Geld ist, kommt durch Zinsen und Geldanlage eben sehr schnell immer mehr hinzu. Die unteren Einkommensschichten haben gar keine Chance, ein Vermögen aufzubauen, das sich verzinsen könnte. Jeder Euro, der reinkommt, wird sofort wieder für die Lebenshaltungskosten ausgegeben. Wer weit mehr verdient, als er auch mit gutem Lebensstil ausgeben kann, dessen Haufen wird schnell immer größer und wirft jährlich mehr Zinsen ab, die im Jahr darauf wieder viele Junge bekommen (Zinseszinseffekt, siehe oben). Gab es früher sehr kinderreiche Familien, wurde im Erbfall das Vermögen des Vaters auf viele Kinder verteilt, wodurch sich das Vermögen des Einzelnen verringerte. Heute sind es oft Einzelkinder, die das Vermögen beider Elternteile erben. Heiratet nun ein Vermögender Jungerbe eine vermögende Jungerbin – beides Einzelkinder –, kommen die Vermögenswerte beider Familienstränge in einem Punkt zusammen.

Auch die Besteuerung ist ein wesentlicher Faktor. Während auf Arbeitseinkünfte hohe Steuersätze von bis zu 45 Prozent zuzüglich Soli und Kirchensteuer erhoben werden, sind auf Kapitaleinkünfte nur 25 Prozent zuzüglich obiger Abgaben fällig. Mit Arbeit lässt sich also wesentlich schwieriger Geld verdienen als durch Zinseinkünfte.

Wie erwähnt besitzt die Hälfte der Bevölkerung überhaupt kein Geld. Das ist schon ärgerlich genug. Richtig fies wird es aber erst dadurch, dass alle Bürger gleichermaßen für die Zinseinkünfte der wenigen zur Kasse gebeten werden. Wir erinnern uns: All diesem Geldvermögen der wenigen stehen irgendwo genauso viele Schulden gegenüber. Es gehören all jene zu den Gewinnern des Systems, die im Laufe des Jahres mehr Zinsen für ihr eigenes angelegtes Geld bekommen, als sie auf der anderen Seite an Zinsen für Kredite bezahlen. Wenn Sie nun denken, Sie hätten gut gewirtschaftet, keine Schulden und sogar ein kleines Sümmchen zu wenn auch bescheidenen Zinsen angelegt und würden daher zwangsläufig zu den Gewinnern zählen, werde ich Sie vermutlich enttäuschen müssen.

Für Sie als Bürger spielt es überhaupt keine Rolle, wo in unserem System diese Schulden liegen. Sie zahlen sie immer. Das macht es so schön überschaubar. Die Zinsen auf Ihre eigenen Schulden zahlen Sie natürlich selbst. Darüber brauchen wir gar nicht zu diskutieren. Sie sind der Ansicht, Sie hätten keine Schulden? Irrtum! Der Staat hat in Ihrem Namen jede Menge Schulden gemacht, und für die bürgen Sie. Deshalb sind Sie ja auch der »Bürger«. An dieser Stelle kann man den Politikern nicht vorwerfen, sie würden uns nicht die Wahrheit sagen. Wir hören nur manchmal nicht richtig zu.

Die Zinsen des Staates zahlen Sie natürlich mit einem Teil Ihrer Steuern. Die Zinsen der Industrie bleiben obendrein auch noch an Ihnen kleben. Nehmen wir ein Unternehmen, das beispielsweise Mineralwasser vertreibt. Diese Firma hat Kredite aufgenommen, um den Brunnen zu kaufen, Abfüllanlagen zu bezahlen und die Speditionshalle. Die Zinskosten für diese Kredite hat das Unternehmen natürlich auf den Preis der Mineralwasserflasche umgerechnet. Das bezahlen Sie an der Kasse im Supermarkt. Sie sehen: Egal, wo im System sich die Schulden befinden, auf dem einen oder anderen verschlungenen Weg stehen diese am Ende bei Ihnen auf der Matte.

Jetzt überschlagen Sie bitte noch einmal, ob Sie für Ihr angelegtes Geld wirklich mehr Zinsen bekommen, als Sie auf all den anderen Wegen an Zinsen im Laufe eines Jahres bezahlen. Wenn Sie nun noch immer zum Ergebnis kommen, dass Sie zu den wenigen Nettogewinnern unseres Schuldgeldsystems gehören, kann ich Sie nur beglückwünschen.

Der Bürger zahlt also die Zinslast des gesamten in Umlauf befindlichen Geldes bzw. der Schulden. Das ist am Anfang des Systems, wo nur vergleichsweise wenige Schulden existieren, noch recht überschaubar. Geldtheoretiker wie Helmut Creutz behaupten, dass in den 1950er Jahren ein durchschnittlicher deutscher Haushalt etwa 10 Prozent seines Einkommens für diese Zinslast im Gesamtsystem ausgeben musste. Heute sollen es 40 Prozent sein. Auch wenn diese Zahlen immer wieder umstritten sind, leuchtet doch ein, dass die Belastung der Bürger im Verhältnis zu ihrem Einkommen stark zugenommen haben muss, wenn die Wirtschaftsleistung sich seit jener Zeit etwa verachtfacht hat, die Schulden und Geldvermögen aber um mehr als das 46-Fache gestiegen sind. Das ist einer der wesentlichen Gründe, warum wir immer schneller im Hamsterrad rennen müssen und dennoch oft nicht in der Lage sind, den Lebensstandard zu halten. Wie kann es sein, dass es in einem reichen Land wie Deutschland Menschen gibt, die trotz 40 Stunden Arbeit in der Woche ihre Familie nicht ernähren können und einen Zweit- oder Drittjob brauchen oder gar die Aufstockung des Einkommens durch den Staat?

Unser Reichtum, unser technischer Fortschritt explodiert geradezu. Denken wir an die iPads oder an technische Entwicklungen rund um die Fahrzeugsicherheit. Wir können heute Krankheiten heilen, die vor wenigen Jahren noch als sichere Todesursache galten. Eigentlich müsste es unserer Gesellschaft dadurch immer besser gehen. Aber das Gegenteil ist der Fall. Viele Menschen müssen den Gürtel immer enger schnallen. Der Staat muss immer mehr Leistungen einschränken und kann seinen ureigenen Aufgaben nicht mehr nachkommen, wie ein Blick in unsere Schulen oder auf die Schlaglöcher unserer Straßen zeigt. Unlängst führte ich ein Gespräch

mit einem Polizeidirektor, der ein wenig aus dem Nähkästchen plauderte. Die Stellenstreichungen und Sparmaßnahmen
bei unseren Polizeibehörden haben längst ein Ausmaß angenommen, das die Aufrechterhaltung der öffentlichen Ordnung
in Frage stellt. Die Lücken werden aktuell auf den Überstundenkonten der verbleibenden Beamten ausgetragen, die sich
zu riesigen Bergen türmen und am Ende weitgehend wertlos verfallen. Das führt zu erhöhtem Krankenstand und einer
Überalterung der Einsatzkräfte. Hinter vorgehaltener Hand
warnte er massiv vor den Folgen für die öffentliche Ordnung,
wenn die allgemeine Sicherheitslage in Deutschland sich auch
nur marginal verschlechtern würde. Die Polizei ist bereits in
unseren ruhigen Zeiten jenseits ihrer Belastungsgrenze. Wie
sieht das aus, wenn es aufgrund der wirtschaftlichen Entwicklung zu unruhigeren Zeiten kommen würde?

Nur ein immer kleiner werdender Teil der Bevölkerung profitiert noch von der Entwicklung der Wirtschaft. Ich finde es
schon zynisch, wenn ein CSU-Abgeordneter im Bundestag im
Zusammenhang mit dem Armutsbericht der Bundesregierung
verlautbart, dass von einer Armutsschere in Deutschland keine Rede sein könne und viele Menschen auf der Welt froh
wären, wenn sie eine soziale Unterstützung wie in Deutschland hätten. Das klingt wie die Mutter, die sagt: »Jetzt iss den
trockenen Brotkanten, die hungernden Kinder in Afrika wären
froh, sie hätten ihn!« Es ist schon erschreckend, auf welchem
Niveau politische Debatten häufig geführt werden. Natürlich
ist es gut, ein humanistisches Sozialsystem zu haben – das wir
auch aufgrund der oben geschilderten Zusammenhänge immer weiter zurückfahren müssen –, aber es wäre besser, die
Menschen wären erst gar nicht darauf angewiesen, sondern
hätten ein Einkommen, mit dem sie sich ohne staatliche Unterstützung ernähren könnten. Die Masse der Menschen wurde davon längst abgehängt. Die untere Hälfte der Bevölkerung
hat nie eine Chance, selbst ein Geldvermögen anzuhäufen, auf

das sie einmal Zinsen bekommt. Aber sie müssen einen immer schneller wachsenden Zinsgewinn derjenigen bezahlen, die Geldvermögen ihr Eigen nennen. Das geht so lange, bis die Gesellschaft diese Last nicht mehr tragen kann.

Daher ist es ein großer Fehler, wenn unsere Politiker, aber auch die Finanzmedien immer nur auf die Staatsverschuldung schauen. Wie hoch sind die Schulden des spanischen Staates, wie hoch die des deutschen? Nein, die Frage muss vielmehr lauten: Wie hoch sind die Gesamtschulden innerhalb Spaniens, Deutschlands oder der USA? Hier wird es erst richtig abenteuerlich. Die Gesamtverschuldung der USA – also die Schulden des Staates plus die Schulden der Bürger, der Industrie und der Banken – beträgt inzwischen fast 400 Prozent des Bruttoinlandsprodukts. Das ist die wahre Belastung, die die amerikanische Gesellschaft stemmen und finanzieren muss. Das ist so hoch wie nie zuvor in der Geschichte der Vereinigten Staaten von Amerika. Die daraus resultierende Zinslast kann keine Gesellschaft langfristig tragen. Jetzt verstehen Sie sicherlich, warum inzwischen 46 Millionen Amerikaner – 15 Prozent der Gesamtbevölkerung – von Lebensmittelmarken abhängen. Aber auch all die anderen Staaten der entwickelten Welt sehen hier nicht besser aus. Die Gesamtverschuldung beträgt in Großbritannien und Japan beinahe 500 Prozent, in Spanien 370 Prozent, in Deutschland über 280 Prozent, und selbst die Schweiz liegt durch eine enorme Verschuldung ihrer Bürger bei über 300 Prozent. Sie sehen, diese Entwicklung läuft unabhängig von der wirtschaftlichen Leistungskraft des Landes, unabhängig von einer guten oder schlechten Haushaltsführung. Sie ist die Folge eines falschen Geldsystems. Mit steigenden Geldvermögen wachsen zwangsläufig die dagegenstehenden Schulden, und die daraus resultierenden Zinsen muss eben irgendjemand bezahlen.

Dass es nur eine Frage der Zeit ist und nicht etwa der »ordentlichen Haushaltsführung«, an welchem Punkt der Verschuldungsspirale ein Land steht, zeigen beispielsweise Indien, Brasilien, Russland und China, Letztere mit fast bescheidenen 160 Prozent Gesamtverschuldung. China nimmt auch erst seit seiner Öffnung vor etwa 25 Jahren an dem Spiel teil. Auch Indien (129 Prozent), Brasilien (142 Prozent) und Russland (71 Prozent) als »Schwellenländer« sind erst seit relativ kurzer Zeit »im Spiel« (Zahlen von 2008).

Ist es da nicht faszinierend, dass ausgerechnet die größten Schuldnernationen wie Japan, Großbritannien und die USA noch immer die besten Ratings der Agenturen genießen?

Neben möglichen politischen Gründen dieser Bewertungen steckt dahinter auch eine ganz perfide Logik. Und die hat Alan Greenspan, der ehemalige Chef der amerikanischen Notenbank Fed, einmal in aller Deutlichkeit und entwaffnender Ehrlichkeit in einem TV-Interview genannt. Er sagte: »Die Wahrscheinlichkeit für einen Zahlungsausfall der USA liegen bei null Prozent. Das ist überhaupt keine Frage. Wir können jederzeit jede beliebige Menge Geld drucken, die wir zur Bezahlung unserer Schulden brauchen.« Das ist doch faszinierend. Offenkundig überprüfen die Ratingagenturen im Wesentlichen nur, ob Sie die 100 US$, die Sie einem Staat geliehen haben, eines Tages zurückbekommen oder nicht. Ob Sie sich für diese 100 US$ dann noch ein Hemd oder lediglich ein Brötchen werden kaufen können, spielt augenscheinlich keine Rolle. Daher haben jene Länder, die über eine eigene Druckerpresse (Notenbank) verfügen und obendrein fast ausschließlich in eigener Währung verschuldet sind, keine Probleme mit ihrem Rating. Haben sie jedoch viele Darlehen in fremden Währungen aufgenommen, die sie eben nicht selbst drucken können, oder haben sie wie Spanien keine eigene Druckerpresse mehr, wird es eng für sie.

Daher ist es auch nicht korrekt zu sagen, die Chinesen hätten die USA in der Hand, weil sie doch über eine Billion amerikanischer Staatsanleihen besitzen und dieses Geld zurückfordern könnten. Was würde passieren, wenn der chinesische Botschafter plötzlich mit mehreren Reisekoffern voller Staatsanleihen vor der Tür des Weißen Hauses stünde? Der Finanzminister würde kurz nach hinten zur Fed durchrufen:»Jungs, schmeißt die Druckerpresse an, zwei Wochen dürften reichen!« Und den Chinesen mit den Wäschekörben voller frischer Dollarnoten oder einer schmucken Platinmünze nach Hause verabschieden. Wir erinnern uns an John Conally, Richard Nixons Finanzminister, und seinen treffenden Satz aus den 1970er Jahren:»Der Dollar ist unsere Währung, aber euer Problem!«

Doch zurück zu den erdrückenden Schuldenbergen. Wir erkennen, dass wir kein Schuldenproblem haben, denn allen Schulden stehen ja genauso viele Guthaben gegenüber. Wir haben also lediglich ein Verteilungsproblem.

Schulden und Geldguthaben stehen sich auf der Welt gegenüber wie in einem Spiegel. Geld kann nur durch neue Schulden entstehen. Das bedeutet aber auch, dass Schulden nur durch die Vernichtung von Geldguthaben wieder verschwinden können. Geld und Schulden sind untrennbar miteinander verbunden. Daher muss ich oft lachen, wenn Politiker zu erklären versuchen, man könne die Schulden durch Sparen in den Griff bekommen. Das mag für die vielgerühmte schwäbische Hausfrau durchaus gelten, aber eben nicht für ein Finanzsystem. In vielen Ländern der Welt ist diese Schulden-Guthaben-Spreizung bereits so weit ausgeufert, dass die Menschen und somit der Staat, der für sie steht, dies nicht mehr stemmen können.

Die Folgen sehen wir in Griechenland, Spanien, aber auch in Deutschland und den USA. Dieser Zusammenhang ist der absolute Kern der aktuellen weltweiten Schuldenkrise. Um das Problem zu lösen, gibt es nur einen Weg. Die Spreizung der Schere zwischen Geldvermögen und Schulden muss wieder verringert werden. Einfacher ausgedrückt: Es müssen Schulden abgebaut werden. Da Schulden und Geldvermögen genauso eng miteinander verbunden sind wie Lucky Luke und sein Schatten, ist es vollkommen klar, dass man innerhalb des Systems Schulden nur abbauen kann, indem man Geldguthaben abbaut. Schulden und Guthaben müssen im gleichen Maße gegeneinander neutralisiert werden. Das geschieht seit Jahrhunderten im Wesentlichen immer wieder auf drei mögliche Arten.

Variante 1: Schuldenschnitt. So wie es Griechenland gemacht hat. Griechenland entscheidet beispielsweise, einen Teil seiner Schulden zu streichen. Sagen wir einmal Schulden im Wert von 100 Milliarden Euro werden gestrichen. In der gleichen Sekunde werden 100 Milliarden Euro an Geldvermögen gestrichen. Nämlich bei all jenen, die diese Anleihen von Griechenland besessen haben. Das können Banken, Privatpersonen, Unternehmen oder eben auch Lebensversicherungen sein. Der Schuldner Griechenland freut sich, er ist seine Belastung los. Den Schaden haben dann eben die Kunden jener Lebensversicherung. Schulden und Guthaben wurden ersatzlos vernichtet.

Variante 2: Durch Steuererhöhungen. Der Staat führt eine Zwangsabgabe für Reiche ein. »Sie besitzen drei Millionen Euro? Herzlichen Glückwunsch! Ab Morgen haben Sie nur noch zwei Millionen. Den Rest ziehen wir als Steuer ein, um unsere Staatsschulden zu tilgen.« Auf diese Weise verschwinden vom Konto des Bürgers eine Million Euro. Gleichzeitig zahlt der Staat eine Million Euro seiner Schulden bei einer Bank zurück. Eine Million Schulden und Guthaben wurden neutralisiert. Schulden und Guthaben wurden ersatzlos vernichtet.

Da aber sowohl Variante 1 als auch Variante 2 in der Vergangenheit häufig zur Situation »Rübe runter« für so manchen Staatsfürsten geführt hat – wenn auch neuzeitlich eher im übertragenen Sinne –, verlagert man sich seit geraumer Zeit lieber auf

Variante 3: Inflation. Das Wort kommt aus dem lateinischen »inflare« = aufblasen. Jetzt ist das ein Begriff, der einem recht gerne in den Sinn kommt, wenn man über Politik nachdenkt, hier rührt es jedoch eher vom Aufblasen der Preise. Preise für Waren werden teurer. Wer die Hintergründe der Inflation auf unterhaltsame Art näher beleuchtet haben möchte, dem empfehle ich einmal mehr das Buch – na, Sie wissen schon … Aber wie kann ich mit sich aufblasenden Preisen Schulden und Guthaben neutralisieren?

Stellen Sie sich vor, Sie hätten eine Million Euro Schulden. Ihr Nachbar, der Sack, hat hingegen eine Million Euro Guthaben auf der Bank. Für Sie bedeutet das manch schlaflose Nacht, für Ihren Nachbarn auch, allerdings aus einem anderen Grund. Der lässt jeden Abend in der City die Puppen tanzen. Doch eines Morgens wachen Sie auf, gehen zum Bäcker und stellen überrascht fest, dass sich die Brötchenpreise ziemlich aufgebläht haben. Ein Brötchen kostet plötzlich eine Million Euro – zugegeben, wir haben die Inflationsgäule hier ein wenig sehr galoppieren lassen. Ihr Schuldenberg ist auf einmal sehr überschaubar geworden. Ihr Nachbar ist immer noch Millionär, aber sein Lebensstil hat sich mächtig verändert. Wir haben niemandem etwas weggenommen, keine Schulden gestrichen, keine Guthaben weggesteuert, und dennoch ist es uns auf wundersame Weise gelungen, Schulden und Guthaben gleichermaßen zu neutralisieren. Schulden und Guthaben wurden ersatzlos vernichtet.

Wie erzeugt man aber nun eine solche Inflation? Man kann versuchen, möglichst viel neues Geld in »die Märkte zu pumpen«. So würde es flapsig heißen. Aber ist das, erstens, so einfach? Und, zweitens, was bedeutet das denn? Nehmen wir an, eine Zentralbank – nennen wir sie EZB – will Geld »drucken« und »in den Markt pumpen«. Wir haben gesehen, dass Geld eben *nicht* einfach erzeugt und verteilt wird, sondern nur durch Kreditaufnahme entsteht. Also muss die EZB die Banken oder andere Marktteilnehmer dazu animieren, neue Kredite aufzunehmen, damit sie Geld schöpfen und an diese Banken verleihen kann. Das kann sie tun, indem sie das neue Geld zu sehr günstigen Bedingungen anbietet. Also zu extrem niedrigen Zinsen. Und genau das tut die EZB auch. Die Banken können sich jede beliebige Summe zu einem Zinssatz von weniger als einem Prozent von der EZB leihen. Aber nun müssen diese Banken ja dennoch irgendetwas anstellen, um dieses eine Prozent zuzüglich eines kleinen oder größeren Gewinns zu verdienen. Am besten wäre es, sie könnten das Geld an Bürger oder Unternehmen zu ebenfalls günstigen Zinsen verleihen. Das tun sie auch. So gibt es dann Immobilienkredite für schmale 2,5 Prozent. Das veranlasst tatsächlich einige Bürger, sich nun doch ein Haus zu kaufen, da die Zinsbelastung ja so schön niedrig ist. In der Folge steigen die Hauspreise an, weil eine zusätzliche Nachfrage entstanden ist. Inzwischen liegen die Immobilienpreise beliebter Lagen in Deutschland jenseits von Gut und Böse. Durch die wachsenden Hauspreise steigen auch die Mieten ein wenig an, denn irgendwie will der Hauskäufer seinen völlig überzogenen Kaufpreis ja wieder reinholen. Also haben wir im Bereich Häuser und Mieten sich aufblähende Preise und somit etwas Inflation. Aber das ist nur ein kleines Tröpfchen auf den heißen Felsen. So viel Geld können die europäischen Häuslebauer gar nicht aufnehmen. Besonders, da jene in Spanien, Portugal und anderswo bereits vollkommen abgesoffen sind mit ihren Immobilieninvestitionen der vergangenen Jahre. Die kommen bestimmt nicht auf die Idee, sich erneut auf ein solches Abenteuer einzulassen. Und selbst wenn, würde ihnen die Bank bei der Schieflage, die jene Hausbesitzer bereits haben, schon aus Risikogründen gar keinen Kredit mehr gewähren. So kommt das neue Geld also nicht unters Volk. Das Gleiche gilt für Pkw-Kredite und Ähnliches. Natürlich verlockt es in Zeiten billiger Kredite, sich ein neues Auto oder eine Einbauküche

zu kaufen. Doch solange die Zeitungen voll sind mit Horror-
meldungen über Europa und die Konjunktur, wird sich der
Bürger zweimal überlegen, ob er ein solches Risiko eingeht.
Was, wenn er morgen wegen der Krise seinen Job verliert?
Man weiß ja nie ... Also lieber auf Nummer sicher gehen und
keinen Kredit für ein neues Auto aufnehmen, das alte ist doch
noch ganz gut in Schuss, und die Küche wirft auch mit der
kleinen abgebrochenen Ecke an der Arbeitsplatte noch immer
leckere Schinkennudeln ab.

Die EZB kann zwar die Eimer mit dem Wasser bereitstellen,
aber saufen müssen die Pferde schon selbst. Das wollen die
jedoch gerade nicht aus oben genannten Gründen, und somit
führt das billige Geld noch nicht zur Inflation.

Die Banken können also nun versuchen, im Parallelschwung
mit risikobereiten Hedgefonds dieses billige EZB-Geld auf
andere Art gewinnbringend einzusetzen. Zum Beispiel durch
Investition an der Börse. Man kauft Aktien, und heutzutage
gehören ja auch Rohstoffe zum guten Anlegerton. Die Un-
geheuerlichkeiten um die skandalösen Spekulationen mit Lebensmitteln würde ich hier mit besten Grüßen an die Deutsche
Bank gerne vertiefen, das führte uns aber hier zu weit vom
Thema weg. Es sind nun also die Hedgefonds und andere
Spekulanten, die sich dieses billige Geld von den Banken leihen und damit Aktien, Kupfer und Erdöl kaufen, in der Hoffnung auf noch mehr billiges Geld in der Zukunft und folglich
noch stärker steigenden Preise wegen noch mehr Spekulanten.
Diese Rechnung geht nun tatsächlich eine Zeitlang auf. Die
Preise für Aktien, Kupfer und Erdöl steigen deutlich an. Der
Fabrikant muss mehr Geld ausgeben für seine Rohprodukte
und den Transport seiner Waren. Folglich muss er die Preise
etwas anheben, schließlich will er seine Kosten wieder herein-
bekommen. Die Preise im Supermarkt steigen.

An dieser Stelle ein kleiner Verweis auf die offiziellen Infla-
tionsraten, die Sie nicht allzu ernst nehmen sollten. Hier wird

kräftig gemogelt. Die offizielle Inflationsrate 2011 und 2012 liegt in Deutschland bei etwa 2 Prozent. Die Discounter haben nach eigenen Angaben ihre Preise über das gesamte Sortiment in diesen Jahren aber jährlich um 4 bis 5 Prozent erhöht. Und das sind die Mehrkosten, die Sie als Verbraucher wirklich haben. Hier könnten wir gerne auch noch über Benzinpreise und Energiekosten im Allgemeinen diskutieren. Lassen Sie sich da von staatlichen Finanzakrobaten nichts auf die Backe malen.

Wir kommen jetzt zum großen entscheidenden Unterschied zwischen jener Inflation, die der Staat bräuchte, und jener Inflation, die wir aktuell erzeugen. Die steigenden Preise im Supermarkt wären kein Problem, wenn sie durch verstärkte Nachfrage der Bürger entstehen würden. Wenn die Löhne, Gehälter und Renten anstiegen und dadurch mehr Nachfrage und höhere Preise entstünden, wäre alles halb so schlimm. Denn die Bürger könnten sich diese höheren Kosten ja auch leisten. Aber das Gegenteil ist der Fall. Ganz besonders gilt das bei unseren Nachbarstaaten. Die Bürger verfügen eben über nicht mehr Lohn. Im Gegenteil. Die Staaten kürzen ihre Ausgaben und entlassen Zigtausende Staatsbedienstete. Also haben die schon mal nicht mehr Geld zur Verfügung. Außerdem werden Renten gekürzt, die Arbeitslosenzahlen steigen rapide, und die Löhne der verbleibenden Arbeitnehmer werden drastisch heruntergefahren. Wir haben also den exakt gegenteiligen Effekt. Die Menschen können sich schon die bisherigen Preise nicht mehr leisten. Doch die explodierenden Warenkosten, entstanden durch die anziehenden Rohstoffpreise, die wiederum Folge des billigen Notenbankgelds sind, verkraften sie absolut nicht mehr. Sie können einfach keine Waren mehr kaufen. Die aus demselben Grund (Ölpreis) steigenden Tank- und Energiekosten verschärfen die Situation zusätzlich.

Wir sehen also eine schrumpfende Wirtschaft mit fallenden

Einkünften der Verbraucher und gleichzeitig leicht ansteigenden Warenpreisen durch die billigen Spekulationsgelder. In Fachkreisen nennt man eine solche Entwicklung »Stagflation«. Stagnierende oder schrumpfende Wirtschaft bei gleichzeitig steigenden Preisen. Das ist die schlimmste aller Möglichkeiten, denn sie führt zu einer Verelendung der Bevölkerung und im weiteren Verlauf zur Zerstörung der wirtschaftlichen und industriellen Basis. Denn was bedeutet das für ein Unternehmen? Es muss höhere Preise für seine Rohprodukte bezahlen, kann sie aber nicht an die Verbraucher weitergeben. Zunächst sinken die Gewinnmargen. Sobald die aufgezehrt sind, arbeitet das Unternehmen mit Verlust und wird den Betrieb einstellen. Wieder ein paar hundert Arbeitslose mehr in Europa und ein Konkurrent weniger für die amerikanischen oder asiatischen Unternehmen. Denn dort lacht man sich tot über das, was wir in Europa gerade machen. Auch in Asien schafft man billiges Geld. Die Chinesische Nationalbank schürt Konjunkturpakete, die Bank von Japan druckt Billionen an Yen und kauft damit nicht nur Anleihen, sondern auch gleich selbst Aktien, um die Kurse zu treiben. Die amerikanische Notenbank Fed hat ihre Bilanzsumme in den letzten Jahren verdreifacht. Ein Geldsegen jagt den nächsten. Mit einem Unterschied zu Europa: Dort gibt es nicht einmal den Ansatz eines Sparprogramms für die staatlichen Haushalte. Ganz im Gegenteil. Man tut alles, um die Konjunktur anzukurbeln.

REINDUSTRIALISIERUNG, FRACKING UND ENERGIEAUTARKIE DER USA

Die USA sind gerade dabei, sich neu zu industrialisieren. In den letzten Jahrzehnten kam es zum Niedergang der amerikanischen Industrie, da man sich zunehmend auf den Sektor »Konsum« verlegt hatte. Die Produktion hatte man im Wesentlichen den Asiaten überlassen. Doch hier hat ein Umdenken stattgefunden. Seit wenigen Jahren ist Amerika bemüht, wieder eine eigene schlagfähige Industrie aufzubauen. Ein wesentlicher Schritt dazu war die Erschließung neuer Energiefelder. Amerika hat sich vorgenommen, vom größten Energieimporteur der Welt zum Exporteur von Energie zu werden, und man ist auf dem besten Weg dorthin.

Durch die mehr als umstrittene Technologie des »Frackings« konnten die USA riesige Öl- und Gasvorkommen auf dem eigenen Territorium erschließen. Beim Fracking wird eine Mischung aus Quarzsand, Wasser und Chemikalien unter hohem Druck in den Boden gepresst. Dadurch wird das Gestein in der Tiefe aufgesprengt und das dort gebundene Öl und Gas nach oben geschwemmt. Wenn Ihnen das aufgrund der Chemikalien gefährlich oder gesundheitsschädlich erscheint, dann liegen Sie vollkommen richtig. Diese Fördermethode ist mehr als umstritten, aber mehr noch als in Europa steht in den USA der Profit des einzelnen Konzerns vor der Gesundheit der Bevölkerung, wenn seine Taschen nur tief genug, seine Anwälte skrupellos genug und seine Politikkontakte hochkarätig genug sind. Und zurzeit versuchen dieselben amerikanischen Unternehmen, die in den USA an vorderster Fracking-Front stehen, den Widerstand in der deutschen Politik und Bevölkerung gegen die gefährliche Technologie zu brechen. Und sie bespielen dabei die ganze Klaviatur ihrer Lobbyinstrumente, um am Ende auf deutschem Boden die gleichen

Chemikalien einsetzen zu dürfen, unser Gas zu fördern und
es uns dann zu verkaufen. Die negativen Folgen für die Menschen zeigt die sehenswerte arte-Dokumentation »Gas-Fie-
ber« auf.

Die Folgen für die amerikanische Wirtschaft hingegen sind
überaus positiv. Durch den unglaublichen Gasüberschuss fiel
der Gaspreis in den USA in sich zusammen und ist aktuell um
ein Drittel billiger als in Europa. Welchen enormen Kosten-
vorteil das für Unternehmen in einer Zeit bedeutet, in der
Energiepreise zum wesentlichen Faktor der Produktionskosten zählen, kann man sich vorstellen. Schon kommen die
internationalen Firmen wie Autobauer und besonders energieintensive Branchen wie Aluminiumproduktion in Scharen
in die USA, um dort ihre Werke zu errichten. Unternehmen,
die in Europa die Pforten schließen, werden in den USA wieder eröffnen.

Ein kleiner Einschub sei an dieser Stelle noch zur geostrategischen Bedeutung dieser Energieautarkie der USA gesagt. Seit
den 1970er Jahren sind die USA stark daran interessiert, die
Situation im Nahen Osten und anderen Regionen, die für die
Energieversorgung der USA von Bedeutung sind, zu sta-
bilisieren. Das tun sie mit enormem finanziellem Aufwand
durch den Unterhalt großer Militärverbände und Militärbasen
vor Ort. Dazu gehören auch ausgedehnte Militäroperationen
wie der Irakkrieg und viele andere militärische Konflikte,
die – auch aus amerikanischer Wählersicht – zahllosen jungen
Amerikanern das Leben kosten. Damit einher geht der Hass
vieler Menschen rund um die Welt auf die USA, gerade in den
arabischen Ländern.

Welches Interesse haben die USA noch an dieser Doktrin,
wenn sie auf eigenem Boden genug Öl und Gas fördern, um
sich komplett und preiswert selbst zu versorgen? Man könnte
die Flottenverbände aus der Straße von Hormus abziehen.
Was würde es die letzte aktuell verbliebene Supermacht dann

noch stören, wenn das Pulverfass Nahost explodiert? Leidtra-
gend wären nur noch jene, die von diesen Quellen abhängig
sind. Die Konkurrenten in Asien und Europa. Da braucht man
nicht einmal böse Absicht zu unterstellen. Es wäre aus amerikanischer Sicht absolut nicht mehr vertretbar, einen solch auf-
wendigen Militärapparat in einer Region zu unterhalten, die
einem nichts mehr zu bieten hat.

Dass diese Gefahr sehr real ist, zeigt die Entscheidung der
USA vom Februar 2013, keinen zweiten Flugzeugträger mehr
in den Persischen Golf zu verlegen. Seit vielen Jahren hatten
die USA in der Regel zwei Flugzeugträger mitsamt Kampf-
flotte in dieser bislang strategisch so wichtigen Region. Der
Trägerverband rund um die »USS John C. Stennis« sollte im
März des Jahres durch die »USS Dwight D. Eisenhower« ersetzt werden. Bislang war vorgesehen, diesen Verband durch
den zweiten Flugzeugträger »USS Harry S. Truman« zu ver-
stärken. Im Februar entschied die US-Regierung auf Antrag
der Marine, diesen zweiten Träger aus Kostengründen nun
bis auf weiteres doch nicht zu entsenden. Und sie schwächte
damit ihre Militärpräsenz im Persischen Golf und an der
Ölschlagader, der Straße von Hormus, massiv. Durch diesen
Seeweg werden 35 Prozent des weltweiten Ölhandels zu See
transportiert. Der Iran hat wiederholt angedroht, diese Meer-
enge zu blockieren. Die Flugzeugträgerverbände sind die
mächtigsten Waffen der USA in internationalen Gewässern.
Ihre Schlagkraft vor Ort inmitten wachsender Spannungen
mit dem Iran zu halbieren ist ein ermutigendes Zeichen für die
iranischen Widersacher.

Hieß es vor einigen Jahren noch, Amerika habe abgewirt-
schaftet und Asien werde der neue Stern am Himmel, möchte ich auch hier noch einmal eindrücklich davor warnen,
Amerika zu früh abzuschreiben. Die dort gelebte pragmati-
sche und manchmal sehr unkonventionelle Art, Probleme
anzugehen, ist unserer trägen und oft dogmatischen euro-

päischen Vorgehensweise besonders in Krisenzeiten deutlich überlegen.

Vermutlich werden die USA in Anlehnung an den legendären Terminator bald ausrufen: »I'm back!« Aber was wird mit Europa in der Zwischenzeit geschehen sein? Wir verstehen offenkundig die geschilderten Zusammenhänge bislang nicht einmal ansatzweise. Während sich die USA regenerieren, zerschlagen wir mit falschen Konzepten unsere eigenen Strukturen und zerstören unser wirtschaftliches Fundament. Nicht das billige Geld der internationalen Notenbanken bringt uns in die Katstrophe, sondern unser europäischer Sonderweg, durch nie da gewesene Sparpakete die Konjunktur abzuwürgen. Unternehmenspleiten, Massenarbeitslosigkeit und eine Gefährdung des sozialen Friedens sind die Konsequenz. Mehr als die Hälfte der spanischen Jugendlichen ist ohne Job. Eine verlorene Generation entsteht. Wie sollen diese jungen Menschen eine Wirtschaft voranbringen und entwickeln, wenn sie über Jahre keinen Job, keine Ausbildung und keine Perspektive haben? Frustrierte junge Menschen ohne Berufserfahrung werden die ungelernten, schwer vermittelbaren Sozialfälle der Zukunft sein.

Jene Unternehmen, die in Europa pleitegehen, verschwinden von diesem Kontinent mit all ihrem Know-how, ihren Patenten und ihren Strukturen. Dass an ihre Stelle entsprechende Unternehmen treten, steht außer Frage. Nur werden sie wohl eher in Asien oder Amerika entstehen. Europa beraubt sich mit seiner völlig falschen Krisenpolitik auf Jahrzehnte hin seiner wirtschaftlichen Basis, während unsere direkten Konkurrenten mit genau gegenteiligen Methoden davon profitieren. Und noch einmal ist die Frage zu stellen, wieso Europa diesen Irrweg geht. Wer ist für diese drakonischen Sparpakete verantwortlich? Und wieder kommen wir nach Deutschland und zum IWF. Der US-dominierte IWF, dessen angeblich unfehlbarem Fachwissen wir laut deutscher Politik unsere europäischen Probleme anzuvertrauen haben, ist der große Treiber der Entwicklung.

Im Juni 2012 gibt es zwei Stellungnahmen dieses IWF, die die ganze Perversion der Zusammenhänge offenbart:

Dpa-Meldung: »IWF fordert von Spanien zusätzliche Sparanstrengungen«.

Handelsblatt: »IWF warnt USA vor einem Sparwahn«.

Der IWF fordert von den USA umgehend, die Schuldenobergrenze zu erhöhen. Im selben Bericht äußert sich der IWF skeptisch zu den wenigen in den USA geplanten Budgeteinsparungen, sie würden die Konjunktur zu stark belasten. Der IWF warnt die USA davor, es mit dem Sparen zu übertreiben. Derselbe IWF, der im selben Monat von Spanien, Portugal und Griechenland, die in der tiefsten Rezession seit Jahrzehnten stecken, noch größere Sparanstrengungen fordert. Das ist entweder schizophren oder bösartig.

Doch offenkundig hat der IWF den Spagat hier etwas überreizt, offenkundig waren die dramatischen Konsequenzen seiner »Empfehlungen« für die europäischen Staaten so unübersehbar, dass man sich erklären musste. Und jetzt wird es fast ungeheuerlich. Zu Beginn des Jahres 2013 nämlich erklärt Olivier Blanchard, der Chefökonom des IWF, so ganz nebenbei, dass man sich wohl verrechnet habe. Und das war gar nicht im übertragenen Sinn gemeint, sondern ganz buchstäblich, also mathematisch. Man hatte bei der Beurteilung der europäischen Wirtschaft den Fiskalmultiplikator falsch zugrunde gelegt.

Keine Sorge, ich übersetze das in wenigen Sätzen ins »leicht Verständliche«: Die Ausgaben eines Staates haben Einfluss auf die Konjunktur. Je mehr der Staat zum Beispiel für Straßenbau oder die Beschäftigung von Lehrern ausgibt, umso besser läuft die Wirtschaft eines Landes. Die Baufirmen haben mehr Aufträge, die Lehrer geben ihr Geld auch wieder aus und so weiter. Umgekehrt funktioniert das natürlich genauso.

Wenn der Staat spart und keine Straßen baut oder sogar Lehrer entlässt, hat das sofort negative Auswirkungen auf die Wirtschaft.

Um zu berechnen, wie stark sich nun Ausgaben oder Kürzungen des Staates auf die Wirtschaft auswirken, gibt es ebenjenen »Fiskalmultiplikator«. Mit dem entscheidet sich alles. Nimmt man ihn als sehr gering an (zum Beispiel 0,1), dann folgt als Konsequenz, dass ein Sparpaket des Staates sich kaum auf die Wirtschaft auswirkt. Spart der Staat ein Volumen in Höhe von 2 Prozent der Wirtschaftsleistung, würde die Wirtschaft nur um 0,2 Prozent schrumpfen. Setzt man diesen Faktor jedoch höher an, sagen wir auf 3, dann würde eine Einsparung des Staates von 2 Prozent die Wirtschaft um 6 Prozent einbrechen lassen – in der Theorie … Es gibt aber keinen festgelegten Wert für diesen Fiskalmultiplikator. Der lässt sich erst im Nachhinein benennen.

Zurück zum konkreten Fall: Fakt ist, dass die Grundlage der IWF-Empfehlung für die dramatischen Sparpakete ein vom IWF festgesetzter Fiskalmultiplikator von 0,5 war. Der IWF ist also davon ausgegangen, dass sich die Sparpakete kaum auf die Konjunktur auswirken würden. Heute gesteht aber selbst der IWF ein, dass ein Wert zwischen 1 und 1,7 richtiger gewesen wäre, während übrigens namhafte Ökonomen eher von 2,5 ausgehen. Kurzum, die Sparpakete hatten im Gegensatz zur ursprünglichen IWF-Annahme eine verheerende, sich multiplizierende Auswirkung auf den Einbruch der Wirtschaftsleistung des Landes. Solche extremen Sparpakete hätten bei korrekter Zugrundelegung dieser Kennzahl selbst vom IWF niemals aufgelegt werden dürfen.

In Athen führte ich ein Gespräch mit einem Ministeriumsmitarbeiter, der bei den Verhandlungen mit der Troika (EU, EZB, IWF) am Tisch saß und die Bedingungen (Memoranden) aushandelte. Verständlicherweise möchte er ungenannt bleiben. Er sagte mir: »Wissen Sie, wie diese Memoranden zustande gekommen sind? Es saßen uns dort Leute aus der Troika gegenüber, die selbst keine Ahnung hatten. Keine sehr ausgebildeten Leute, sondern ganz einfache Beamte, die sagten: Was sollen wir denn da machen? Die haben uns Bullshit erzählt, wir haben denen Bullshit erzählt, und wir haben dann etwas reingeschrieben, von dem wir alle sagten: Das können wir machen. Alle wussten, das wird nichts bringen für Griechenland, aber es ist ein Memorandum, mit dem alle leben können. Beide Seiten, die Griechen wie auch die Troika, wussten, dass das nichts bringen wird, und das haben wir unterschrieben.«

Jetzt kann man darüber streiten, ob es sich bei all dem einfach nur um ideologische, mathematische oder volkswirtschaftliche Dummheit des IWF handelte (dessen unschlagbares Fachwissen wir angeblich dringend benötigten). Oder um die böse Absicht, ein immer selbstbewussteres Europa mit einer Gemeinschaftswährung, die der Vormachtstellung des US-Dollar gefährlich wurde, zu destabilisieren. Fakt ist, dass dieser kleine Rechenfehler zum wirtschaftlichen Zusammenbruch mehrerer europäischer Staaten, zur Verarmung von Millionen Europäern und möglicherweise zum Zusammenbruch des Projekts »Einiges Europa« führt. Ich finde, dass man bei diesen Konsequenzen doch einmal genauer untersuchen sollte, wie es zu dem »Rechenfehler« kam, und vor allem, warum wir, sogar nachdem der IWF diesen Umstand in einer eigenen Studie Ende 2012 eingeräumt hatte und sein Chefvolkswirt Anfang 2013 all das noch einmal eingestand, noch immer nicht von dieser falschen Sparpolitik abkehren. Wir fahren mit Höchstgeschwindigkeit auf der Autobahn, Hunderte kommen uns entgegen, das Autoradio warnt vor einem Geisterfahrer, und unsere Politiklenker halten das Steuer noch immer krampfhaft fest und knurren: »*Ein* Geisterfahrer? Tausende!«

Wenn wir nicht dringend die eingeschlagene Richtung aufgeben und einen völlig neuen Kurs festlegen, fahren wir Europa mit Vollgas an die Wand.

Geht nicht? ... Gibt's nicht!

Das größte akute Problem in einer solchen Situation ist ein Fahrzeuglenker, der sich weigert, über seinen Kurs kritisch nachzudenken, weil er seinen eingeschlagenen Weg für »alternativlos« hält. Wenn ich davon überzeugt bin, dass das, was ich tue, alternativlos ist, erlaube ich mir damit erst gar nicht, Zeit für das Erdenken möglicher Alternativen zu verschwenden, denn es gibt sie ja nicht.

Diese verbohrte Denkweise hat schon Christoph Kolumbus auf die Palme gebracht. Sie erinnern sich an das legendäre Ei des Kolumbus, als er vor seinen dickköpfigen Zuhörern, die alle neuen Denkwege ablehnten, ein Ei legte und sie aufforderte, es auf die Spitze zu stellen? Sie lachten ihn aus und sagten, es sei »alternativlos«, dass das Ei unweigerlich immer wieder auf die Seite rolle, er würde sich lächerlich machen. »Das geht nicht!« Kolumbus nahm das Ei, schlug es etwas fester auf die Spitze, sodass die Schale brach. Das Ei stand auf seiner Spitze, während Kolumbus rief: »Geht nicht? ... Gibt's nicht!« Zugegeben, der letzte Satz mag nicht von Kolumbus persönlich stammen, sondern von Michael Meier, meinem örtlichen Lieferanten für Crash-Eis und Metzgereizubehör, aber vermutlich hat er sich ähnlich ausgedrückt.

Also bleiben wir bei dieser Erkenntnis, verabschieden uns von dem Mantra »alternativlos«, ersetzen es durch ein neues: »Geht nicht? ... Gibt's nicht!« Und erlauben wir uns einfach, alles neu zu denken und nichts als gottgegeben hinzunehmen.

DER WEG IN DIE ZUKUNFT

Wir sind uns seit vielen Seiten darüber einig, dass die meisten europäischen Staaten Reformen angehen müssen. Diese Reformen können aber nur dann sinnvoll greifen, ohne die Menschen zu überfordern und die Wirtschaft nachhaltig zu schädigen, wenn sie mit Konjunkturanreizen unterlegt sind. An dieser Stelle folgt in der Regel ein Aufschrei. Wie sollen die Staaten das denn bezahlen? Die sind doch schon jetzt bis über die Hutkrempe verschuldet. Doch hier machen wir bitte den ersten Bruch in unserem eingefahrenen Denkmuster. Wer sagt denn, dass Konjunkturmaßnahmen zwangsläufig mit Staatsausgaben gleichzusetzen sind? In unseren folgenden Überlegungen werden die Staaten keinen Euro zusätzlich ausgeben. Es genügt, wenn sie in einem ersten Schritt einfach mal aufhören, ihre Sparpakete immer enger zu schnallen und auf dem jetzigen Stand innezuhalten. Diese ständigen neuen Maßnahmen, Steuern, Vorschriften und Änderungen der Gesetze sind aktuell das allergrößte Problem der europäischen Wirtschaft. Eine internationale Studie hat einmal versucht zu erforschen, welche Grundlagen ein Staat benötigt, um langfristig wirtschaftlich erfolgreich zu werden. Ist es wichtig, dass dieser Staat über viele Rohstoffe verfügt? Ist es die gute geografische Lage an internationalen Gewässern und Handelswegen, ist es ein bevorzugtes Klima oder sind es ertragreiche Böden? Wenn es einer dieser Parameter gewesen wäre, würden wir vermutlich alljährlich zur Weihnachtszeit Care-Pakete in die Schweiz schicken, um das Elend der armen Bergbauern zu mildern. Was ist es also, das die Schweiz und viele andere Staaten langfristig erfolgreich macht? Es ist die Rechts- und Planungssicherheit für Unternehmer. Wer ein Unternehmen welcher Art auch immer plant, sei es ein Blumengeschäft oder einen Chemiekonzern, der muss einen halbwegs verlässlichen

Geschäftsplan erstellen können. Er muss sicher sein, dass dieses Grundstück, das er jetzt kauft, ihm auch dauerhaft gehören wird, ohne dass man ihn in zwei Jahren nach einem Regierungswechsel enteignet. Er muss wissen, dass die Arbeitsgesetze, zu denen er heute Mitarbeiter einstellt, im Wesentlichen auch in den nächsten Jahren Bestand haben werden. Er muss wissen, welche Steuersätze und Abgaben ihn in den nächsten Jahren erwarten. Es wird auch da immer zu Änderungen und damit zu gewissen Unwägbarkeiten in der Unternehmensplanung kommen. Aber je sicherer ein Unternehmer planen kann, umso wahrscheinlicher ist es, dass er das Risiko auf sich nimmt. Ansonsten geht er, wenn es sich bei ihm um einen internationalen Konzern handelt, lieber in ein Land, in dem er besser planen kann. Ist er der Blumenverkäufer, lässt er es lieber ganz sein, einen Kredit aufzunehmen, um ein kleines Geschäft aufzubauen.

Diese absolute Rechts- und Planungssicherheit ist der große Vorteil der Schweiz. Selbst in Deutschland ist diese Planungssicherheit oft nicht ausreichend gegeben. Die Energieerzeuger können davon aktuell ein Lied singen. Erst kommt die Verlängerung der Laufzeiten für Atomkraftwerke, kurz darauf der komplette Ausstieg aus der Atomkraft. Letzteres begrüße ich sehr, aber für die Planungssicherheit von Unternehmen gleicht das einer Katastrophe. Ähnliches gilt aktuell für den Ausbau der erneuerbaren Energien. Zu den Haupthindernissen gehört eine unkalkulierbare politische Agenda mit immer neuen Stoßrichtungen. Wenn ein Unternehmen sich nicht verlässlich auf ein Szenario einstellen kann, wird es Investitionen nicht tätigen, und das bremst die wirtschaftliche Entwicklung der Gesellschaft massiv.

Wie soll ein Unternehmer in Spanien oder Griechenland aktuell irgendeine Planung für die Zukunft machen? Es ist vollkommen ungewiss, welche Steuern morgen neu erhoben und welche Gesetze aus dem Hut gezaubert werden. In Griechenland kann ein Unternehmer ja noch nicht einmal verlässlich planen, mit welcher Währung er in einem Jahr bezahlen wird. Diese Ungewissheit und das völlige Fehlen jeglicher Planungssicherheit sind das größte Hindernis auf dem Weg zu einer Erholung der europäischen Wirtschaft. Das war der Grund, warum das einst größte Unternehmen an der griechischen Börse, der Getränkeabfüller Coca-Cola Hellenic Bottling, sich aus Griechenland zurückgezogen hat und seinen Sitz – Sie wissen es – in die Schweiz verlegt hat. Da schau an! Wenn dann noch ein Politkomiker wie Silvio Berlusconi, der mehrfach von Gerichten verurteilt wurde, erneut zu Wahlen antritt und im Vorfeld verspricht, alle bisherigen Maßnahmen über den Haufen zu werfen und getroffene Entscheidungen sogar rückwirkend zu verändern, ist das das exakte Gegenteil von dem, was eine Wirtschaft braucht.

Wir bräuchten dringend einen europäischen Masterplan, der für jeden Staat ganz klar definiert, welche Reformen in den nächsten fünf Jahren anstehen, wie diese aussehen und in welchen Zeitabschnitten sie umgesetzt werden. Die Unternehmen müssen sicher sein können, dass darüber hinaus keine umwälzenden Veränderungen vorgenommen werden. Das wäre das Mindestmaß an Planungssicherheit, die ein Unternehmen, welcher Größe auch immer, benötigt.

Dazu gehört ein klares Bekenntnis der europäischen Staaten, wie das europäische Gebilde in Zukunft aussehen wird. Wir haben Politiker, die sich aus Angst vor den nächsten Wahlen nicht trauen, eine klare Perspektive für Europa zu zeichnen. Ganz gleich, wie diese Perspektive aussieht, ob es wieder unabhängige Einzelstaaten sind, die in lockerer Kooperation zusammenarbeiten, ob es die »Föderierten Staaten von Europa« sind oder ein Kerneuropa der Starken und Willigen. Die Menschen und die Wirtschaft könnten sich auf alles einstellen, aber wir brauchen Politiker, die mutig genug sind, mit ihren Kollegen in den anderen europäischen Staaten eine ge-

meinsame Vision von einem zukünftigen Europa so detailliert
wie möglich zu definieren und ihre Bevölkerung auf diesen
gemeinsamen Weg einzuschwören.

Die Entscheidung der europäischen Staaten zu einem solchen
gemeinsamen europäischen Masterplan wie auch die Festle-
gung des spanischen Staates auf eine klare Reformagenda für
die nächsten fünf Jahre kosten keinen Euro Staatsausgaben,
sie wären aber ein wesentlicher Anschubfaktor für Investoren
in ganz Europa.

Die rechtliche, fiskalische und politische Planungssicherheit
bildet die erste Grundlage für einen wirtschaftlichen Aufschwung. Was wir aufgrund der extremen wirtschaftlichen
Verwerfungen darüber hinaus dringend brauchen, sind weitere konjunkturelle Beschleuniger.

Die wirkungsvollste Maßnahme, eine Wirtschaftsbelebung
auf breiter Basis zu erzeugen, sind Investitionen in die Infrastruktur. Der Aufschwung der USA zur wirtschaftlichen Weltmacht war eng mit enormen Investitionen in die Infrastruktur
verbunden. Es war das Geld, das im 19. Jahrhundert in den
Bau der Eisenbahnlinien floss, das aus dem zerfransten klein-
teiligen Gebilde der amerikanischen Siedler eine industrielle
Macht werden ließ. Das Geld, das die Gleisbauer verdienten,
gaben sie direkt im Saloon oder beim Einkauf wieder aus. Der
Saloonbesitzer kaufte davon Nachschub an Getränken und so
weiter, und so weiter. Das Geld, das in den Bau der Eisenbahn
ging, wurde also nicht nur einmal ausgegeben, sondern wechselte x-mal den Besitzer, und jedes Mal kurbelte das die Wirtschaft ein wenig an. An ihren Haltestellen zogen die Eisenbahnlinien unzählige Gewebetreibende an. Parallel zu den
Eisenbahnlinien entwickelten sich ganz selbständig die Tele-
grafenlinien. Mit dem Siegeszug der Eisenbahn wurden die
Grundstücke entlang der Trasse immer wertvoller, besonders
in den Ortschaften mit Bahnhof. Man kann sagen, die Investitionen in die Infrastruktur Eisenbahn brachten den ersten ech-

ten Wohlstandsschub über das breite Amerika. In den 1940er und 1950er Jahren wiederholte sich dieses Phänomen durch den Bau der großen Interstate Highways. Riesige Autobahnen zogen sich plötzlich von Ost nach West durch die USA und brachten den Straßenverkehr erst richtig in Schwung. Auch hier sprossen entlang den neuen Straßen unzählige weitere Geschäfte aus dem Boden. Tankstellen, Diners und Werkstätten, in deren Nähe sich weitere Unternehmen ansiedelten. Die einmal investierten Gelder für eine Asphaltstraße zogen also riesige Mengen an weiterem Geld für Investitionen in die unterschiedlichsten Unternehmen an. Die wirtschaftliche Entwicklung der USA explodierte gleichzeitig.

Es gibt nichts, mit dem man eine Volkswirtschaft besser ankurbeln könnte als mit Investitionen in eine neue Infrastruktur. Und nichts steigert den Wert einer Volkswirtschaft so sehr wie ebenjene neue Infrastruktur. Es ist eben ein Unterschied, ob ein Staat Geld für Sozialhilfe ausgibt, das in der Bevölkerung zerfließt, ohne einen langfristigen Mehrwert zu schaffen, und im nächsten Jahr die gleichen Zahlungen erneut erfordert oder ob ein Staat Geld ausgibt und damit Infrastruktur schafft, die weitere Investitionen anzieht und auf lange Zeit das Volksvermögen (Kapitalstock) steigert. Sie werden zu Recht anmerken, dass wir in Europa ja nun schon mit ausreichend Autobahnen und Gleisverbindungen ausgestattet sind, und ob eine Erweiterung der A5 um eine weitere Spur hier wirklich große private Investitionen anzieht, ist auch mehr als fraglich. Aber lösen wir uns von dem Gedanken an den Straßenverkehr. Infrastruktur umfasst viel mehr als nur Asphaltbänder. Auch die Netze der Wasserversorgung gehören zur Infrastruktur. Auf was ich aber eigentlich hinauswill, das ist die Energieinfrastruktur.

Europa ist der einzige Kontinent, der sich klar dafür entschieden hat, seine Energieversorgung so bald und so weit wie möglich auf erneuerbare Energien umzustellen. Ich möchte

mich erst gar nicht an der Diskussion um die klimaschäd-
lichen Auswirkungen des CO_2 beteiligen. Die Meinungen sind
hier so kontrovers wie dogmatisch. Ich bin auch keinesfalls
von der oft diskutierten Peak-Oil-Theorie überzeugt, nach
der uns in wenigen Jahren das Öl und das Gas knapp werden. Ganz im Gegenteil. Wenn es jemand wirklich wissen
muss, dann »Big Oil«, die großen Öl- und Gaskonzerne dieser Welt. Niemand kennt sich besser darüber aus, was sich
wirklich im Inneren unserer Erde abspielt und was dort noch
vorhanden ist oder auch nicht. Und wie beim Beobachten von
Tieren in freier Wildbahn reicht mir hier das Verhalten der
Rudelführer, um meine Schlussfolgerungen zu ziehen. Wenn
ExxonMobil, Chevron, Shell und BP auch nur ansatzweise
der Überzeugung wären, dass das Öl- und Gaszeitalter bald
vorbei sei, hätten sie schon längst damit begonnen, ihre Ge-
schäftsfelder zu verändern und massiv in die Folgetechno-
logien der erneuerbaren Energien zu investieren. Doch weit
gefehlt. Sie machen keinerlei Anstalten, auch nur irgendetwas an ihrem monothematischen Geschäftsmodell »Öl und
Gas« zu verändern. Selbst BP, die vor einigen Jahren in diese
Richtung schwenkten und sich von »British Petroleum« in
»Beyond Petroleum« (Jenseits des Öls) umbenannten, haben
diesen Schwenk ab 2011 offiziell wieder aufgegeben. Warum wohl? Warum soll ich also glauben, dass das Thema Öl
und Gas bald keines mehr sein wird, wenn die, die es als
Einzige wissen müssen, offenkundig vom Gegenteil ausgehen? Ein Mitarbeiter einer amerikanischen Ölfirma in Aserbaidschan sagte mir vor wenigen Jahren: »Wir haben in
den letzten Jahren so viel neue Öl- und Gasvorkommen
entdeckt, dass wir eher Sorge haben müssen, dass uns der
Sauerstoff für die Verbrennung ausgeht, bevor uns der Koh-
lenstoff ausgeht.« Das war natürlich eine leichte Übertreibung
in John-Wayne-Manier, aber es trifft meines Erachtens den
Kern. Die weiter vorne angesprochenen konventionellen Gas-

funde im östlichen Mittelmeer sind hier nur ein weiterer Mosaikstein.

Doch meine Skepsis gegenüber CO_2 als Klimakiller oder der Peak-Oil-Theorie veranlasst mich keineswegs, weiterhin stur auf diese Brennstoffe zu setzen. Vielmehr erlaubt sie mir, Gas recht entspannt als ideale Brückentechnologie anzusehen auf dem Weg zu einer intelligenteren Epoche mit modernen Energieformen. Es ist einfach archaisch, im Zeitalter des bemannten Marsflugs noch immer um ein Lagerfeuer herumzusitzen, um sich die Füße zu wärmen. Kohle-, Gas- und Ölkraftwerke sind nichts anderes als ein überdimensioniertes zentrales Lagerfeuer mit Wasserkessel. Das mag beim Grillausflug mit Freunden am ersten Mai eine romantische Sache sein, aber als Grundlage einer Energieversorgung der Welt im 21. Jahrhundert gibt es weiß Gott Fortschrittlicheres. Die Umweltschäden bei der Förderung der herkömmlichen Brennstoffe fehlen leider in der Kalkulation der Energiekosten. Ich finde es durchaus bemerkenswert, wie sich Menschen gegen Windräder als Verschandelung der Landschaft aussprechen, aber die komplette Vernichtung von unzähligen Quadratkilometern Landschaft inklusive Dörfern, Äckern und Wäldern zum Braunkohleabbau schulterzuckend hinnehmen. Die Folgen der Erdölförderung möchte ich eigentlich mit folgender Frage für hinreichend erörtert halten: Sagen Ihnen die Name »Exxon Valdez« oder »Deepwater Horizon« noch irgendetwas?

Beim Thema Erdgasförderung mit Hilfe des sehr umstrittenen Frackings vergiften wir unkontrolliert und für Jahrhunderte unsere Böden und unser Grundwasser. Die Kosten, die die Menschen und die Gesellschaft dafür jetzt und in den nächsten Jahrzehnten zu tragen haben, fehlen in den entsprechenden Strompreisberechnungen. Jene Kosten für das Gesundheitssystem, die Versorgung ganzer Landstriche mit unbelastetem Trinkwasser aus fernen Regionen und die Summen, die für mögliche Sanierungen fällig werden, wenn die großen

Bohrfirmen mit ihren Anwälten und Lobbyorganisationen längst weitergezogen sind und mit Unschuldsmiene beteuern werden, dass das damals ja niemand ahnen konnte. Wo läge der Strompreis aus Fracking-Gas, wenn all diese Kosten mit einberechnet wären? Wann kommt der Politiker in die verantwortliche Position, der den Mut hat, diese Kosten schon jetzt überschlägig mit einzufordern oder die Gasunternehmen zu verpflichten, eine unbegrenzte Haftpflichtversicherung für mögliche Folgeschäden abzuschließen? Wenn es kein Risiko gibt, werden die Gasfirmen sicherlich einen Versicherer finden, der ihnen eine solche Versicherungspolice günstig anbietet, oder nicht?!

Das Ganze lässt sich dann noch toppen, wenn wir die Kostenbilanz für den ach so günstigen Atomstrom aufmachen. Während Sie diese Zeilen lesen, dringen Liter um Liter Salzwasserzuflüsse in das Atomlager Asse ein. 12 000 Liter täglich, wenn es vom Schreiben dieser Zeilen bis zu dem Zeitpunkt, an dem Sie diese Sätze lesen, nicht bereits schlimmer geworden ist, was die Experten erwarten. Nur starke Pumpen verhindern bislang den Einbruch des Salzstocks. 126 000 Fässer radioaktiven Abfalls wurden hier für alle Zeiten sicher untergebracht – so der Plan. Nicht mal ein paar Jahre hat es gedauert, bis der Mensch wieder seine Fehlbarkeit mit Demut feststellen musste. Wir sind offenkundig nicht einmal in der Lage, in Köln einen U-Bahn-Schacht ohne Einsturzgefahr hinzubekommen, geschweige denn einen funktionierenden Flughafen in Berlin. Dennoch bilden wir uns ein, ein Endlager für Atommüll unter die Erde basteln zu können, das Hunderttausende von Jahren Sicherheit bringen soll. Beeindruckend! Mindestens so beeindruckend wie die Tatsache, dass man eine solche Technologie überhaupt an den Start gebracht hat, bevor alle Fragen inklusive der wichtigsten beantwortet waren. Der Frage nämlich, wo der ganze unvermeidliche und absolut tödliche Atommüll für die Ewigkeit danach verbleiben soll. Das ist in etwa so, als würde man mit einem Raumschiff zum Mars fliegen in der Hoffnung, dass einem, bis man dort ist, schon irgendeine Idee kommen wird, wie man landet oder wieder zurückkommt. Aber wenn die Lobby stark genug ist und der Profit groß genug, würde auch das vermutlich kein Hindernis sein, wie wir immer wieder feststellen müssen.

Bereits heute rechnet man mit Kosten in Höhe von mindestens vier Milliarden Euro, um diese 126 000 Fässer wieder zu bergen, bevor sie endgültig durchgerostet sind. Vermutlich wird auch dieser Betrag am Ende nicht reichen, was aber für unsere Überlegungen überhaupt keine Rolle spielt. Fakt ist, dass diese Kosten genauso wenig in den Atomstrompreis eingerechnet werden wie die nicht vorhandenen Haftpflichtversicherungen für Atomkraftwerke. Die Schäden durch einen GAU (größter anzunehmender Unfall) eines solchen Atomkraftwerks sind so hoch, dass keine Versicherung der Welt ein solches Risiko übernehmen würde. Oder anders ausgedrückt: Die Prämien wären so hoch, dass sich kein Energieerzeuger diese Versicherung leisten könnte. Müsste er sie dennoch abschließen, wäre er gezwungen, diesen Versicherungsschutz auf den Strompreis umzurechnen. Eine Studie der Versicherungswirtschaft hat Interessantes ergeben. Die Kosten eines solchen GAU würden bei bis zu 6000 Milliarden Euro liegen. Um eine Versicherung eines solchen Schadensereignisses bereitzustellen, würde der Strompreis für Atomstrom von bisher etwa 2 Cent pro Kilowattstunde auf 50 Cent bis 4 Euro pro Kilowattstunde explodieren. Verzeihen Sie mir den Begriff »Explosion« in diesem Zusammenhang. Der Strom aus Atomkraft wäre unbezahlbar. Also verzichtet der Staat großzügigerweise darauf, dass Atomkraftbetreiber eine solche Versicherung abschließen müssen. Und schwupps, schon ist der Atomstrom wieder bezahlbar. Fairerweise weist der »Spiegel«, der diese Studie vorgestellt hat, darauf hin, dass die Annahmen in der Studie ebenfalls sehr zu Lasten der Atomlobby erhoben wurden. Aber am

Grundproblem, dass die Versicherungskosten eines Unfalls nicht im Strompreis einkalkuliert sind, ändert das nichts. Nur deshalb sind die Betreiber überhaupt in der Lage, mit Atomstrom konkurrenzfähig zu sein und Geld zu verdienen. Die Kosten bleiben im Ernstfall komplett am Steuerzahler hängen. Ob mit oder ohne Stromrechnung.

Von den unbezahlbaren Schäden an Menschenleben, Gesundheit und Umwelt ist hierbei noch gar nicht die Rede. Die Kraftwerksbetreiber halten gerade einmal drei Milliarden Euro als Schadenspuffer bereit. Doch die Risiken bleiben, und wenn es schiefgeht, zahlt es eben der Steuerzahler wie gerade in Japan. Dort schätzen Experten allein die Kosten für den Abbau und die Entsorgung der havarierten Atomkraftwerke um Fukushima auf über 100 Milliarden Euro in den nächsten Jahren, die der Betreiber Tepco ganz unverblümt auf den Staat und somit den Steuerzahler umlegen will, da er sich selbst außerstande sieht, auch nur einen Bruchteil dieses Geldes aufzubringen. Gegen solche unfairen Subventionen müssen die erneuerbaren Energien sich erst einmal behaupten.

Da das nicht funktionieren kann, sieht sich der Staat gezwungen, diese wirtschaftlichen Nachteile zu kleinen Teilen auszugleichen, indem nun auch der Strom aus erneuerbaren Energien subventioniert wird. Mit dem kleinen Unterschied – einmal davon abgesehen, dass es sich bei diesen Subventionen nur um einen Bruchteil der bisherigen Subventionen für die konventionellen Energien handelt –, dass die Summe diesmal dem Bürger direkt auf die Stromrechnung geschrieben wird. Stellen Sie sich vor, wir würden das auch für den Atomstrom machen. Für die Frage der Endlagerung von Brennelementen würde ab sofort eine Strompreisumlage von x Cent pro KWh erhoben. Holla, hätten wir plötzlich eine Begeisterung für erneuerbare Energien in der Bevölkerung. So zahlt man zwar den gleichen Betrag x – aber eben verwaschen irgendwo in den allgemeinen Steuerzahlungen. Warum macht der Staat

das nicht auch bei den Erneuerbaren so? Da war die Lobby
wohl noch nicht stark genug.

Viele der enormen Summen, die die konventionellen Energien
de facto verschlingen, fallen bei Wind- und Solarenergie nicht
an. Hier gibt es keine Kosten zur Beschaffung von Brennstoffen, die Sonne gibt es gratis. Keine Kosten für großflächige
Umweltschäden, keine Kosten für Entsorgung von Atommüll.
Es liegt folglich auf der Hand, dass erneuerbare Energien bei
fairer Berechnung bereits jetzt wesentlich billiger sind als
konventionelle Energieformen. Und die technische Entwicklung sorgt dafür, dass die Erneuerbaren es in absehbarer Zeit
schaffen werden, selbst gegen diese unfaire Kalkulation die
Nase vorne zu haben. Erinnern Sie sich noch an die explo-
sionsartige Entwicklung der Leistungsfähigkeit von Computern? Vor ziemlich genau dreißig Jahren wurde der Com-
modore C64 vorgestellt. Ein Homecomputer der damals mo-
dernsten Baureihe, der in Millionen von Wohnzimmern und
Betrieben stand. Auch in meinem. Sein gesamter Arbeits-
speicher betrug sagenhafte 64 KB (Kilobyte). Anders ausgedrückt: Der gesamte Speicherinhalt von einer halben Million dieser damaligen Wundercomputer passt heute auf einen
durchschnittlichen USB-Stick. Der C64 wurde bis 1994 gebaut. In den folgenden zwanzig Jahren hat sich die Leistungsfähigkeit dieser damals neuen Technologie in einer Geschwindigkeit entwickelt, die man sich zuvor kaum vorstellen konnte. Sobald eine neue Technologie wie Computer oder Internet
zum Durchbruch kommt und ein Massenphänomen mit hohen
Gewinnchancen wird, zieht es unweigerlich große Mengen
an Investitionsgeldern an und damit auch die kreativsten und
klügsten Wissenschaftler und Ingenieure. Die Weiterentwicklung explodiert.

Ebenso ist es bei den erneuerbaren Energien. Vor wenigen
Jahren noch als Spinnerei abgetan, sind sie längst zum großen Hoffnungsträger geworden. Große Gelder beginnen zu

fließen, und die Entwicklung dieser noch jungen Technologien läuft ebenso rasant wie die der Computer.

In den letzten zehn Jahren haben sich die Kosten für Strom aus erneuerbaren Energien bereits halbiert. Die Experten gehen davon aus, dass sich diese Kosten auch in Zukunft alle acht bis zehn Jahre halbieren werden. Am Ende steht eine Energieform, die in unbegrenzter Menge, ohne negative Umweltfolgen und zu sehr günstigen Preisen zur Verfügung stehen wird. Es stellt sich also überhaupt nicht die Frage, ob das passieren wird. Die Frage ist lediglich: Wie lange wird es dauern? Je schneller wir uns bedingungslos und mit aller Konsequenz entscheiden für diesen Weg, desto eher erreichen wir diesen Wendepunkt, an dem Energie eine weit geringere finanzielle Belastung für die Gesellschaft darstellen wird als heute. Wenn Europa es schafft, hier das Tempo aufzunehmen, werden wir in einigen Jahren einen sensationellen Wettbewerbsvorteil gegenüber allen anderen Regionen der Welt haben.

Aber wieso steigt dann jährlich der Strompreis wegen dieser erneuerbaren Energien? Das liegt an einer völlig abstrusen Energiepolitik, die lernen muss, dass »gut gemeint« oft das Gegenteil von »gut gemacht« ist. Förderkonzepte, bei denen die größten Stromverbraucher von den Zahlungen ausgenommen werden, um deren Anteil auf die Kleinverbraucher umzulegen, können nur in die Hose gehen. Wenn Windkraft in Ermangelung von Leitungen und intelligenter Strukturen nicht weitergeleitet oder gespeichert werden kann, wird er aktuell an Großabnehmer oder Nachbarländer verschenkt oder sogar mit einem negativen Preis verkauft. Das ist kein Scherz, sondern aktuell gelebte Energiepolitik.

So wehte der Wind beispielsweise an einem Oktoberwochenende 2012 besonders kräftig. Die Windräder an der Nordsee drehten sich wie wild und produzierten jede Menge grüne Energie. Eine wahre Freude, sollte man meinen. Doch weit gefehlt. Da am Wochenende viele energieintensive Betriebe geschlossen hatten, wurde dieser Stromsegen gar nicht gebraucht. Die vielen konventionellen Kraftwerke mit Gas, Kohle und Atombefeuerung sind leider so träge, dass man sie nicht einfach binnen einer Stunde ab- und bei Bedarf wieder einschalten kann. Die Kosten für ein Ab- und Wiederanfahren sind recht hoch, die Belastungen für die technischen Komponenten oft ebenso. Aber durch die Vorschriften der aktuellen Stromeinspeiseverordnung mussten die Energieversorger den Strom aus den Windrädern trotzdem abnehmen. Wohin also mit dem ganzen Strom, den gerade keiner braucht? Er wurde verschenkt. Wer immer bereit war, den Strom abzunehmen – zum Beispiel Großverbraucher aus dem benachbarten Ausland –, bekam den eigentlich wertvollen Windstrom geschenkt. Aber es kam noch besser. Um den Strom loszuwerden, wurde er nicht nur verschenkt, es gab sogar noch bis zu 23 Cent pro KWh dazu, wenn man ihn abrief. Wer als Großabnehmer in diesen Tagen den deutschen Windstrom abgenommen hat, hat ihn nicht nur umsonst bekommen, sondern auch noch mehrere Millionen Euro obendrauf. Das ist, als würden Sie Ihr Auto volltanken, und der Tankwart bringt Ihnen dann noch 200 Euro ans Fenster. Das ist geradewegs pervers. Dass der deutsche Stromverbraucher für jede dieser verschleuderten Kilowattstunden auch noch 15 Cent Einspeisevergütung bezahlt und der Kraftwerksbetreiber seine Millionenspende im nächsten Jahr sicherlich wieder auf den Strompreis umrechnen wird, zeigt, was für ein Wahnsinn hier gerade stattfindet.

Das Problem sind also keineswegs die erneuerbaren Energien, sondern eine völlig verfehlte Politik. Es würde den Rahmen dieses Buches und vermutlich auch Ihre Geduld sprengen, würde ich eine große Auflistung der ganzen energiepolitischen Verfehlungen vornehmen. Viel wichtiger ist es, sich Gedanken zu machen, welche Schritte wir gehen sollten, um dieses ungeheuer reizvolle Ziel einer umweltschonenden und preiswerten Energieversorgung Europas schnellstmöglich zu erreichen.

Wie das gruselige Beispiel der Überschüsse beim Windstrom gezeigt hat, liegt es nicht nur an unzulänglichen Politikern, sondern auch an einer – noch – unzulänglichen Technik, deren Entwicklung wir schnellstmöglich umsetzen müssen. Wir hätten kein einziges Kilowatt verschenken müssen, wären wir in der Lage gewesen, diese Energie zu speichern. Hier kommen wir an einen wichtigen Punkt im Bereich der Energiewende. Diese Energiewende besteht aus mehreren Komponenten, die wir als Einheit betrachten und auch parallel entwickeln müssen. Es genügt eben nicht, Windräder in die Botanik zu stellen und sich erst, wenn der Wind bläst, darüber Gedanken zu machen, was man mit dem nun erzeugten Strom eigentlich anfangen soll. Wir müssen die Fragen der Speicherung und der intelligenten Weiterleitung ebenso klären wie die Frage, wo und wie wir diese Energie am sinnvollsten herstellen sollten. Mit den alten Brennstoffen konnten wir den Strom immer dann sehr flexibel erzeugen, wenn wir ihn gerade benötigten. Wurde mehr Strom nachgefragt, hat man eben eine Schippe Kohle mehr draufgepackt. Die erneuerbaren Energien sind da unberechenbarer. Man muss die Energie ernten, wenn sie ansteht. Dazu ist es unabdingbar, diese geerntete Energie so lange zu speichern, bis sie gebraucht wird. Hierzu gibt es bereits die unterschiedlichsten Ansätze. Und es wird am Ende verschiedene Speichersysteme geben, die sich ergänzen. Wasserpumpspeicher (Wasser wird bei überschüssigem Strom den Berg hinauf in einen See gepumpt und bei Bedarf wieder durch Turbinen herabgelassen) werden ebenso dazugehören wie sehr schnell drehende Schwungräder und Akkusysteme. Je nach Anwendungssituation hat die eine oder andere Speicherart die Nase vorne.

Die größten Zukunftschancen hat jedoch die Speicherung der

Energie in Form von Wasserstoff. Sie kennen das vermutlich aus dem Chemieunterricht. Da wird Wasser mit Hilfe von Strom aufgespalten in Sauerstoff und Wasserstoff. Diesen Wasserstoff kann man nun in Druckgefäßen speichern. Wann immer man wieder elektrische Energie benötigt, bringt man den Wasserstoff mit Sauerstoff aus der Umgebung in einer Brennstoffzelle zusammen. Dabei entstehen wieder Strom und Wasser. Eine unglaublich simple Möglichkeit, Energie zu speichern, zu transportieren und wieder abzurufen. Leicht bearbeitet und in Methangas umgewandelt, kann es sogar direkt in die bestehenden Erdgasnetze und -speicher eingeleitet werden. Sogar Auto können mit diesem »Windgas« angetrieben werden. Zwar geht bei diesen Umwandlungsschritten fast die Hälfte der ursprünglichen Windenergie verloren, aber das ist noch immer besser, als den überflüssigen Windstrom zu verschenken oder die Windräder abzuschalten. Die Weiterentwicklung dieser Umwandlungstechnologien wird ebenfalls mit hoher Dynamik vorangetrieben und somit immer effizienter. Bereits heute können moderne Gaskraftwerke mit einem Anteil von 30 Prozent reinem Wasserstoff betrieben werden. Wir müssen die verschiedenen Komponenten nur zusammenbringen. Viele Energieunternehmen wie Mainova in Frankfurt sind in der Entwicklung solcher Strategien schon sehr weit voraus.

Wir müssen also nicht nur Windparks an Land und auf dem Meer bauen, wir brauchen auch in unmittelbarer Nähe dieser Windparks Anlagen, um die entstehende Energie vor Ort in Wasserstoff umzuwandeln. Mit diesem Wasserstoff wären wir nun auch in der Lage, unsere Autos anzutreiben. Die Abkehr vom klassischen Ölverbrennungsmotor ist keine Frage des Ob, sondern lediglich eine des Wann und Wie. Es ist ein heißer Kampf um die führende Technologie in diesem so gewinnträchtigen Segment entbrannt. Auf der einen Seite steht der reine Elektroantrieb mit Lithium-Ionen-Akkus, auf der

anderen Wasserstofffahrzeuge mit Brennstoffzelle. Ein Fahrzeug mit Brennstoffzelle wird wie ein herkömmliches Erd-
gasauto betankt. Das funktioniert ebenso schnell, sicher und
unkompliziert. Bereits heute haben Brennstoffzellenfahrzeu-
ge eine Reichweite von bis zu 800 Kilometern, bevor sie neu
betankt werden müssen. Und Hersteller wie Daimler und
Toyota setzen in großem Stil auf diese Technologie. So hat
Daimler bereits über 180 Patente in diesem Bereich angemel-
det. Schon 2009 haben sich Unternehmen wie Daimler, Linde,
Shell, EnBW und viele andere zusammengeschlossen, um
einen flächendeckenden Ausbau von Wasserstofftankstellen
in Deutschland voranzutreiben. Hier liegt die Zukunft für die
deutsche und die europäische Automobilindustrie. Hier halten
wir noch immer die weltweite Technologieführerschaft.

Doch andere schlafen nicht. So haben Toyota, Honda, Nissan
und weitere japanische Unternehmen für 2015 die Einführung
von Brennstoffzellenfahrzeugen in Großserienproduktion und
die dazugehörige Infrastruktur in Japan bekanntgegeben. Die
schnellen Entwicklungssprünge bei den Brennstoffzellen hatten diesen Schritt ermöglicht. In Deutschland hätten wir ebenfalls bereits die Marktreife bei BMW und Mercedes erreicht,
aber ein zu träges und unkoordiniertes Vorgehen aller Beteiligten inklusive des Fehlens klarer Bekenntnisse der Politik
verschieben eine Markteinführung immer wieder. Am Ende
droht die Gefahr, dass es wie mit so vielen technischen Meis-
terleistungen aus deutschem Erfindergeist läuft. In Deutschland erdacht, in anderen Ländern gemacht. So lief es vom
Faxgerät bis zum Transrapid.

Welch unglaublicher Boom für die Autohersteller, die Zulieferer und viele anhängende Branchen sich hier in Europa
ergäbe, wenn wir diese Entwicklung nur entschieden genug
vorantreiben würden, kann man sich leicht ausmalen. Die
Abhängigkeit von saudischem Rohöl wird eingetauscht gegen
eine Selbstversorgung unserer Automobilflotte durch Wasser-

stoff, den wir selbst aus Wind, Wasser und Sonne gewonnen haben. Bereits 2006 wurden in Deutschland etwa 62 Milliarden Liter Benzin und Diesel verbraucht. Das entspricht nach heutigen Tankstellenpreisen etwa 100 Milliarden Euro. Natürlich sind da auch Steuern und andere Kosten enthalten, aber all die Milliarden, die wir bislang an den Scheich nach Nahost überwiesen haben, würden nun in Deutschland und Europa bleiben und den hiesigen Unternehmen und somit unseren eigenen Arbeitnehmern zugutekommen.

Hinzu kommen der Aufbau der Infrastruktur, die Entwicklung immer besserer Technologien, eine große Bereitschaft der Menschen, sich solch ein neues umweltschonendes Wasserstofffahrzeug zuzulegen. Wer will schon noch mit seiner Rußschleuder vor dem Kindergarten vorfahren. Und durch den Konjunkturschub haben die Menschen nun auch die Jobs und Einkommen, um sich solch ein neues Auto leisten zu können. Ein ungeheurer Konjunkturboom, für den der Staat keinen Euro ausgeben muss. Er muss nur ein klares politisches Bekenntnis abgeben, diese Entwicklung zu befürworten und mit entsprechenden gesetzlichen und steuerlichen Rahmenbedingungen zu unterstützen.

Wir haben also die Kette bislang wie folgt geschmiedet: Aufbau von Windparks, Anlagen zur Umwandlung in Wasserstoff, Umstellung der Fahrzeugflotten auf Wasserstoffantrieb, Einspeisung des Wasserstoffs in das Erdgasnetz. Dennoch muss ja auch noch der reguläre Strom in die Haushalte und zu den Betrieben gebracht werden. Hierfür sind zunächst große Investitionen in neue Leitungsnetze notwendig. 4000 Kilometer neue Stromleitungen müssen in Deutschland hauptsächlich von Nord nach Süd gebaut werden, um den Windstrom von der Küste in den Süden zu transportieren. Weitere 4000 Kilometer bestehender Stromnetze müssen dafür überarbeitet werden. Ein ungeheurer Kostenaufwand und auch ein großer Diskussionsbedarf mit den Landschaftsschützern, die oft zu Recht Einwände gegen neuen Strommasten und Trassen haben. Aber wie sähe die Alternative aus?

Auch bei der Energiegewinnung müssen wir uns erlauben, vollkommen neu zu denken. Unser Energieweltbild ist seit Beginn des Stromzeitalters auf zentrale Energieerzeugung eingerichtet. Strom wird irgendwo zentral in einem Kraftwerk erzeugt und dann per Leitung in die Haushalte gebracht. Wir müssen beginnen zu verstehen, dass uns die neuen Technologien eine völlig andere Art der Stromverteilung erlauben: eine dezentrale Energieerzeugung. Warum soll man Wind und Sonne nur an wenigen zentralen Orten einsammeln? Warum nicht überall da, wo sie ebenfalls anstehen und auch gebraucht werden. Warum soll ich Windkraft an der Nordsee erzeugen und über Tausende Leitungskilometer nach Süden in ein Einfamilienhaus transportieren, wenn dieses Einfamilienhaus einen Großteil seiner benötigten Energie selbst einsammeln kann. Für diese dezentrale Art der Energiegewinnung dienen nicht nur die bereits allseits beliebten Solarzellen auf den Dächern. Deren Preis und Wirkungsgrad entwickelte sich in den letzten Jahren auf faszinierende Art und Weise. Auch ohne Subventionen sind diese Anlagen seit Ende 2012 bereits konkurrenzfähig. Das bedeutet, Strom aus Solaranlagen kostet in der Herstellung nicht mehr als Strom aus Gaskraftwerken. Die Entwicklung wird anhalten und der Solarstrom durch immer bessere Module noch günstiger werden. Hier sind längst keine staatlichen Fördergelder mehr nötig.

Bislang passiert ja etwas vollkommen Unsinniges. Der Bürger speist den von ihm produzierten Solarstrom in das öffentliche Netz ein, bekommt dafür eine steuerlich subventionierte Einspeisevergütung und holt sich den Strom, den er selbst verbraucht, wieder aus dem Netz von den Energieunternehmen. Viel sinnvoller wäre es doch, wenn er seinen eigenen Strom selbst verbrauchen und nur eventuelle Überschüsse in das öffentliche Netz zu aktuellen Marktpreisen verkaufen würde.

In dem Moment, in dem der Strom vom eigenen Dach in der Erzeugung inklusive Anschaffungskosten billiger ist als der Strom aus der Steckdose, würde doch jeder freiwillig Solarzellen aufs Dach schrauben, auch wenn er keine garantierte Einspeisevergütung erhält.

Die Entwicklung der Solarzellen läuft ähnlich atemberaubend wie die der Computer der ersten Jahrzehnte. Alle paar Monate kommt es zu deutlichen Sprüngen in der Energieeffizienz. Die Preise für immer bessere Module fallen dramatisch. Schlecht für manchen deutschen Hersteller, der wegen der hohen Subventionen lange keinen besonderen Druck hatte, seine Produkte möglichst schnell billiger und effizienter zu produzieren, gut für den Verbraucher und die Energiewende. Inzwischen kann man Solarzellen auf transparente Folie drucken. Diese biegsamen Folien, die auch lichtdurchlässig sind, können als Überdachung dienen. Vom Autobahnabschnitt bis zur Fußgängerzone bleibt der Fantasie hier freier Lauf.

Bald schon werden ganze Hausfassaden aus attraktiven Solarzellen bestehen, die optisch kaum noch etwas mit den glänzenden Silberlingen auf dem Dach zu tun haben. Bereits heute sind die glänzenden Glasfassadenelemente von Hochhäusern oft teurer als moderne Solarelemente vergleichbarer Optik. Aber auch die Windkraft ließe sich dezentral einsammeln. Längst gibt es kleine und sehr effiziente Windräder, die im Garten aufgestellt werden können. Jetzt mag nicht jeder so ein Windrad hinter der Terrasse stehen haben, aber dennoch gibt es wunderbare Möglichkeiten, diese Windkraft dezentral einzusammeln. Quer durch die Republik ziehen sich Tausende Kilometer Hochspannungsleitungen und Eisenbahnlinien. Was spricht dagegen, auf jeden dieser ohnehin bestehenden Masten eine solche kleine Windturbine aufzusetzen. Nicht ein einziger neuer Mast müsste in die Landschaft gestellt werden, keine Großwindanlagen würden die Gegend verschandeln. Hunderttausende dieser kleinen Windanlagen, die jede wiederum viele tausend Watt Strom erzeugen können, wären so problemlos zu installieren. Mit das Teuerste beim Bau von großen Windkraftanlagen ist der hohe Turm samt den Fundamenten. Bei den vielen kleinen Windanlagen würde dieser Aufwand entfallen. Denn wie gesagt, die Masten stehen ja bereits. Und die Turbinen wären schon gleich auf jenen Leitungsnetzen installiert, in die sie den umgewandelten Strom einspeisen könnten. In Baden-Württemberg entstehen dazu bereits erste Testprojekte.

Unzählige weitere Möglichkeiten der dezentralen Energiegewinnung könnten an dieser Stelle diskutiert werden. Sie ist bereits gelebte Realität, aber es kommt nun darauf an, dass alle Beteiligten schnellstmöglich die eingefahrenen Pfade verlassen und sich auf diese neue, ohnehin nicht aufzuhaltende Entwicklung einstellen. Ganz besonders die großen Energieunternehmen wie E.ON, RWE und EnBW müssen hier einen kompletten Strukturwandel vollziehen. Und sie haben schon damit begonnen. In anderen Branchen ist dieser Wandel bereits nahezu abgeschlossen. IBM beispielsweise hat früher sein Geld fast ausschließlich mit dem Bau und Verkauf von

Computern verdient. Doch im Wandel der Zeit war das nicht mehr auskömmlich. IBM besann sich auf seine Kernkompetenz, die Organisation und Verwaltung von Datenströmen. Die großen Datenmengen in der Cloud und auf riesigen Serverfarmen zu organisieren wurde ein viel einträglicheres Geschäftsmodell als der Verkauf der Hardware. Ähnlich SAP, die sich zunehmend vom Verkäufer von Softwareprogrammen zum Dienstleister rund um die Verwaltung und Analyse von Daten entwickelt.

Wie können die Stromkonzerne davon lernen? Wie können sie Geld verdienen, wenn die Menschen ihren eigenen Strom produzieren? Sie müssen sich langfristig wandeln vom Stromproduzenten zum Strommanager.

Wer seinen eigenen Strom produziert, wird an manchen Tagen einen Überschuss erzeugen, an anderen Tagen zu wenig eigenen Strom zur Verfügung haben, er muss zukaufen. Ein intelligentes Strommanagement, das den überzähligen Strom in Stunden niedriger Strompreise eine Zeitlang in Akkus oder Schwungrädern zwischenspeichert, in Phasen hoher Strompreise wiederum abruft und in das Leitungsnetz dorthin verkauft, wo er gebraucht wird, ein solches Energiemanagement benötigt intelligente Stromnetze, sogenannte Smart-Grid-Systeme – eine Art Strominternet, wie es bereits von Firmen wie Siemens erstellt wird. Bei der Informationstechnologie hat dieser Wandel schon stattgefunden. Früher hat ein zentraler Fernsehsender die Nachrichten produziert und per Antenne an die empfangenden Haushalte ausgestrahlt. Heute geschieht die Informationserstellung dezentral in jedem Haushalt. Überall sitzen Menschen am Computer und erzeugen Nachrichten in Blogs, Webseiten oder sozialen Netzwerken. Jeder kommuniziert mit jedem – eine dezentrale Erzeugung und Verteilung der Informationen. Die Fernsehsender sind nicht abgeschafft, aber sie wurden Teil dieses dezentralen Netzwerks, und auch sie nehmen die Nachrichten der dezentralen Einheiten auf und berichten ihrerseits darüber, was sich »im Netz« tut.

Das Gleiche geschieht aktuell im Stromnetz. Die ausschließlich zentrale Energieversorgung gerät zunehmend in den Hintergrund, und die dezentrale Energieerzeugung auf den Dächern der Haushalte gewinnt an Bedeutung. Aber auch bei den Nachrichten genügte es nicht, sie zu Hause für den Eigenbedarf zu erstellen. Es war nötig, Informationen anderen bereitzustellen, die sie brauchten, und wiederum deren Informationen abzurufen, wenn man sie selbst benötigte. Dazu wurde das Internet geschaffen. Die intelligente Datenautobahn. Das Pendant im Strombereich dazu ist das intelligente Stromnetz (Smart Grid), das es den Haushalten ermöglicht, untereinander zu kommunizieren und die Energie auszutauschen. Wer gerade Überschuss produziert, weil die Familie im Urlaub ist, verschickt seinen Strom an jenen Haushalt, in dem augenblicklich Wäschetrockner, Waschmaschine, Föhn und Backofen um die Wette laufen. Dazu braucht es ein intelligentes Stromnetz, mitdenkende Steuergeräte und Energiemanager, die diese Tätigkeit ähnlich wie DSL-Anbieter und Serverfarmen im Internet übernehmen. Eine Aufgabe, die wie geschaffen ist für die Stromkonzerne, die das Wissen dazu bereits mitbringen. Wenn sie sich damit zu viel Zeit lassen, werden es neue und junge Unternehmen sein, die ihnen dabei zuvorkommen. Es liegt an den Stromkonzernen selbst, ob sie auf den Zug der Zeit springen oder ob der ohne sie abfährt. Hier sollte sich keiner seiner Größe zu sicher sein. Wenn die Stromkonzerne sich auf dieses Feld der Verwaltung von Energie konzentrieren, können sie damit die unweigerlich schwindende Auslastung ihrer alten Zentralkraftwerke mehr als kompensieren.

Auch Rundumsorglos-Pakete sind denkbar und sinnvoll. Warum soll EnBW nicht in einem ganzen Stadtviertel das Angebot unterbreiten, die Fotovoltaikanlage aufs Dach zu setzen, die

Speichereinheiten im Keller unterzubringen, die intelligente Stromsteuerung zu übernehmen und auch für Wartung und Reparatur die Verantwortung zu übernehmen. Das Ganze mit eigenen Vertragshandwerkern. Der Bauherr muss sich nicht selbst darum kümmern, und die Erträge aus der Anlage werden unter dem Eigentümer des Hauses und dem Strommanager EnBW aufgeteilt. Durch die gleichzeitige Installation in vielen Häusern eines Stadtviertels werden die Kosten stark gesenkt. Großeinkauf von Fotovoltaikanlagen, Handwerker, die ohne große An- und Abfahrwege in einem »Aufwasch« arbeiten können. Sehr effizient!

Die dezentrale Energieerzeugung muss die zentralen Windparks nicht vollständig ersetzen. Zumindest auf viele Jahre hin wird das eine das andere ergänzen.

Fassen wir die Punkte noch einmal zusammen:

- Aufbau von erneuerbaren Energiesammlern in einigen zentralen und Millionen dezentralen Einheiten
- Entwicklung und Aufbau von Speichersystemen mit dem Schwerpunkt Wasserstoff
- Aufbau eines intelligenten Stromnetzes
- Entwicklung und Umstellung der Fahrzeugflotte auf Wasserstoffantriebe

Wir sprechen hier von Investitionen in die europäische Infrastruktur in Größenordnungen von vielen hundert Milliarden Euro. Diese Investitionen würden einen nie da gewesenen Wirtschaftsboom in Europa auslösen. Denn die Errichtung von Fotovoltaikanlagen, Speichern und Strommanagementsystemen in den Häusern der Bürger kann nun einmal nur vor Ort von lokalen Handwerkern ausgeführt werden und nicht im fernen China. Der Aufbau von Windanlagen, Wasserstoffumwandlern und Wasserstofftankstellen wird hier in Deutschland und Europa stattfinden und nicht in Mittelamerika. Das Geld

wird hier vor Ort ausgegeben und dreht sich gleich mehrfach – wie beim Aufbau der Eisenbahnlinien oder Interstate
Highways in den USA. Doch wo soll das Geld dazu herkom-
men? Die Staaten sind hoch verschuldet und können sich keine neuen Konjunkturpakete in dieser Größenordnung leisten.
Unternehmen wie E.ON und RWE sind durch die Investitionen der letzten Jahrzehnte längst bis über die Hutkrempe verschuldet. Neue Kredite verschlechtern die Bonität und treiben
die Zinssätze weiter in die Höhe, die sie für neue Investitions-
kredite zahlen müssen. Das holländische Unternehmen Tennet ist für große Teile der Netzanbindung der Windparks an
das deutsche Stromnetz zuständig. Hier sind Milliardeninves-
titionen nötig. Ohne diese Anbindungen kann der im Windpark erzeugte Strom nicht in das deutsche Stromnetz einge-
speist werden, die gesamte Anlage wäre nutzlos. Tennet ist
hier stark im Verzug. Bereits bestehende Windmühlen warten
dringend auf ihren Anschluss, neue Windparkprojekte liegen
auf Eis, weil die Anschlusssicherheit nicht gegeben ist. Tennet
hat eingeräumt, am Ende seiner Finanzkraft angekommen zu
sein und dringend nach Investoren zu suchen. Immer neue
Kredite für immer neue Netzanschlüsse, deren Erträge erst in
der Zukunft fließen, sind für jedes noch so große Unternehmen irgendwann zu viel. Durch diese Verzögerungen kommen
wiederum die Errichter von Windparks in Schwierigkeiten
und müssen ihrerseits Projekte zurückstellen, da nicht klar ist,
wann sie jemals einen Netzanschluss erhalten werden. Und
das wiederum erschwert die Planung für Tennet, da niemand
weiß, ob es künftig genügend Anlagen gibt, damit sich diese
neue Leitung rechnet. Die Katze beißt sich in den Schwanz,
und diese Katze heißt: »Finanzierung«. Der enorme Kapital-
bedarf überfordert die Finanzkraft und am Ende die Bonität
jedes noch so großen Unternehmens, und sei es die Firma
Tennet, die zu 100 Prozent in der Hand des niederländischen
Staates liegt. Hier gilt es anzusetzen. Woher soll also dieses

Geld für diesen Traum der Energiewende und den damit ein-
hergehenden Siegeszug der europäischen Wirtschaft kommen?

Erinnern wir uns an unser Schuldenproblem. Oder besser
gesagt: an unser Verteilungsproblem. Wir haben festgestellt,
dass allen Schulden exakt die gleiche Menge an Geldvermögen gegenübersteht. Wo also liegen all die Gelder, die das
Gegengewicht zu den riesigen Schuldenbergen der Staaten,
Unternehmen und Bürger bilden? Ein großer Teil liegt auf
den Spar- und Festgeldkonten jener Bürger, die Sparvermö-
gen haben – also etwa der Hälfte der erwachsenen Bevölkerung. Aber der weit überwiegende Anteil der Geldvermögen
liegt als Sparguthaben bei den Lebens- und Rentenversiche-
rungen. Genau diese Versicherungen kämpfen aktuell mit
einem Riesenproblem. Sie haben keine Ahnung, wie sie das
Geld ihrer Kunden anlegen sollen. Sie müssen es gemäß ihrer
Statuten so sicher wie möglich anlegen. Für diese – vermeintlich – sichere Anlageform der Staatsanleihen aus Deutschland
bekommen sie zurzeit nur etwa ein Prozent Zinsen. Aber die
Versicherungen haben ihren Kunden zwischen 2,5 und 4 Prozent Zinsen für deren angelegtes Geld vertraglich garantiert.
Was also tun, wenn die Not groß ist? Geht nicht? … Gibt's
nicht! Das Ei auf die Spitze stellen!

Wir haben eine Energiewende, die dringend Milliarden an Investitionsgeldern sucht. Gleichzeitig haben wir Versicherungen, die ebenso händeringend nach ertragreichen und zugleich
sicheren Anlagemöglichkeiten suchen. Was liegt näher, als
diese beiden Interessen zusammenzubringen?

Die Versicherungen würden in der Tat bereits jetzt sehr gerne
in Infrastrukturprojekte wie Windparks investieren, handelt es
sich doch auch aus ihrer Warte um eine sichere Anlageform
mit guten Erträgen. Doch es gibt ein Hindernis. Dieses Hindernis heißt »Basel II« und künftig »Basel III«. Das klingt
auf den ersten Moment wie die beiden Reaktorblöcke eines

Kernkraftwerks am Schweizer Rheinufer, ist aber in Wirklich-
keit eine internationale Regulierungsvorschrift für Geldanlagen von Banken und Versicherungen. Sehr vereinfacht besagt
diese Vorschrift in unzähligen Paragrafen, Details und Einzel-
bestimmungen, wie viel Eigenkapital ein Finanzinstitut für
diese oder jene Kapitalanlage selbst vorhalten muss.

Eine Versicherung und auch eine Bank haben zwei Arten von
Geldern zur Anlage zur Verfügung. Da ist einmal das Eigen-
kapital. Das ist das Geld, das der Versicherung selbst gehört.
Geld, das sie zum Beispiel durch den Verkauf eigener Aktien
bekommen hat, oder einbehaltene Gewinne der letzten Jahre.
Und damit kann sie eigentlich machen, was sie will.

Das bei der Versicherung von den Bürgern angelegte Geld
gehört der Versicherung nicht. Die Kunden haben es der Versicherung geliehen in der Hoffnung, dass die sorgsam damit
umgeht und einen Ertrag erwirtschaftet. Damit das auch so ist,
gibt es diese Basel-Vorschriften. So muss ein Finanzinstitut,
wenn es geliehenes Geld anlegt, auch eine gewisse Portion
eigenes Geld (Eigenkapital) mit anlegen. Auf diese Weise
möchte man verhindern, dass Banken und Versicherungen zu
wild mit dem ihnen anvertrauten Geld herumzocken. Je riskanter eine solche Geldanlage aus Sicht der Mitglieder des
Basler Ausschusses ist, umso mehr Eigenkapital muss die
Versicherung bereitstellen. Da sie ja riesige Summen an Kundengeldern zu vergeben hat, muss sie sich also auf die wenigen sehr sicheren Geldanlagen konzentrieren, ansonsten würde ihr weniges eigenes Geld nicht ausreichen. Daher legen die
Versicherungen zu größten Teilen das Geld ihrer Kunden in
Staatsanleihen der sogenannten OECD-Länder an. Die OECD
ist die Organisation für wirtschaftliche Zusammenarbeit und
Entwicklung. Ihr gehören 34 Staaten wie die USA, Deutschland, aber auch Griechenland, Südkorea und Chile an. Anleihen dieser Staaten gelten laut Basel als absolut sicher, da kann
nix passieren. Daher muss die Versicherung, wenn sie Gelder

ihrer Kunden hier anlegt, überhaupt kein Eigenkapital vorhalten. Tolle Sache, macht man gerne. Wie sicher eine solche griechische Staatsanleihe ist, darüber müssen wir an dieser Stelle wohl nicht diskutieren, schmunzeln genügt völlig.

Andere Geldanlagen sieht der Basler Ausschuss viel riskanter. Solche in Aktien beispielsweise oder sogar in Industriebeteiligungen wie in den Bau eines Windparks. Hier erkennt Basel ein wesentlich höheres Risiko als bei spanischen Staatsanleihen, weshalb die Versicherungen sehr viel eigenes Geld mitbringen müssen, wenn sie Kundengelder in den Bau eines Windparks investieren möchten. Da die Versicherungen, wie erwähnt, im Verhältnis zu den angelegten Kundengeldern nur sehr wenig Eigenkapital haben, bleibt ihnen also nichts anderes übrig, als weiter in Bundesstaatsanleihen anstatt in Wasserstoffkraftwerke zu investieren, so gerne sie es auch tun würden.

Und dass sie es gerne tun würden, steht außer Frage. So hat der Versicherer Munich RE (ehemals Münchner Rückversicherung, bevor man international cooler klingen wollte) zum Jahreswechsel 2012/13 gemeinsam mit den Firmen General Electric und EDF Energies Nouvelles für einen dreistelligen Millionen-Euro-Betrag 32 französische Windparks mit einer Gesamtleistung von 321 Megawatt erworben. Diese Windparks sind über ganz Frankreich verteilt, und es gibt bereits feste langfristige Abnahmevergütungen. Schon im Sommer 2012 hat Munich RE ebenfalls für einen dreistelligen Millionenbetrag drei britische Windparks erworben. Insgesamt möchte das Unternehmen in den nächsten Jahren 2,5 Milliarden Euro in diesen Bereich der erneuerbaren Energien investieren. Klingt viel, ist aber nur ein kleiner Beitrag angesichts der Summen, die wir für die Energiewende benötigen, und der Summen, die Versicherungen wie Munich RE zur Verfügung hätten, wenn sie könnten, wie sie wollten.

Wie bekommen wir das Ei auf die Spitze? Wir müssten die

Investitionen in Windparks und Energieinfrastruktur ebenso sicher machen wie die Investition in Staatsanleihen. Das ist aber kein Hexenwerk. Die Gründung eines europäischen Infrastrukturfonds wäre hierfür die ideale Konstruktion. Wer es gerne kleiner hätte, könnte das auch direkt in Form eines deutschen Infrastrukturfonds oder meinetwegen eines baden-württembergischen Fonds umsetzen. Ich versuche mich aber im Folgenden am großen Bild für Europa. Der geneigte Landespolitiker möge bitte über eine mögliche Adaption dieser Gedanken auf Länderebene nachdenken.

Ein solcher Infrastrukturfonds könnte die Finanzverwaltung der Energiewende sein. Er beteiligt sich an den Energieprojekten der großen Konzerne wie E.ON, Siemens, EDF, General Electric, EnBW, Vattenfall, Bilfinger, ABB, Daimler und so weiter, und so weiter. Diese Unternehmen planen einen Windpark, eine Methanumwandlungsstation, ein Wasserstofftankstellennetz, einen Ausbau von Stadtvierteln mit dezentraler Energieerzeugung und all die Dinge, die wir weiter oben zur Umsetzung der Energiewende angesprochen haben. Bislang hatten sie das Problem, dass sie nicht genügend Gelder zur Finanzierung dieser Projekte auftreiben konnten. Sie mussten sich das Geld leihen und zahlten dafür Zinsen zwischen 5 und 9 Prozent. Gleichzeitig schoss ihre Verschuldungsquote durch die Decke, ihre Bonität sank, und sie mussten immer höhere Zinsen für die Aufnahme neuer Gelder und neuer Projekte bezahlen. Es wurde unrentabel oder gar unmachbar. Man konnte nur kleine Schritte gehen. Die Energiewende geriet massiv ins Stocken.

Doch mit diesem neuen Instrument des Infrastrukturfonds würde ein solches Baukonsortium beliebig viele Projekte planen, sie wären nur noch durch die Anzahl der Beschäftigten und das Herbeischaffen der Rohstoffe begrenzt. Sie würden dann schon mit der Planung beim Infrastrukturfonds die nötigen Gelder anfordern. Dort würde eine Wirtschaftlichkeitsprüfung beispielsweise durch Prüfungsgesellschaften wie PwC oder KPMG stattfinden.

Der Infrastrukturfonds könnte von heute an problemlos durch die Bundesfinanzagentur organisiert und verwaltet werden, wie mir leitende Mitarbeiter des Hauses versicherten. Jetzt schon verwaltet die Bundesfinanzagentur die Schulden des Bundes. Wenn der Staat neues Geld benötigt, startet sie einen Rundruf bei den Banken und lässt Angebote für neue Kredite abgeben. Die Bundesfinanzagentur stellt daraufhin neue Bundesanleihen (Schuldscheine) aus, die sie den Banken gegen neue Gelder überlässt.

Sachverstand und Erfahrung sind dort also mehr als genug vorhanden, um auch die Gelder der Energiewende zu verwalten. Sie sammelt die angebotenen Investitionspläne der Industrie, die inzwischen mit dem positiven Testat der Wirtschaftsprüfungsgesellschaften ausgestattet sind, und organisiert einen monatlichen Rundruf bei den Versicherern. »Wir haben wieder einige gute Infrastrukturprojekte im Angebot. Wir brauchen für die Investition in zwölf Windparks, drei Methanstationen, 500 Kilometer Stromtrasse und 40 Wasserstofftankstellen im nächsten Monat 500 Millionen, im darauffolgenden Monat 2,3 Milliarden … Wer möchte investieren?« Die Versicherungen könnten sich jetzt je nach freiem Geld daran beteiligen. Munich RE gibt 200 Millionen, Allianz Global Investors beteiligt sich mit 400 Millionen und so weiter.

Dieses Geld wird aber nicht an den Fonds verliehen wie eine Anleihe gegen Zins, sondern es wird investiert, als würde Munich Re den Windpark direkt kaufen. So sind alle an einer Vielzahl von Infrastrukturprojekten beteiligt, was das Risiko extrem streut.

Warum der Umweg über den Infrastrukturfonds? Weil die europäischen Staaten die eingezahlten Gelder in diesen Fonds garantieren könnten. Die Garantie erstreckt sich dabei nicht auf die Erträge, sondern lediglich auf die eingezahlten Gelder.

Auf diese Weise sind diese Investitionen für die Versicherungen genau so sicher wie der Kauf einer europäischen Staatsanleihe. Sie könnten also beliebige Summen an Kundengeldern in diesen Fonds investieren, ohne ihr Eigenkapital einsetzen zu müssen. Auf diese Weise werden europaweit Billionen an Euro zur potenziellen Investition in die Energieinfrastruktur und damit in die Energiewende freigestellt. Das Risiko für die garantierenden Staaten ist ausgesprochen gering, denn in jedem Fall stehen ja all den investierten Geldern wertvolle Sachvermögen gegenüber. Leitungsnetze, Windparks und all die anderen Dinge. Wenn der Staat also tatsächlich ausfallende Gelder ersetzen müsste, würde er im Gegenzug Eigentümer dieser Anlagen, die ja einen volkswirtschaftlichen Wert darstellen. Dann wäre die Energieversorgung eben wieder in Staatshand. Das ist zwar nicht beabsichtigt, wäre aber kein Drama für die Staatsfinanzen. Und aller Voraussicht nach würde es nie dazu kommen. Die staatliche Garantie hat einzig den Zweck, die Basler Eigenkapitalvorschriften zu erfüllen. Eine solche Garantie sollte den Staaten allemal leichter fallen als die bisherigen Garantien für Zockerbanken in Spanien.

Wenn man diesen Gedanken des Infrastrukturfonds weiterentwickelt, wird schnell klar, dass es auch hier sinnvoll ist, nicht über einen Superfonds, sondern über viele kleine Infrastrukturfonds nachzudenken, die jeweils nur für wenige Projekte aufgelegt und in ihren jeweiligen Regionen lokal gesteuert werden. So kommt es auch zu einem Wettbewerb der Projekte, und nicht jedes wacklige Konzept kann sich über die gleichen Geldströme eines zentral aufgestellten Superfonds freuen, wenn es nur ein hinreichendes Testat einer Wirtschaftsprüfungsgesellschaft hat. Die Versicherungen und Anleger können dann selbst wählen, ob sie lieber an einem norddeutschen Windpark oder einer spanischen Solarfarm beteiligt sind. Aus ganz naheliegenden Gründen wird sich der deutsche Anleger vermutlich eher an der Windmühle vor der eigenen

Küste beteiligen, der spanische Versicherer hat aber ein besseres Gespür für die lokalen Begebenheiten in seiner Region. Dennoch wird es selbstverständlich zu länderübergreifenden Beteiligungen kommen, wenn das Konzept entsprechend attraktiv ist, wie der Kauf der britischen Windparks durch Munich RE beweist. So werden die interessantesten Konzepte am ehesten an Finanzierungsmittel kommen, und luxuriös geplante Prestigebauten werden sich schwerer tun, die Mittel einzuwerben.

Man kann dieses Konzept beliebig verfeinern und erweitern. Da es Versicherungen oft schwerfällt, in Projekte zu investieren, die erst in einigen Jahren fertiggestellt werden, gäbe es auch eine andere Möglichkeit. Die Industrie erstellt einen Windpark oder ein Kraftwerk zunächst auf Kredit, um es nach Fertigstellung ganz oder anteilig an die Infrastrukturfonds zu verkaufen und mit dem Erlös den Kredit zu tilgen und die eigene Bilanz wieder zu entlasten. So ist bereits im Vorfeld gesichert, dass vernünftig geplant und zügig gebaut wird, der Eigentumswechsel erfolgt nach Inbetriebnahme.

Auch die Bürger sollten sich mit eigenem Geld an diesen Fonds beteiligen dürfen, was die Akzeptanz der Energiewende in der Bevölkerung wiederum steigern dürfte. Dies wäre endlich eine sichere und sachwertgebundene Altersvorsorge.

Wenn darüber hinaus der Staat diese Form der Entwicklung der Energiewende unterstützen will, kann er das durch simple Maßnahmen sehr einfach tun: Er könnte die Investition in diese Infrastrukturprojekte als Altersvorsorge im Bereich Riester-Rente akzeptieren oder steuerliche Vergünstigungen für Erträge aus diesen Projekten anbieten oder Ähnliches. Dafür könnte er sich viele Subventionen an anderer Stelle der Energieversorgung sparen.

All diese Infrastrukturprojekte werden über viele Jahre und Jahrzehnte Geld verdienen. Windparks liefern Strom, Methanstationen liefern Gas, und Wasserstofftankstellen versorgen Pkw. Die Erträge teilen sich nun die errichtende und betreibende Industrie mit dem Infrastrukturfonds entsprechend ihrer Besitzanteile auf. Dieser schüttet die Erträge wiederum in Form von Dividenden an die Versicherungsunternehmen und Bürger aus. Wenn man sich überlegt, dass die Kalkulation eines Windparks von Zinskosten in Höhe von 5 bis 9 Prozent ausgeht und obendrein noch ein Gewinn übrig bleibt, dann kann man sicher davon ausgehen, dass es kein Problem sein wird, dass die Versicherungen mit einer Ausschüttung rechnen können, die um ein Vielfaches über ihren heutigen Erträgen aus Bundesstaatsanleihen liegen werden. Für die Industrie bleibt ebenfalls ein höherer Gewinn, da die Finanzierungskosten wesentlich geringer ausfallen. Man baut ja mit Eigenkapital, denn als solches wird das investierte Geld der Versicherungen dort verbucht. Die Bonität der Industriebetriebe wird durch die neue Kapitalstruktur stark verbessert, ihre bisherigen Finanzierungskosten sinken. Das macht die neuen Anlagen ebenfalls profitabler, und somit gibt es auch höhere Ausschüttungen für die Versicherungen und für die Versicherungsnehmer. Ein weiterer wesentlicher Vorteil ist der Inflationsschutz. Wenn die Preise weltweit stark steigen, steigen auch die Preise für Strom, Netzentgelte und Wasserstoff. Die Einnahmen der Energieinfrastruktur steigen eins zu eins mit der Inflation und somit auch die Erträge der Versicherungen und ihrer Kunden. Die Inflation vernichtet nicht mehr das Geld der Versicherungssparer. Sie kann ihnen nichts mehr anhaben, da sie in Sachwerte mit laufendem variablem Ertrag investiert haben und das auch noch mündelsicher durch die staatliche Garantie ihrer Investitionssumme.

DIE LÖSUNG DES SCHULDENPROBLEMS

Doch die Vorteile dieses Masterplans sind damit längst noch nicht erschöpft. Durch die riesigen Summen, die nun in kürzester Zeit und nur begrenzt durch die Leistungsfähigkeit der europäischen Industrie in diese Infrastrukturpläne fließen, kommt es zu einem starken Wirtschaftsboom auf dem gesamten europäischen Kontinent. Einem Boom, ich wiederhole es gern, wie es ihn zuletzt beim Bau der amerikanischen Eisenbahnlinien oder der Interstate Highways gab. Und dieser Boom wird sich nicht nur auf die direkten Beteiligten auswirken, sondern auf alle Branchen übergreifen. Es werden viele neue Bauarbeiter benötigt, Ingenieure, Elektrotechniker, Fahrzeugbauer und so weiter. Die Löhne steigen, die Arbeitslosenzahlen sinken. Die Menschen haben wieder Geld zum Ausgeben, und sie werden das auch tun, wovon wiederum die übrigen Branchen profitieren. Das investierte Geld der Versicherungen dreht sich in kurzer Zeit mehrmals innerhalb der Gesellschaft, und jedes Mal kurbelt es die Wirtschaft wieder ein bisschen an.

Mit einem wichtigen Unterschied: Diesmal ist es kein Kreditgeld, das umläuft. Es werden keine neuen Schulden gemacht, ganz im Gegenteil. Schauen wir kurz auf den Kreislauf des Geldes in unserem Szenario. Die Versicherung entscheidet sich, Geld aus Staatsanleihen abzuziehen. Sie verkauft ihre Staatsanleihe beispielsweise an die EZB, die sich ja ohnehin bereit erklärt hat, jede beliebige Menge an Staatsanleihen aufzukaufen. Dazu schafft die EZB neues Geld. Und das bekommt die Versicherung für die Staatsanleihen – beispielsweise der Bundesrepublik – die sie an die EZB verkauft hat. Der Staat ist jetzt nicht mehr bei der Versicherung verschuldet, sondern bei der EZB. Das frische Geld investiert die Versicherung nun in den Infrastrukturfonds. Sie kauft sich damit praktisch Kraftwerke und Leitungsnetze. Sie hat einen Tausch vorgenommen. Sie hat Geldwerte (Staatsanleihen) in Sachwerte (Kraftwerke) eingetauscht. Das Geld aus dem Fonds haben die Industrieunternehmen an Baufirmen, Zulieferer, Mitarbeiter und so weiter ausgegeben. Mit dem Gewinn können sie ihre eigenen Schulden reduzieren. Bei all den Investitionen fallen auch viele Steuern an. Die Wirtschaft boomt, Einkommensteuer und Mehrwertsteuereinnahmen explodieren ebenfalls. Der Staat spart sehr viel Geld in den Sozialsystemen, bei den Arbeitslosengeldern. Er muss in dieser Phase auch selbst gar keine Konjunkturmaßnahmen oder Subventionen zahlen. Er kann sich sogar aus vielen Dingen weitgehend heraushalten.

Jetzt kommt es ganz wesentlich darauf an, dass es die Politiker an dieser Stelle nicht wie so oft in der Vergangenheit versemmeln. Das gesparte Geld und die sprudelnden Steuereinnahmen darf der Staat keinesfalls für überflüssige Wohltaten oder Wahlgeschenke raushauen. In der Phase der sprudelnden Quellen muss er jeden zusätzlichen Euro verwenden, um seine Schulden – die jetzt zum Teil bei der EZB liegen – zurückzuzahlen. So findet das von der EZB neugeschaffene Geld wieder seinen Weg zurück zur EZB. Was ist also passiert? Bei der Versicherung ist Geldguthaben verschwunden. Man hat Geldvermögen ausgegeben und sich dafür Sachvermögen gekauft. Dadurch konnten diejenigen, die Schulden hatten, dieses Geld verdienen – oder durch Steuern einnehmen – und somit ihre Kredite zurückzahlen. Ein Teil der Geldguthaben und der Schulden wurde gegeneinander aufgelöst. Und das ist doch genau das, was wir vor einigen Seiten verzweifelt erreichen wollten. Wir wollten die Schulden und Geldvermögen wieder gegeneinander neutralisieren. Wir wollten Schulden aus dem System streichen, und es war klar, dass wir dazu gleichzeitig Geldguthaben streichen müssen. Wir haben über verschiedene Varianten nachgedacht, sie zu vernichten. Aber

wir hatten nicht an den schöpferischen Weg gedacht, den
Geld-Schulden-Strom einfach umzukehren. Diejenigen, die
Geldwerte besitzen (also einmal eine Leistung erbracht haben), dazu zu bringen, dieses Geld wieder auszugeben, damit
die, die noch eine Leistung schuldig sind, diese Leistung nun
erbringen können, um ihr ausgegebenes Geld wieder zurückzuverdienen.

Mit einem solchen Konzept sind Schulden und Geldguthaben
zu gleichen Teilen aus dem System verschwunden, dafür sind
in genau dieser Größenordnung Sachwerte entstanden, die das
Vermögen und den Wohlstand der Volkswirtschaft massiv erhöhen und langfristige große Erträge abwerfen. Der Aufstieg
Europas zu einer wieder wohlhabenden Weltmacht ist mach-
bar. Geht nicht? … Gibt's nicht!

Sollte Ihnen das etwas zu unübersichtlich gewesen sein, habe
ich hier noch ein erklärendes Gedankenspiel:

Wir haben drei Teilnehmer: eine Bank, einen Maurermeister
und einen Dachdecker. Der Maurer benötigt ein neues Dach
über seiner Werkstatt. Da er kein Geld flüssig hat, leiht er sich
bei der Bank 10 000 Euro. Er ruft den Dachdecker an und er-
teilt ihm den Auftrag für ein neues Dach. Nach der Fertigstellung zahlt er dem Dachdecker die 10 000 Euro, die dieser wiederum bei seiner Bank anlegt. Er freut sich regelmäßig über
seine Zinsen. Der Maurermeister hat zwar ein neues Dach,
muss aber nun jedes Jahr diese Zinsen bezahlen. Plötzlich
schwächelt die Wirtschaftslage, der Maurer kann die Zinsen
nicht mehr bezahlen. Eine Lösung wird gesucht. Man könnte
dem Maurer die Schulden erlassen. Der würde sich freuen,
hätte er sein Dach doch praktisch umsonst bekommen, aber
der Dachdecker wäre um seinen Lohn gebracht. Wir könnten
auch die Preise inflationieren, der Effekt wäre der gleiche. All
das droht dem Dachdecker, wenn uns keine bessere Lösung
einfällt. Da kommt dem Dachdecker ein Geistesblitz. Er holt
die 10 000 Euro von der Bank und beauftragt den Maurer-

meister, ihm eine neue Werkstatthalle zu bauen. Das macht
der mit Freuden und erhält im Gegenzug die 10 000 Euro. Und
mit diesem Geld löst er bei der Bank seinen Kredit ab. Der
Kredit und die 10 000 Euro sind ebenso aus dem System verschwunden, wie sie entstanden sind. Aber wie von Zauberhand sind dazwischen ein Dach und eine Werkstatthalle entstanden.

Wir müssen verstehen, dass der ursprüngliche Sinn der Kre-
ditvergabe immer nur eine Vorfinanzierung war. Die Rückzahlung des Kredits wird aber dann unmöglich, wenn der Emp-
fänger des Geldes sich weigert, es wieder auszugeben. Solange er es bei der Bank als Einlage oder im Strumpf unter dem
Bett hortet, wird es für den Kreditnehmer unmöglich sein, das
Geld zurückzuverdienen, um seine Schulden zu tilgen. Genau
hier liegt das absolute Kernproblem unseres Finanzsystems.
Das Nichtausgeben von Geld ist das Problem. Und genau an
dieser Stelle machen auch viele gutmeinende Menschen aus
dem linken Lager einen Denkfehler. Nicht der ist das Problem, der viel Geld verdient, sondern nur derjenige, der es
danach nicht wieder ausgibt und damit dem Wirtschaftskreis-
lauf entzieht. Wenn jemand zehn Millionen Euro verdient und
diese zehn Millionen Euro direkt wieder für ein Haus, eine
Fabrik oder auch einen Sportwagen ausgibt, ist alles in Ordnung. Das Haus muss gebaut werden, die Handwerker verdienen das Geld. Gleiches gilt für den Sportwagen, und auch die
Fabrik muss erbaut werden und schafft danach noch Arbeitsplätze. Alles wunderbar. Das Problem entsteht, wenn derjenige sein Geld *nicht* ausgibt, sondern es hortet. Dann hat derjenige, der Schulden hat, keine Chance, das Geld zurückzuverdienen. Er wird auf alle Zeiten die Zinsen bezahlen müssen,
die der andere bekommt, der das Geld bei der Bank hortet.
Genau hier muss die Politik ansetzen. Eine Sondersteuer auf
Luxusgüter wäre absolut kontraproduktiv. Ermuntert die Leute, ihr Geld wieder auszugeben. Im Augenblick geschieht das

Gegenteil. Wir ermuntern sie geradezu, ihr Geld nicht auszugeben, sondern es gegen Zins bei der Bank liegen zu lassen.
45 Prozent Steuern auf Arbeitseinkommen, aber nur 25 Prozent Steuern auf Zinseinkommen ist das falsche Signal. Arbeitseinkommen müsste niedriger besteuert werden als Zinseinnahmen. Aber auch die Erträge aus Investitionen in Unternehmen müssten geringer besteuert werden als Zinserträge.
Denn wer sein Geld in ein Unternehmen investiert, der bringt
es wieder in Umlauf, der kauft Maschinen, stellt Mitarbeiter
ein und zahlt Löhne. Die Erträge aus solchen Investitionen
sollten genauso versteuert werden wie Löhne und Gehälter.
Aber die Einkünfte aus dem schädlichen Horten von Geld, die
Zinseinnahmen, die müssten wesentlich höher besteuert werden als Löhne und Gehälter, so dass es zur Strafe wird, wenn
man sein Geld nicht ausgibt oder zumindest in die Wirtschaft
investiert.

Auch das könnte man sinnvoll staffeln. Einen Grundstock an
Zinsanlage zur Altersvorsorge steuerlich niedrig zu behandeln
ist sicherlich legitim. Aber alles darüber hinaus sollte nach
oben gestaffelt deutlich über die Steuersätze für Löhne und
Gehälter ansteigen. Es muss unattraktiv werden, hohe Geld-
beträge zu horten. Die Folgen wären beachtlich. Das Geld
würde nicht mehr geparkt werden, sondern würde wesentlich
schneller in der Wirtschaft umlaufen. Das wäre ein immenser
Schub für die wirtschaftliche Dynamik. Da bei jeder Wei-
tergabe des Geldes Mehrwertsteuer anfällt, steigen auch die
Staatseinnahmen enorm. In der Folge könnten die Mehrwert-
steuersätze wie die Lohn- und Einkommensteuersätze ebenso
gesenkt werden wie die Steuersätze auf Erträge aus Investitionen in die Wirtschaft.

Im Zusammenhang mit Geldvermögen wird auch immer
wieder die Erbschaftsteuer zur Diskussion gebracht. Offen
gestanden halte ich wenig davon. Schon eingangs hatte ich
geschildert, wie wichtig für unseren Antrieb das »Haben-Wol-

len« ist. Für die meisten von uns, besonders im fortgeschrittenen Alter, zählt irgendwann nicht mehr der Antrieb nach dem eigenen Wohlergehen, sondern der Wunsch, etwas für die Kinder zu tun. »Ich mache das, damit es meinen Kindern bessergeht«, ist ein Satz, den Sie von Eltern jeder Einkommensschicht hören werden. Diesen inneren Antrieb der Gesellschaft wegzubesteuern halte ich für wenig klug. Ich selbst wäre ziemlich frustriert, wenn es mir zwar gelingen würde, ein wenig Wohlstand aufzubauen, den ich meinem Sohn übergeben könnte, dieser aber vom Staat nach meinem Ableben konfisziert würde, weil man es ungerecht findet, dass mein Sohn etwas erbt.

Womit ich allerdings überhaupt kein Problem hätte, wäre ein anderes Erbschaftsmodell. Sachwerte und Firmenbeteiligungen dürfen steuerfrei vererbt werden. Bei Geldvermögen (Bargeld, Anleihen, Bankguthaben etc.) würde der Erbe vor die Wahl gestellt: »Gib es aus, oder investiere es in ein Unternehmen. Gründe selbst eines, und wenn du dir das nicht zutraust, such dir bestehende Unternehmen aus, die du für gut erachtest, und stell diesen das Geld zur Verfügung, indem du dich an ihnen beteiligst.« Wenn man so ein Modell dann noch durch Feinsteuerung justiert, könnte man damit besonders junge innovative Unternehmen fördern, die dringend Geld für den Aufbau benötigen. Es ist ein großer Unterschied, ob ein solches Jungunternehmen Eigenkapital erhält, mit dem es in Ruhe arbeiten kann, oder ob es Fremdkapital (Darlehen) aufnehmen muss.

Nehmen wir einen innovativen Jungunternehmer, der eine Erfindung gemacht hat und nun Geld benötigt, um Maschinen zu kaufen, eine Werkshalle zu bauen und Mitarbeiter einzustellen. Er stellt mir sein Konzept vor und überzeugt mich. Ich stelle ihm das Geld als Eigenkapital (Aktien) zur Verfügung und bin nun bei ihm beteiligt. Im ersten Jahr verdient er noch kein Geld, die Firma befindet sich noch im Aufbau. Das ist für

ihn kein Problem, er muss ja keine Gewinnbeteiligung ausschütten und kann in Ruhe weiterarbeiten. Im zweiten Jahr
vielleicht ebenso. Für mich kein Problem, denn weil sich sein
Unternehmen gut entwickelt, steigt der Wert meiner Aktien.
Im dritten Jahr verdient er jetzt gutes Geld, seine Erfindung ist
erfolgreich, und er kann sich und seinem Teilhaber (mir) einen
Teil des Gewinns als Dividende ausschütten, ohne den Betrieb
dabei zu stören.

Hätte ich ihm das Geld aber nicht als Eigenkapital zur Verfügung gestellt, sondern als Darlehen zu beispielsweise nicht
unüblichen 8 Prozent, hätte er mir schon im ersten Jahr diese
8 Prozent auszahlen müssen, obwohl er noch gar nichts verdient hat. Das hätte seinen Betrieb vielleicht schon in Probleme gebracht. In jedem Fall konnte er diese 8 Prozent schon
mal nicht in Maschinen oder Werbung investieren. Im nächsten Jahr das Gleiche. Vielleicht hätte er jetzt schon wieder ein
paar Maschinen verkaufen müssen, um mir meine 8 Prozent
auszuzahlen, und das vielversprechende Unternehmen wäre
nie richtig vorangekommen, vielleicht sogar eines Tages plei-
tegegangen.

Wir sehen, direkte Beteiligung mit Eigenkapital ist für die
Unternehmen allemal besser als Fremdkapital und Darlehen.
Die Sorge vor einer zu großen Mitbestimmung der Eigen-
kapitalgeber lässt sich hier durch entsprechende Strukturen
wie stimmrechtslose Vorzugsaktien ausräumen.

Diese Kopplung des wirtschaftlichen Erfolgs des Unternehmers und des Kapitalgebers ist ein Schlüssel für die Probleme
unseres Finanzsystems. Bin ich am Unternehmen beteiligt,
hängt mein finanzieller Erfolg direkt mit der wirtschaftlichen
Entwicklung zusammen. Wächst die Wirtschaft, geht es meinem Unternehmen gut, und dann wächst auch mein Vermögen.
Verdient die Wirtschaft nichts, bekomme auch ich keine Ausschüttung. Schrumpft die Wirtschaft, schrumpft auch mein Vermögen, weil der Wert meiner Unternehmensanteile schrumpft.

Das ist fair und sinnvoll. Auf diese Weise wird der Kapitalgeber nicht eines Tages übermächtig. Genau das passiert nämlich bei der Geldvergabe gegen einen festen und bedingungs-
losen Zinssatz. Ich bekomme meine 8 Prozent, egal wie es
der Wirtschaft geht. Die Wirtschaft stagniert, mein Vermögen wächst dennoch um 8 Prozent. Wo die Wirtschaft das her-
nimmt, muss mich nicht interessieren. Zur Not muss das Unternehmen eben noch ein Darlehen aufnehmen, ich kann ihm
das Geld ja jetzt wieder leihen. Wann immer es der Wirtschaft
nicht gelingt, in ihrem Wachstum mit meinen Zinserträgen
Schritt zu halten, baue ich als Kreditkapitalgeber meinen Vorsprung, mein Vermögen und somit meinen Einfluss aus. Da es
immer ruhige Wirtschaftsphasen oder gar auch Rezessionen
mit schrumpfender Wirtschaft gibt, meine Zinserträge aber
auch in diesen Phasen fließen, wird das Verhältnis zwischen
Geldkapitalbesitzern und produzierender Wirtschaft von Jahr
zu Jahr immer unausgewogener. Das zeigt sich als Endergeb-
nis in den Zahlen, die wir schon einmal beleuchtet hatten. Seit
den 1950er Jahren hat sich die Wirtschaftsleistung der Bundesrepublik verachtfacht, die Schulden und Geldvermögen
haben sich in dieser Zeit versechsundvierzigfacht.

Um diese verhängnisvollen Mechanismen zu unterbrechen,
benötigt man keine Revolution, kein neues Geldsystem und
auch keine Verbote und Enteignungen. Wenige gezielt ange-
setzte Steuerveränderungen zu Lasten der Zinserträge und zugunsten der Löhne und Investitionserträge würden vollkommen ausreichen. Verbote sind längst nicht so vorteilhaft wie
Motivationsanreize.

Dass in diesen Fonds auch die Bürger direkt einzahlen können, ist selbstverständlich. Sie würden ihr Geld vom Festgeld-
konto holen oder Staatsanleihen verkaufen und das Geld in
diesen Fonds einzahlen.

Von diesem Konzept profitieren alle. Die Geldanleger bei den
Banken und Versicherungen, die nun eine sichere, nämlich

staatlich garantierte Anlageform mit einem vernünftigen Ertrag erhalten. Dieser Ertrag und die Anlage sind somit inflationsgeschützt. Die Alternativen wären, dass ihnen das Geld eines Tages durch Inflation, Schuldenschnitt oder steuerliche Maßnahmen »neutralisiert« wird. Da ist eine solche sichere Anlageform mit Inflationsschutz doch eine tolle Sache.

Die Versicherungen haben endlich eine Möglichkeit, ihre Kundengelder sicher und gleichzeitig mit attraktiver Rendite anzulegen, ohne ihr Eigenkapital angreifen zu müssen.

Der Staat freut sich über eine gelungene Energiewende, eine boomende Wirtschaft, geringe Arbeitslosenzahlen und Sozialkosten, sprudelnde Steuereinnahmen und eine sinkende Verschuldungslast.

Die Industrie freut sich über starke Aufträge, gute Gewinne, sinkende Fremdfinanzierungskosten (sinkende Verschuldung), Zugewinn internationaler Wettbewerbsfähigkeit durch starke Innovationen, die im Zuge dieses Booms entstehen.

Die Energiekonzerne können sich über die gleiche Entwicklung freuen, wenn sie ihren eingeschlagenen Weg fortsetzen und sich vom reinen Elektronenverkäufer hin zum Elektronenmanager entwickeln.

Die Bürger freuen sich über eine starke Wirtschaftsentwicklung, mehr Arbeitsplätze, höhere Gehälter und mehr Wohlstand, saubere Innenstädte durch weniger Abgase und eine nachhaltige Altersvorsorge.

Europa freut sich über einen starken Boom, in dessen Windschatten endlich auch die notwendigen Reformen umgesetzt werden können, sowie über einen starken Zuwachs an weltwirtschaftlicher und weltpolitischer Bedeutung.

EINE GEMEINSAME VISION

Ich hatte in den vergangenen Monaten die Gelegenheit, mit zahlreichen hochrangigen Vertretern der Energiekonzerne, der Versicherungswirtschaft, der Politik, der Industrie und der Bundesfinanzagentur zu sprechen. Überall stieß ich mit meinem Konzept auf Begeisterung. Jetzt gilt es, diese Begeisterung in Taten umzusetzen. Wichtig ist nun eine Vernetzung all dieser wichtigen Elemente und ihrer Vertreter. Es genügt nicht, wenn Daimler am Wasserstoffauto forscht oder Siemens über das Smart Grid nachdenkt. Alle müssen aus ihrem geschlossenen Gebäude herauskommen, sich mit den anderen an einen Tisch setzen und eine gemeinsame Agenda für die nächsten Schritte ebenso wie für die ferne Vision erstellen. An vielen Orten geschieht das bereits, und es haben sich schon etliche disziplinübergreifende Netzwerke gebildet. Je schneller diese sich weitervernetzen und sich koordinieren, umso schneller und erfolgreicher kann das Generationenprojekt gelingen.

Das ganze Konzept steht und fällt mit der Fähigkeit, die unterschiedlichen Disziplinen zu koordinieren und eine gemeinsame Geschichte zu erzählen, mit der sich die Industrieführer, die Politiker und vor allem die Menschen in der Gesellschaft identifizieren können. Sie müssen wissen, auf welches Ziel wir gemeinsam hinlaufen. Es heißt, dass der erfolgreiche Rennfahrer das Rennen nur deshalb gewinnen kann, weil er sich schon vor dem Start vorstellt, wie er durchs Ziel fährt und den Siegerkranz entgegennimmt. Die Vision ist der stärkste Antrieb und das wichtigste Element für den Erfolg. Und bei aller Wertschätzung, es war der unsäglichste Satz, den Helmut Schmidt jemals gesagt hat: »Wer Visionen hat, der soll zum Arzt gehen.« Richtig ist: Wer keine Visionen hat, wird auch nie ein Ziel erreichen, sondern sich stets mit Durchwursteln zufriedengeben. Dazu sollten uns unsere eigene Zukunft und die unserer Kinder zu wertvoll sein.

Natürlich wird es noch viele Diskussionen und Details zu besprechen geben. Dieser Masterplan für Europa ist längst noch nicht zu Ende gefeilt. Es ist ein in sich stimmiges Grundkonzept, dessen weitere Entwicklung noch jede Menge Raum für etliche wichtige Ergänzungen birgt. Es ist ein Aufruf, dieses Konzept weiterzuentwickeln und in der Breite der Gesellschaft zu diskutieren. Es gilt, viele Felsbrocken aus dem Weg zu räumen und zahllose Bedenkenträger mit guten Argumenten zu überzeugen.

Es wird auch Interessengruppen geben, die an einer solchen Entwicklung absolut kein Interesse haben. Kaum jemand außerhalb Europas wird sich dafür einsetzen, dass Europa zu einer starken gemeinsamen Volkswirtschaft wird. Erst recht hat niemand außerhalb der EU ein Interesse daran, dass Europa energiepolitisch unabhängig wird. Solange wir auf Gas und Öl aus aller Welt angewiesen sind, kann man uns erpressen, nötigen und zu vielen Zugeständnissen überreden. Wir werden uns auf große Kampagnen und Gegenwehr der internationalen Spieler einstellen müssen. Die großen Energiekonzerne wie Exxon würden viel lieber in Norddeutschland mit Fracking-Methoden unser Gas aus unserem eigenen Boden holen, es teuer an uns verkaufen und danach die Umweltlasten für Generationen bei den Bürgern der Region zurücklassen, so wie es momentan jeden Tag auf dem Gebiet der Vereinigten Staaten geschieht. Auch hier versuchen sie, aggressiv und unter Einbeziehung der US-Politik ihre Interessen bei den deutschen Politikern durchzusetzen. Diese Konzerne haben keinerlei Interesse an einem Schwenk Europas zu erneuerbaren Energien. Sie werden sicherlich ihre Lobbytruppen gegen diese Entwicklung einschwören.

Auch die Banken werden sich ihren Platz in unserem Modell suchen müssen, wenn die Versicherungen und Bürger mit

ihren Geldern die Kredite der Banken ersetzen. Denkbar
wäre es, die Banken in die Konstruktion und den Vertrieb
der Infrastrukturfonds mit einzubinden. Ihre Erfahrungen im
klassischen Investmentbanking können sehr wertvoll sein. Investmentbanking ist nicht immer gleich wilde Zockerei, das
wird häufig durcheinandergeworfen. Auch die Begleitung
eines jungen Unternehmens beim Börsengang ist eine Aufgabe des Investmentbankings, und hier liegt eine wichtige
volkswirtschaftliche Aufgabe. Investmentbanking ist nicht
per se schlecht, man muss genau hinschauen, über welchen
Bereich des Investmentbankings man spricht.

Wenn wir allerdings diesen konstruktiven Weg nicht gehen
wollen, blieben nur die eingangs erwähnten destruktiven
Wege, Schulden abzubauen, mit allen negativen Konsequenzen für Deutschland und Europa. Es liegt an uns, welchen
Weg wir gehen wollen.

Das vorgeschlagene Konzept ist – richtig umgesetzt – in der
Lage, die größten anstehenden Herausforderungen Europas
gleichzeitig anzugehen. Es hat das Potenzial, die Energiewende in hoher Dynamik Realität werden zu lassen. Es bringt zum
ersten Mal seit dem Beginn des Ölzeitalters die energiepoli-
tische Unabhängigkeit Europas. Ein Wirtschaftsboom ist die
Folge, der auch die Länder Südeuropas erfasst und somit den
Spielraum schafft, notwendige Reformen mit der Akzeptanz
der Bevölkerung umzusetzen. Und das hilft, die Schere zwischen Schulden und Geldguthaben stärker zu schließen, und
bewirkt eine nachhaltige Verringerung der Schuldenlast im
gesamten System »Europa«. Es bringt eine spürbare Wohl-
standssteigerung für die europäischen Bürger und legt somit
die Grundlage für ein Zusammenwachsen Europas.

Die großen, wichtigen Teilnehmer des Systems haben sich
schon längst zu dieser Entwicklung bekannt. Daimler und
BMW forschen aggressiv am Wasserstoffauto, Berlin will die
Energiewende ebenso wie die EU. Die Versicherungen begin-

nen schon im Rahmen ihrer bisherigen Möglichkeiten, in Windparks zu investieren, die deutschen Energiekonzerne haben damit begonnen, ihre schweren Tanker umzusteuern, was naturgemäß lange dauert, aber die Kapitäne haben den Kurs berechnet und den Befehl an den Maschinenraum gegeben. Siemens und ABB haben das Intelligente Stromnetz einsatzbereit.

Was bislang fehlt, sind die gemeinsame Struktur, der unbedingte politische Wille, all das umzusetzen, und die Finanzierbarkeit. Man hat bisher den Fehler gemacht, immer nur über eine Finanzierung durch neue Schulden, neue Kredite nachzudenken. Doch auch die amerikanischen Eisenbahnlinien wurden zum größten Teil nicht mit Krediten gebaut, sondern mit Eigenkapital. Mit Aktien. Es wäre damals keinem Unternehmer möglich gewesen, so viel Geld alleine aufzubringen, um die Eisenbahnlinien durchs Land zu ziehen. Mit Krediten wäre es wohl auch nie geglückt, das hätte die mit den steigenden Krediten sinkende Bonität die Unternehmungen vermutlich auf halber Strecke erstickt, so wie es aktuell der Energiewende droht. Aber die Gründer der Eisenbahnen haben das Geld ihrer Mitbürger mit Anteilsscheinen – Aktien – eingesammelt. Die Menschen waren fasziniert von der Vision, die die neuen Technologien mit sich brachten.

Amerika erzählte eine Geschichte, die die Menschen glaubten und die sie faszinierte. Sie beteiligten sich an den Eisenbahnen mit ihrem Geldguthaben, und viele wurden dadurch wohlhabend. Andere blieben im wahrsten Sinne des Wortes auf der Strecke, weil ihre Eisenbahnlinie pleiteging. Wir sollten daraus zu lernen. Einerseits, dass ein solch gigantisches Infrastrukturprojekt niemals mit Krediten entstehen kann, sondern nur als Massenbewegung der Bürger, die sich mit ihrem eigenen Geld finanziell daran beteiligen. Andererseits, dass es sinnvoll ist, dieses Geld in Fonds zu sammeln, die dann in die verschiedenen Projekte investieren. Auf diese Weise teilt man sich das Risiko und die Chance, so dass alle gleichermaßen vom Gesamterfolg der Infrastrukturwende profitieren. Nicht die einen haben das Glück, die Perlen erwischt zu haben, während andere die Zitronen eingekauft haben, jeder ist an allem beteiligt und somit am Gesamterfolg der kompletten Energiewende. Das Ganze auch noch mit der Garantie des Staates auf das eingezahlte Kapital, der im schlimmsten Falle Eigentümer von Energieinfrastruktur würde.

Diese Energiewende wird mehrere Jahrzehnte in Anspruch nehmen, bevor sie flächendeckend vollbracht ist. Zwischen 20 und 40 Jahren wird dieser Umbau vermutlich dauern. Ein jahrzehntelanges Konjunkturprogramm und ein goldenes Zeitalter für ganz Europa. So lange haben auch die Energiekonzerne Zeit, ihren Tanker zu drehen. Bis dahin sind alle konventionellen Kraftwerke abgeschrieben und haben ihren Dienst und Profit erfüllt. Das Erdgas als ideale Übergangstechnologie steht uns in jedem Fall so lange zur Verfügung.

Wenn wir nun die Erkenntnisse über die griechischen und zypriotischen Gasfelder in unsere Überlegungen mit einbeziehen, bekommt das Thema einen krönenden Abschluss. Wenn wir uns nicht von Nobel Energy und Halliburton überholen lassen und es uns gelingt, mit BASF-Wintershall, Total, OMV, Eni und Hellenic Petroleum diese konventionellen Gasfelder für Europa zu erschließen, wären wir in wenigen Jahren bereits zu großen Teilen energiepolitisch autark. Wir könnten unsere Industrie und Bürger bereits jetzt mit billigem Gas aus dem Mittelmeer versorgen und die gewonnene Zeit in den Umbau zu erneuerbaren Energien nutzen. Ein Blick auf den Wohlstand des norwegischen Staates, der sich fast ausschließlich aus seinen Gasfeldern speist, kann uns hier ein Ansporn sein. Es gibt dank dieser Vorkommen absolut keine Notwendigkeit, Chemikalien in den norddeutschen Boden zu pressen, um dort das Gas umweltgefährdend aus dem Boden zu fracken. Auch wenn das mancher internationale Erdölkonzern nicht gerne hört. Lassen wir uns nicht verschaukeln.

Es wird Zeit, dass wir in Europa ein wenig Selbstbewusstsein an den Tag legen. Wir sind die größte Volkswirtschaft der Welt, haben die besten Ingenieure, eine im Vergleich zu anderen Kontinenten funktionierende Demokratie und ein Wertesystem, das auch aus objektiver Sicht zu den am weitesten entwickelten der Welt gehört. Darauf dürfen wir stolz sein.

Es wird Zeit, sich wieder auf diese Stärken, Fähigkeiten und Werte zu konzentrieren und unsere Probleme mutig anzugehen. Dazu brauchen wir jedoch auch eine Vision für Europa. Wie soll Europa in 20 Jahren aussehen? Wenn wir dazu keine klare Vorstellung haben, wie können wir dann wissen, welchen Weg wir gehen müssen? Und wie sollen wir ein Ziel erreichen, das wir nicht einmal kennen? Wir brauchen Politiker mit Visionen, die in der Lage sind, eine Geschichte zu erzählen und den Weg vorzugehen. Wir brauchen keine blassen Durchwurschtler, die sich damit begnügen, irgendwie die nächsten Wahlen zu überleben.

EUROPA UND DIE LOBBYISTEN

Wir müssen die Politiker stärken, die eine solche realistische und positive Vision mitbringen, und wir müssen mit ihnen gemeinsam diese Vision gestalten. Wie soll dieses Europa aussehen? Bereits heute lassen wir uns von einer Vision umtreiben, aber das ist eine Horrorvision. Wir sehen ein Europa, das keine demokratischen Strukturen besitzt. Dessen Abgeordnete nur aufgrund ihrer Parteizugehörigkeit weitgehend anonym und von den europäischen Bürgern unbeobachtet alle möglichen Dinge entscheiden, von denen wir nicht wissen, ob sie gut oder schlecht sind. Wir bekommen nur mit, wenn mal wieder eine Skandalentscheidung wie das Glühlampenverbot für uns Bürger direkt und spürbar durchgreift. All die kleinen Gemeinheiten, die wir am Ende nur indirekt spüren, werden oft gar nicht wahrgenommen. Ich möchte hier nicht die Abgeordneten Europas pauschal verteufeln. Ich weiß aus vielen Gesprächen, dass es dort auch sehr engagierte Menschen mit einer ganz großen Begeisterung und mit Verantwortungsgefühl für das Jahrtausendprojekt Europa gibt. Aber das genügt nicht. Die Versuchungen für die vielen Schwachen sind zu groß. Die Lobbyorganisationen der Industrie und aller möglichen Einflussgruppen haben ein solches Ausmaß angenommen, dass eine unabhängige politische Arbeit im Sinne der Bürger Europas oft kaum mehr möglich ist.

Von der Geburtsstunde der Europäischen Union an waren die Lobbygruppen mit am Tisch gesessen. Einige gehen sogar so weit zu behaupten, es wäre eine große Industrielobby namens ERT (European Round Table) gewesen, die die eigentlichen Gründungsväter der EU im Sinne eines industriefreundlichen europäischen Binnenmarkts waren. Eine solche Sichtweise überzeichnet die wahren Ereignisse sicher stark, ein großer Einfluss des ERT auf die europäische Politik kann aber als gesichert angenommen werden. Dieser ERT hatte sich 1983 als elitärer Club der größten europäischen Unternehmenslenker gegründet. Es waren so einflussreiche Männer wie der Volvo-Chef Pehr Gyllenhammar, die Vorstände von Philips (Wisse Dekker) und Fiat (Umberto Agnelli), die sich zusammengeschlossen hatten mit dem erklärten Willen, Europa in ihrem Sinne zu formen. Dazu gehörte als oberstes Ziel ein gemeinsamer europäischer Binnenmarkt. Heute gehören dieser wohl mächtigsten Brüsseler Lobbyorganisation 50 Vorstände der größten europäischen Unternehmen an. Es sind jeweils die Top-Vertreter von Unternehmen wie BASF, Telecom Italia, Nestlé, Norsk Hydro, ThyssenKrupp, TOTAL, ABB, Siemens, GDF Suez, Deutsche Telekom, BMW, SAP, BP, E.ON und so weiter.

Welchen Einfluss eine solch hochkarätige Gruppierung auf die europäischen Politiker haben kann, ist leicht vorstellbar. Dass dieser Gruppe ganz andere Türen offenstehen als einer gewöhnlichen Verbraucherschutzorganisation, dürfte keine allzu gewagte Annahme sein. Angeblich sollen die Lissabon-Verträge, die eine große Stärkung der Industrie und eine »Flexibilisierung« der Arbeitsmärkte – andere sprechen von aggressivem Sozialabbau – ermöglichten, ebenso auf die Initiativen dieses ERT zurückgehen wie die Planung und der Bau des Euro-Tunnels.

Zunächst ist es gut, dass es eine solche Gruppe von Menschen gibt, die versucht, etwas voranzubringen und die friedliche europäische Einigung voranzutreiben. Problematisch wird es erst dann, wenn sie das nicht mehr aus Altruismus, also Uneigennützigkeit im Sinne einer besseren Gesellschaft tut, sondern ihren eigenen wirtschaftlichen Profit in den Vordergrund rückt. Dass bei allem persönlichen Edelmut, den der eine oder andere Teilnehmer sicherlich mit an Bord haben wird, sich ebenjener Profitgedanke im Laufe der Zeit in den Vordergrund schiebt, wäre leider nur allzu normal. Fakt ist, dass der ERT in unzähligen wichtigen EU-Gremien vertreten ist. So kommen viele Gesetzesinitiativen auf Anraten und gerne auch Nachdruck der Lobbyverbände zur Diskussion auf Regierungsebene. In der Tat erscheinen einem viele gebetsmühlenartig gepflegte EU-Themen sehr einseitig industriefreundlich. Euro-Einführung, Abbau des öffentlichen Dienstes, Privatisierung, Aufbrechen des Arbeitsmarkts, Globalisierung und so weiter. Gut für die Industrie heißt aber eben nicht gleichzeitig gut für den Bürger und die Gesellschaft.

Der Zweck des ERT war nach eigenem Selbstverständnis von Beginn an die Schaffung eines großen, industriefreundlichen Wirtschaftsraums in Europa. Prinzipiell muss man das nicht negativ sehen. Ganz im Gegenteil ist es durchaus zu begrüßen, wenn die Wirtschaft hier treibende Kraft hinter einem immer stärker zusammenwachsenden Europa ist. Wenn aber dabei vor lauter Industriefreundlichkeit die Interessen der Menschen, um deren Europa es im eigentlichen Sinne geht, zu kurz kommen, wird es problematisch. Es ist eben nicht korrekt, dass die Interessen der Industrie stets gleichzusetzen sind mit jenen der Bürger. Die Anfänge der Industrialisierung mit ihrer extremen Ausbeutung der Arbeiter im 19. Jahrhundert – Stichwort Manchester-Kapitalismus – haben gezeigt, was passiert, wenn man die Industrie weitgehend unreguliert wirken lässt in der Hoffnung, der freie Markt werde es schon richten.

Seit Beginn der Industrialisierung gibt es den Machtkampf zwischen jener Industrie auf der einen Seite und den Arbeitern und Angestellten auf der anderen. Es waren die Gewerkschaften als Lobbyorganisationen der Arbeiter, die ein Gegengewicht hergestellt haben zu den Interessen der damals wie heute mächtigen Fabrikbesitzer. Erst dadurch kam es nach vielen Arbeitskämpfen zu einem Gleichgewicht der Kräfte und somit zu einer fairen Entwicklung der Gesellschaft.

Aber wo sind heute die Interessenvertreter der Arbeiter und

Angestellten in Europa? Die Industrie wie die Finanzwirtschaft haben große, zigtausend Mann starke Lobbyarmeen
mit riesigen Machtmitteln wie Geld und Forschungseinrich-
tungen in Brüssel stationiert. Wo sind die Lobbyarmeen der
Menschen? Es sind kleine Guerillatruppen wie Verbrau-
cherverbände, kritische Internetseiten und schlecht ausgerüs-
tete NGOs (Nichtregierungsorganisationen). Ein erbärmlicher
Haufen im Vergleich zu den Lobbytruppen. Es wird höchste
Zeit, hier ein ähnliches Gegengewicht zu schaffen, wie es die
Gewerkschaften einst waren. Dann, und nur dann, kann dieses Europa ein faires Europa werden, das die Interessen aller
seiner Mitglieder gleichermaßen berücksichtigt. Die Politiker
und die EU-Institutionen sind am Ende diejenigen, die unter
Abwägung der Interessen aller Parteien eine neutrale und ausgewogene Entscheidung treffen müssen, die eine faire Gesellschaft hervorbringt. Eine Gesellschaft, in der sich jeder frei
entwickeln kann, solange er die anderen und das große Ganze
nicht schädigt oder gar gefährdet. Das kann nicht funktionieren, wenn die eine Partei große Goldklumpen in die Waagschale legen kann und die anderen nichts als ein paar Peti-
tionen auf Umweltschutzpapier haben, um ihrer Waagschale
Gewicht zu verleihen.

Inzwischen sollen sich in Brüssel zwischen 15 000 und 27 000
Lobbyisten tummeln. So genau weiß es niemand. Das bedeutet, dass auf einen Abgeordneten mindestens 20 Interessenvertreter kommen, deren einzige Aufgabe es ist, die Abgeordneten mit allen legalen und gerne auch halblegalen Mitteln
im Sinne ihrer Auftraggeber zu beeinflussen. Hier darf man
sich keine aggressiven Monsterhorden vorstellen, sondern
charmante, psychologisch bestens geschulte Experten, die mit
großen Geldsummen ausgestattet sind, um die politische Wil-
lensbildung der Abgeordneten zu beeinflussen. Da ist die Einladung zum Fachgespräch im Luxusrestaurant – der Abgeordnete hat ja ein Interesse, sich umfassend zu informieren –, die

Studienreise mit angehängtem Freizeitprogramm, die freundliche Finanzierung des nächsten Abgeordnetenempfangs und so weiter, und so weiter. Wenn der unbedarfte Abgeordnete nun zum 37. Mal beim gemütlichen und netten Mittagessen erfährt, was für ein toller Segen für die Menschen, die Umwelt und die Arbeitsplätze in seinem Wahlkreis diese wunderbaren neuen Energiesparlampen sind, die doch so viel weniger Strom verbrauchen, glaubt man es irgendwann gerne. Wenn er dann noch die siebte wissenschaftliche Studie eines seriös klingenden Forschungsinstituts erhält, dessen Finanzierung und Auftraggeber er kaum durchschauen kann und in der diese Fakten mit vielen unverständlichen Formeln belegt werden, dann ist er am Ende vielleicht bereit, die Hand an der richtigen Stelle der Abstimmung zu heben. Welche Wirkung hat da die unbeholfene handschriftliche Petition der pensionierten Lehrerin aus Wanne-Eickel oder der kleine DIN-A6-Zettel, den ihm ein Attack-Aktivist auf dem Weg ins Büro in die Hand drückt? In der Regel verschwindet derlei Umweltschutzpapier ungelesen im nächsten Papierkorb. Da kann doch nichts Bedeutsames draufstehen, was der Qualität der Erkenntnisse der 170 Hochglanzseiten aus dem hohen Forschungshause entspricht, oder?!

Wie soll der Abgeordnete die leisen Stimmen seiner Bürger weit weg in seiner Heimat hören, wenn ihm die Posaunen der Lobbyisten vor Ort Tag für Tag in den Ohren klingen. Und warum sollte er – abgesehen von möglichem Ehrempfinden und Loyalität gegenüber dem Volkssouverän – überhaupt darauf hören wollen und sich mit den charmanten und einflussreichen Industrievertretern anlegen? Ist doch viel bequemer, mit ihnen beim Abendessen zu scherzen und gemeinsam auf Reisen zu gehen, als immer nur von ihnen ignoriert und hämisch belacht zu werden, während sie mit den Kollegen von der anderen Partei an den vollen Tischen feiern. Man ist ja auch längst befreundet, die Frauen gehen gemeinsam einkaufen, und am Wochenende wird gegrillt. Dass da schon mal ein Interessenkonflikt entsteht, damit kann man umgehen, oder nicht? Leicht macht es einem die Lobby keineswegs. Wie sagte ein einflussreicher Lobbyist so schön: »Die erste Einladung in exklusive Restaurants und Clubs bekommt der Abgeordnete auf jeden Fall. Will er auch weiterhin dazugehören und nicht von den schönen Veranstaltungen mit hochkarätigen Wirtschaftsleuten an teuren Orten ausgeschlossen sein, muss er liefern.« Das heißt übersetzt, er muss bei den Abstimmungen an der richtigen Stelle die Hand heben, die richtigen Türen zu noch wichtigeren Entscheidern – gerne zu Ministern – aufstoßen und in vielerlei Hinsicht zu verstehen geben, dass er sich für die netten Einladungen revanchiert.

Besonders dreist wird es oft nach der Abgeordnetenkarriere. Da wird der ehemalige Abgeordnete direkt nach seiner Amtszeit zum »Berater« des Konzerns, über dessen Themen er während seines Dienstes beschlossen hat. Die Drehtür zwischen Parlament und Industrie dreht sich so schnell, dass man den Windzug spürt. So ist der Abgeordnete oft schon während seiner Amtszeit um ein gutes Verhältnis zur Industrie bemüht, lockt doch bei entsprechendem Wohlverhalten ein gutbezahlter Anschlussjob. Das betrifft keineswegs ausschließlich die Abgeordneten. Die Gesetze werden ja in der Regel in den zahllosen Büros der EU-Kommission vorbereitet und geschrieben. Dort werden die ehemaligen Beamten zunehmend durch Mitarbeiter ersetzt, deren Beschäftigungszeit auf wenige Jahre befristet ist. Hier hat die Lobby einen großen Hebel anzusetzen. Denn diese Mitarbeiter sind froh über Einladungen und fachlichen Rat. Und der sieht auch gerne mal so aus, dass ganze Gesetzentwürfe von den Industrievertretern vorgeschrieben und vom dankbaren Kommissionsmitarbeiter eins zu eins übernommen werden. Spart Arbeit und macht Freunde, die man bei einer späteren Jobsuche gut gebrauchen kann. Aber auch andersherum funktioniert die Drehtür. Nur ganz

knapp und durch großen öffentlichen Druck konnte verhindert
werden, dass 2012 eine hochrangige Lobbyistin der wohl
größten Lobby-Organisation der Lebensmittelindustrie, FDE
(FoodDrinkEurope), zum Vorstand der EU-Lebensmittelbe-
hörde EFSA ernannte wurde. Der »Spiegel« berichtete, dass
Mella Frewen, die Chefin dieser Lobbyorganisation, von der
EU-Kommission selbst für das Amt in der EU-Lebensmittel-
behörde vorgeschlagen worden war. Um ein Haar wäre eine
Frau, die jahrelang für den umstrittenen Agrarkonzern Mon-
santo an den Beziehungen zwischen diesem US-Konzern und
Regierungen in Europa gearbeitet hatte, in der EU für die Zu-
lassung von gentechnisch verändertem Saatgut verantwortlich
gewesen. Zum Glück haben sich aufgrund der großen öffentlichen Aufregung das EU-Parlament wie auch Deutschlands
Landwirtschaftsministerin Ilse Aigner gegen diese Kandidatin
ausgesprochen. In anderen Fällen funktionieren solche Trans-
fers ohne große Öffentlichkeit reibungsloser. Aber bei allen
Zornesfalten zeigt eben genau dieses Beispiel, dass noch nicht
alles verloren ist. Dass dort, wo die Bürger sich einmischen,
auf die Finger schauen und, wenn es sein muss, auch auf sel-
bige klopfen, die Interessen der Gesellschaft sehr wohl Berücksichtigung finden. Das sollte uns ermutigen, uns hier viel
stärker einzubringen.
Wie dreist es in Brüssel zugehen kann, wenn niemand hin-
sieht, zeigt in dramatischer Weise der Fall Ernst Strasser.
Strasser war einst Innenminister Österreichs, bevor er im
Zuge der Europawahl 2009 in das Europäische Parlament ein-
zog. Dort hat er sich nach eigenen Angaben, die er unge-
schickterweise gegenüber Undercover-Journalisten der britischen »The Sunday Times« äußerte, schnell darangemacht,
ein Netzwerk aufzubauen und selbst als Lobbyist tätig zu sein.
Eine Kombination aus EU-Abgeordnetem und Lobbyist in
Personalunion schien ihm eine ideale Mischung zu sein. In
dem mit versteckter Kamera aufgezeichneten und inzwischen

veröffentlichten Gespräch erklärte er stolz, inzwischen sechs Auftraggeber zu haben, die ihm mit sechsstelligen Summen seine Dienste honorierten. Die Journalisten gaukelten ihm vor, ähnliche Absichten zu haben, und ließen ihn unter anderem Änderungen bei geplanten Richtlinien im Anlegerschutz bei den entsprechenden EU-Stellen einbringen, was Strasser auch tat und mit Nachdruck durchzusetzen versuchte.

An dieser Stelle schimmert auch wieder Hoffnung hervor. Seine Kollegen, die er zu manipulieren versuchte, haben sich seinem Ansinnen verweigert. Die englischen Journalisten deckten den ganzen Skandal schließlich auf und offenbarten, dass sie insgesamt 60 Abgeordnete des EU-Parlamentes angesprochen hätten, von denen nebst Strasser noch ein Rumäne und ein Slowene auf das Angebot eingegangen waren. Jeder Einzelne ist einer zu viel, aber die 57 Abgeordneten, die nicht darauf eingingen, sollten uns Hoffnung machen, dass das EU-System nicht völlig korrupt und der Lobby erlegen ist. Hier gilt es anzusetzen und diese große Zahl der Anständigen zu unterstützen und ihnen im Kampf gegen kriminelle Machenschaften, aber auch gegen das ganz legale Übergewicht der Lobby zu helfen. Strasser gab im März 2011 seinen Sitz im Europaparlament auf. Am 14. Januar 2013 wurde er in erster Instanz zu vier Jahren Haft verurteilt. Da er in Berufung ging, ist das Urteil bei Drucklegung dieses Buches noch nicht rechtskräftig. Dennoch sollte dies ein lauter Warnschuss für andere, potenziell gefährdete Abgeordnete sein. Hier liegt auch die Chance für die EU-Kommission, harte Strafen und strenge Kontrollen als unbedingte Grundlage für die Vertrauensbildung der Bürger in die europäischen Institutionen zu implementieren.

Doch bei all diesen erschreckenden Beispielen darf man nie vergessen, dass es sie immer noch in großer Zahl gibt, die Abgeordneten, die mit Begeisterung und hohen ethischen Werten versuchen, ein Europa im Sinne der Menschen zu

errichten. Die einen feuchten Kehricht geben auf festliche
Einladungen und Lobbybetüttelungen. Einige von ihnen haben unlängst einen lauten Hilferuf ausgestoßen. Im Sommer
2010 wandten sich 22 EU-Abgeordnete aus dem Finanzbe-
reich, die den verschiedensten Parteien angehörten, mit einem
dramatischen Appell an die Öffentlichkeit.

> Wir, die für die Regulierung des Finanz- und Bankensektors verant-
> wortlichen Abgeordneten, rufen daher die Zivilgesellschaft (NGO, Ge-
> werkschaften, Akademiker, Think-Tanks …) auf, eine oder mehrere
> Nichtregierungsorganisationen zu bilden, um eine Gegenexpertise zu
> den auf den Finanzmärkten durch die wichtigsten Marktteilnehmer
> ausgelösten Vorgänge zu entwickeln (Banken, Versicherungsgesell-
> schaften, Hedgefonds, …) und diese Erkenntnisse effizient über die
> Medien zu verbreiten.
>
> Als Vertreterinnen und Vertreter unterschiedlicher politischer Famili-
> en können wir durchaus unterschiedlicher Meinung sein, welche
> Maßnahmen zu ergreifen sind.
>
> Wir sind uns jedoch über die Notwendigkeit einig, die Öffentlichkeit
> auf die Gefahren für die Demokratie aufmerksam zu machen.

Sie warnten vor einer Gefahr für die Demokratie und riefen
die Zivilgesellschaft, die NGOs, Wissenschaftler und Bürger
auf, eine Gegenbewegung zu den Lobbyisten – in ihrem Falle
den Banken und Finanzdienstleistern – zu schaffen, die mit
allen Mitteln versuchten, eine Regulierung des Finanzsystems
zu verhindern. Sie könnten vor lauter Lobby-Dauerfeuer ihrer
Arbeit kaum mehr nachgehen. Die »Zeit« schreibt über die
Berichte des CDU-Parlamentariers Burkhard Balz:
»Die Hedgefonds- und Private-Equity-Manager seien ›geballt
nach Brüssel‹ gefahren, um mit Abgeordneten zu sprechen.
›Das war die reinste Überflutung an Terminwünschen‹, erzählt Balz aus seinem Politikeralltag. ›Manche Lobbyisten
wollten mich sogar am Wochenende zu Hause besuchen.‹«

Wenn Politiker schon um Hilfe rufen, weil die Einflussnahme so stark ist, dass sie das bisschen Demokratie, das Europa noch hat, gefährdet, ist es höchste Zeit, mit dem Hammer dazwischenzufahren. Es ist nichts dagegen zu sagen, dass jede gesellschaftliche Gruppe ihre Interessen und Gedanken beim letztlich entscheidenden Politiker vorbringen kann, damit dieser eine vernünftige Abwägung vornimmt. Auch ein Richter muss beiden Seiten zuhören und sich bei unklarer Faktenlage zusätzlichen Expertenrat einholen. Es ist völlig legitim und notwendig, dass alle an einem neuen Gesetz beteiligten Gruppen ihre Gedanken und Interessen vortragen dürfen, damit der Abgeordnete dies bei seiner Meinungsbildung berücksichtigen kann. Genau so argumentieren auch die Abgeordneten, und damit haben sie recht. Das funktioniert aber nur, wenn Waffengleichheit herrscht und alle Gruppen dieselben Möglichkeiten haben. Das bedeutet zum einen, dass die Rechte und Einflussmöglichkeiten der normalen Bürger und ihrer Organisationen massiv gestärkt werden müssen und gleichzeitig die Macht der Industrie- und Bankenlobby entscheidend reduziert wird. Dazu gehört als allererster Schritt die Einführung eines seit Jahren geforderten Lobbyregisters, in dem sich alle Lobbyisten registrieren müssen, damit man sieht, wer in wessen Auftrag welche Interessen vertritt. Ein solches Register existiert zwar, aber die Anmeldung und Datenübermittlung ist völlig freiwillig. Das ist in etwa so, als würden Sie am Stadtrand ein Büchlein aufstellen und darum bitten, dass sich alle Falschparker doch hier bitte eintragen mögen. Entsprechend umfangreich fällt auch dieses Register aktuell aus.

Die Abgeordneten behaupten ja, Informationen seitens der Lobbyisten zu benötigen, um eine vernünftige Entscheidungsgrundlage zu haben. Warum finden diese Treffen dann nicht in den Konferenzräumen der Ministerien bei belegten Brötchen aus der Staatskasse statt? Wieso werden solche Informationen in Nobelrestaurants oder während »Bildungsreisen« auf Kosten der Lobbyisten ausgetauscht? Hier entsteht eine völlig überflüssige Abhängigkeit von Einflussnahmen, die mit einem Federstrich unterbunden werden könnte.

Wenn die Lobbyistengespräche in den Ministerien stattfänden, könnte man auch genau dokumentieren, wer wann und wie lange zu welchem Thema seine Interessen und Gedanken vorgetragen hat. Es wäre ein Leichtes, eine Waffengleichheit herzustellen, indem den Vertretern der anderen Interessengruppen wie Verbraucherschutz, NGOs und Gewerkschaften die gleiche Anzahl an Treffen mit dem entsprechenden Abgeordneten oder Sachbearbeiter gesetzlich zugestanden wird. Der Abgeordnete hätte beiden Seiten gleich lange zugehört und alle Argumente abwägen können. Das sind nur wenige von vielen Möglichkeiten, hier mehr Ausgewogenheit und Gerechtigkeit ins Europaparlament einziehen zu lassen.

In diesem Ungleichgewicht zwischen den Interessenvertretungen der Industrie oder anderer mächtiger Gruppen (auch fremde Staaten nutzen die Lobby, um ihre Interessen durchzusetzen) auf der einen Seite und den betroffenen Bürgern auf der anderen besteht die größte Gefahr für das Projekt Europa. Wenn nicht sehr schnell eine radikale Veränderung der Kontrollstrukturen erfolgt, werden sich die Menschen zu Recht in ihrem Hass auf Europa bestärkt fühlen und all die guten Gründungsideen beerdigen. Aktuell verkommt die EU zunehmend zum Selbstbedienungsladen der Industrie, die ihren Einflussüberhang auf aggressivste Weise nutzt, um die Bürger zu übervorteilen.

Ein Beispiel ist die Frage der Trinkwasserprivatisierung. Mit einem wahren Trommelfeuer haben die Lobbygruppen rund um die private Wasserindustrie dafür gesorgt, dass Verordnungen erlassen wurden, die in Europa die Privatisierung ebenjener Trinkwasserversorgung massiv vorantreiben. Bislang war die Versorgung der Bürger mit Trinkwasser eine wesentliche Aufgabe der Gemeinden und Städte selbst. Sie haben die Brunnen und Leitungen betrieben und die Kosten auf die Bürger umgelegt. Eine Gewinnerzielungsabsicht hat es hier nie gegeben, im Gegenteil, häufig mussten Defizite aus anderen Töpfen ausgeglichen werden. Das einzige Interesse der Gemeinden war eine flächendeckende Versorgung der Bürger mit reinstem Trinkwasser. Und es wurde regelmäßig viel Geld investiert, um defekte Leitungen zu sanieren und überhaupt die ganze Wasserinfrastruktur intakt zu halten. Wäre da plötzlich eine braune Brühe aus den Leitungen gekommen, wären die Bürger auf die Barrikaden gegangen und hätten bei der nächsten Bürgermeister- oder Gemeinderatswahl für ordentlich Druck im Kessel gesorgt. Das Gleiche, wenn die Wasserpreise unverhältnismäßig angehoben worden wären. Das ist der Vorteil, wenn eine direkte Einflussnahme und persönlicher Kontakt zwischen den Bürgern und den entscheidenden Politikern besteht. Der Gemeinderat ist ständig in seiner Gemeinde unterwegs und wird beim Einkauf und beim Waldfest von den Bürgern auf seine Taten und Entscheidungen angesprochen. Im Guten wie im Schlechten. Er wird sich daher im eigenen Interesse seine Entscheidung auch in Hinsicht auf die Wirkung auf die Gemütsverfassung seiner Mitbürger genauestens überlegen.

Wird nun diese Wasserversorgung gegen einen einmaligen Kaufpreis, der sofort im kommunalen Haushalt versickert, an ein privates Unternehmen verscherbelt, sieht die Sache ganz anders aus. Dieses Unternehmen kennt lediglich eine Maxime: möglichst viel Profit zu erwirtschaften. Es hat ein Monopol erworben. Sie können es sich schließlich nicht aussuchen, von welchem Anbieter das Wasser aus Ihrem Wasserhahn fließt. Daher kann dem Unternehmen die Kundenzufriedenheit vollkommen egal sein. Der Vorstand sitzt ohnehin weit weg in seiner Firmenzentrale und wird mit den betroffenen Bürgern weder beim Einkaufen noch beim Sonntagsspaziergang zusammentreffen. Die Selbstreinigungskräfte der kommunalen Gesellschaft greifen hier nicht. Also wird der Konzern alles unternehmen, um die Interessen derjenigen zu verfolgen, die ihm als einzige Druck machen: die Kapitalgeber und Aktionäre. Und die interessiert in allererster Linie nur: Was springt dabei heraus? Die gesellschaftlichen Auswirkungen sind für die Mehrzahl der Anleger vollkommen irrelevant. Das Geschäft mit dem Trinkwasser in Europa ist ein sprudelnder Milliarden-Euro-Markt, den sich die privaten Wasserkonzerne wie die französischen Firmen Veolia oder GDF Suez nur zu gerne einverleiben würden.

Der Wasserkonzern wird nun also zunächst die Preise anheben. Im portugiesischen Pacos de Ferreira hat dies zu kurzfristigen Preissteigerungen von 400 Prozent für den Liter Trinkwasser geführt. Danach stiegen die Preise jährlich um weitere 6 Prozent. Doch damit nicht genug. Auf was schaut der geneigte Konzern, wenn die Preisschraube festgedreht ist? Genau! Auf die Kostenschraube. Hier geht immer was. Die Wartung kostet sehr viel Geld. Also wird massiv gekürzt. Gebrochene oder defekte Leitungen, aus denen Wasser ungenutzt versickert? Kein Problem, das Wasser fließt ja in beliebigen Mengen nach, dafür muss man kein Geld ausgeben. Der Kunde bezahlt für das, was aus den Leitungen kommt. Wie viel davor versickert ist, spielt kaum eine Rolle. Außer vielleicht für die Umwelt. Dass schlecht gewartete Leitungen und Systeme zur Verkeimung des Trinkwassers führen, ist ein leidvolles Ärgernis. Aber dem wird man durch reichliche Chlorbeimengungen im Trinkwasser Herr. Das Chloren ist wesentlich billiger als die ständigen Kosten für eine dauerhafte Wartung der Anlagen. Dass jetzt statt reinstem Quell- und Trinkwasser eine verunreinigte Brühe fließt, deren unmittelbar schädliche Gesundheitsfolgen mit gefährlichen chemischen Beimischungen kompensiert werden, trifft zwar den Bürger, nicht aber den Konzernchef, der viele hundert oder tausend Kilometer entfernt lebt. Chlor steht im Verdacht, krebserregend zu sein und auch sonst zahlreiche negative Auswirkungen auf Gesundheit und Umwelt zu haben.

Befragt man die Bürger: »Wollt ihr weiterhin die Trinkwasserversorgung in der Hand eurer Kommune oder wollt ihr die Privatisierung?«, beantworten das heute fast 90 Prozent sehr eindeutig und positionieren sich klar gegen die Privatisierung. Warum also entscheidet die EU-Kommission, die eigentlich die Interessen der Bürger vertreten soll, gegen ihre Bürger? Weil sie sich im alltäglichen Geschäft eben mehr von den Lobbyorganisationen der Konzerne beraten und beeinflussen lässt als von den fernen Bürgern, die weit weg in den Kommunen sitzen.

Die Anonymität der Europaabgeordneten ist hier ein großes Schutzschild. Kennen Sie Ihren Europaabgeordneten? Wissen Sie, welche Entscheidungen er für Sie getroffen hat? Selbst wenn Sie diesen einen kennen, wie sieht es mit den anderen etwa 750 Abgeordneten aus allen Teilen der EU? Keine Sorge, die Lobbyisten in Brüssel kennen diese Menschen sehr genau und wissen, wann sie wen anrufen und umgarnen müssen. Es ist ihr Job rund um die Uhr. Sie, als Bürger in Deutschland, haben praktisch keinen Einfluss auf die Abgeordneten aus Polen oder Frankreich. Die Lobby hingegen übt sehr wohl konzentrierten Einfluss auf alle wichtigen Abgeordneten zu ihrem jeweiligen Spezialthema aus. Das ist die extremste Gefahr, die aus einem immer größeren und komplexeren Gebilde droht. Die räumliche wie emotionale Distanz zwischen den Entscheidern und den betroffenen Bürgern. Aus diesem Grund ist es gut zu verstehen, wenn viele Menschen sich von dieser Form der EU abwenden, sich verraten und an die Interessen der Konzerne verkauft fühlen. Diese Haltung wird stark zunehmen und zu großen Abspaltungsbewegungen wie in Norditalien, Schottland oder Katalonien führen, in denen die Menschen wieder selbst über ihr Schicksal entscheiden wollen.

DEMOKRATISIERUNG
DURCH DEZENTRALISIERUNG

Hier genau liegt der Schlüssel für die weitere Zukunft eines gemeinsamen Europa. Hier kommt es zum Showdown. Wir kommen gar nicht darum herum, für Europa die gleichen Lehren zu beherzigen, wie sie die Energiekonzerne aus der Energiewende ziehen müssen. Auch hier besteht die Zukunft nicht in einem zentralistischen System. Auf allen Ebenen verläuft die Entwicklung hin zu dezentralen Strukturen. Die Menschen leben im Internet in dezentralen, aufs Engste miteinander vernetzten Strukturen. Kein reiner Informationskonsum von oben nach unten, sondern auf Augenhöhe aller Beteiligten in jede Richtung. Die Energieversorgung verändert sich in genau dieser Weise. Weg von zentralen Strukturen hin zum »Verbraucher«, hin zu dezentralen Strukturen und einem Energieaustausch untereinander. Und die Zukunft politischer Systeme liegt ebenfalls nicht mehr in zentralen Befehlsstrukturen, in denen vom Feldherrnhügel der Befehl an das ganze Land ergeht. Auch hier werden sich die dezentralen Strukturen bewähren, wie wir sie in Deutschland zumindest zu großen Teilen bereits nach dem Zweiten Weltkrieg – damals erzwungenermaßen – eingeführt haben. Die Gemeinden und Städte entscheiden mit ihren lokalen Strukturen über sehr viele Dinge, die sie vor Ort direkt betreffen. Die Landtage haben eigene hoheitliche Aufgaben, hier wird das entschieden, was für die Kommunen eines Bundeslandes wichtig ist, aber die Kommunen in den anderen Bundesländern nicht zu interessieren hat. Idealerweise wird im Berliner Bundestag nur noch über all das debattiert, was nicht auf lokaler Ebene organisiert werden kann und eine einheitliche bundesweite Regelung erforderlich macht. Und natürlich über die Themen, bei denen Deutschland als Ganzes seine internationalen Interessen vertritt, also die Interessenvertretung der Gemeinschaft aller Kommunen und Bürger nach außen.

Die Diskussionen darüber, was Sache der Länder und was Sache des Staates ist, sind vorprogrammiert. Und es wird in Zukunft zu einer Schwächung der Bundeskompetenz und einer Stärkung der lokalen Kräfte kommen müssen. Aber während wir in Deutschland bereits halbwegs ausbalancierte Kräfteverhältnisse haben, sieht das auf EU-Ebene noch ganz anders aus, die einen verhängnisvollen Drang zum französischen Modell besitzt. Alles wird in Paris zentral entschieden, und das hat jeder zu befolgen bis zum Bürger aus dem letzten Dorf. Regionale Entscheidungen sind die Ausnahme. Aber wieso? Wieso hat die übergeordnete Behörde in Brüssel zu entscheiden, ob eine Gemeinde in Portugal, Griechenland oder Bayern seine Wasserversorgung selbst organisiert oder an einen privaten Konzern verkauft? Das hat außer die Bürger vor Ort und damit ihre direkte Organisationsstruktur, den Gemeinderat, niemanden etwas anzugehen. Das müssen und sollen die Bürger selbst entscheiden. Und das gilt für Tausende andere Bereiche ebenso.

Das unsäglichste Beispiel und einer der beliebtesten Aufreger ist der Wahnsinn des EU-Glühbirnen-Verbots. Mit welchem Recht maßt sich die Brüsseler Zentralregierung an, seinen Bürgern vorzuschreiben, dass sie künftig keine Glühbirnen mehr einsetzen dürfen? Hätte sich herausgestellt, dass Glühbirnen in hohem Maße gesundheitsschädlich sind, wäre das eventuell noch nachvollziehbar. Aber das Gegenteil ist der Fall. Unbedenkliche Glühbirnen werden verboten und stattdessen hochgefährliche Quecksilberbomben namens »Energiesparlampen« auf den Markt und in die Kinderzimmer gezwungen. Eines der dramatischsten Beispiele für den Erfolg der Industrielobby gegen das Interesse der Bürger.

Auf der anderen Seite werden auf Druck der EU per Juli 2013 die Grenzwerte für Giftstoffe wie Arsen, Blei und Quecksilber auch in deutschem Kinderspielzeug gelockert. Künftig dürfen in einem Kilogramm Spielzeug 160 Milligramm Blei enthalten sein, das als krebserregend gilt und auf das Nervensystem wirkt. Bislang waren es in Deutschland 90 Milligramm. Die Interessen der Bürger wurden hier nicht nur ignoriert, sie wurden mit Füßen getreten. Eine völlig einseitig auf die Industrie ausgerichtete Entscheidungsfindung, die die Übermacht der Industrielobby gegenüber der Bürgerlobby veranschaulicht. Hier muss Deutschland im Sinne der Vereinheitlichung seinen Verbraucherschutz lockern, weil er in anderen Staaten der EU ebenfalls lockerer ist. Das ist eine Ungeheuerlichkeit. Die neuen übergeordneten Regelungen sollten sich am schärfsten Grenzwert orientieren und nicht am schwächsten.

Mit der nun angekündigten europäisch-amerikanischen Freihandelszone kommen ganz neue Gefahren auf die Bürger beiderseits des Atlantiks zu. Denn eine solche Freihandelszone bedeutet, dass der Handel – die Regeln für die Industrie – erleichtert wird. Das ist der einzige Sinn darin. Die Regeln, die vereinheitlicht werden sollen, sind aber meist solche, die im jeweiligen Land zum Schutz des Verbrauchers erlassen wurden. Eine Vereinheitlichung wird mit höchster Wahrscheinlichkeit so ablaufen, dass die jeweils schwächste Regulierung künftig für alle gilt. Ansonsten würde es die Arbeit der Industrie ja nicht erleichtern, sondern erschweren. Wenn also in Europa Hühnchen bislang verboten sind, die zum Zweck der Desinfizierung durch Chlorwasser gezogen wurden, während sie in den USA – der dortigen Agrarlobby sei Dank – zum Alltag gehören, dann werden auch wir uns künftig daran gewöhnen müssen, denn es sollen ja dieselben Regeln gelten. Das gilt für Genmais ebenso wie für viele andere Regelungen. Auch hier sollte sich die Bürgerlobby auf beiden Seiten des Atlantiks rechtzeitig und mit Macht erheben, damit sich eine solche »Vereinheitlichung der Handelsvorschriften« möglichst oft am strengsten Richtwert orientiert und eben nicht

am schwächsten. Sonst geht es uns in allen Bereichen so
wie beim Kinderspielzeug. Die Industrie jubelt auf Kosten
der Verbraucher. Jahrzehntelange Abnutzungskämpfe für ein
klein bisschen mehr Verbraucherschutz hier oder einen schär-
feren Grenzwert dort, mit denen wir uns immer wieder ein
bisschen mehr Sicherheit und Lebensqualität erstritten haben,
würden mit einer Tsunamiwelle zunichtegemacht. Eine Freihandelszone kann eine sinnvolle Einrichtung sein, aber nur,
wenn sie richtig gestaltet wird und die Interessen der Menschen und der Industrie mindestens gleich gewichtet.

Es gibt viele Dinge, die in Europa gemeinschaftlich und für
alle Bürger gemeinsam organisiert werden sollten. Es ist sinnvoll, dass die technischen Grundanforderungen an einen Pkw
in der EU einheitlich sind, damit der BMW oder Peugeot in
jedem Land ohne technische Umrüstungen verkauft werden
kann. Aber welchen Gemeinschaftssinn soll das Verbot von
Glühbirnen haben? Der Bürger sollte selbst entscheiden, ob er
lieber mehr Strom bezahlt und dafür die Vorteile der Glühbir-
ne nutzt oder weniger für Strom ausgeben möchte und sich
alternative Leuchtmittel sucht. Das hat Brüssel einfach nicht
zu interessieren. Was geht es Brüssel an, welche Öffnungs-
zeiten ein Bäcker in Reilingen einzuhalten hat? Das ist einzig dessen Angelegenheit und betrifft allerhöchstens noch die
Bäckerkollegen im selben Ort, weshalb solche Öffnungszei-
ten Sache der Gemeinde sein sollten.

Es wird sich am Ende die Gretchenfrage zur Akzeptanz und
zum Überleben des Projekts Europäische Union stellen. Gelingt es uns, europaweit eine dezentrale Organisation des politischen Lebens zu installieren, in der so viel wie möglich im
jeweils kleinsten Organisationsraum entschieden wird? In der
so wenig wie nötig in den jeweils übergeordneten Einheiten
entschieden wird? Dort, wo wichtige Entscheidungen anstehen, die alle Bürger der EU betreffen, genügt es eben nicht,
ein paar weit entfernte Repräsentanten den Versuchungen der

einflussreichen Lobbyisten zu überlassen. Hier muss es eine wesentliche direktere Einflussnahme der Bürger geben.

Volksentscheide sind das erste Mittel der Wahl. Warum soll man sich nicht ein Beispiel an erfolgreichen politischen Systemen nehmen und in die Schweiz schauen. Selbst in einer so kleinen Struktur wie der Schweiz maßen sich die Abgeordneten nicht an, jede Entscheidung für den Bürger zu fällen. Hier gibt es Volksbegehren und Volksentscheide zuhauf, nur so lässt sich im Zweifel die Legitimation der politischen Entscheidung erreichen. Unsere Politiker verweigern diese Volksentscheide mit dem Verweis auf das Unwissen der Bevölkerung. Da käme nichts Vernünftiges bei raus, und am Ende wären Dieter Bohlen Bundeskanzler und Cindy aus Marzahn seine Außenministerin.

Möglicherweise denken Sie beim Lesen dieser Zeilen, dass das auch keine sonderliche Verschlechterung der Situation wäre, und wenn man sich so manche Fußgängerzonenbefragung auf RTL 2 ansieht, fällt es einem sicherlich schwer, sich noch für ein allgemeines Wahlrecht auszusprechen. Aber ernsthaft betrachtet: Man sollte die Bürger nicht für dumm verkaufen. Die Ergebnisse in der Schweiz sprechen eine klare Sprache. Weder ist dort jemals »Emil« in die Politik aufgestiegen, noch haben die Schweizer sich in einer Volksabstimmung für Freischoggi für alle ausgesprochen. Im Gegenteil. Die Volksbefragungen in der Schweiz bringen oft überraschend logische Ergebnisse. So gab es im März 2012 eine Volkabstimmung darüber, ob der gesetzliche Mindesturlaub von vier auf sechs Wochen angehoben werden soll. Das Ergebnis war verblüffend: 67 Prozent der Schweizer stimmten gegen eine Erhöhung des Urlaubsanspruchs, da sie dadurch die Arbeitsplätze in der Schweiz gefährdet sahen. Sollten wir wirklich annehmen, dass wir anderen Europäer unmündiger und naiver sind als die Schweizer? Natürlich haben hier ebenfalls alle Lobbygruppen der Arbeitgeberverbände ihre Kampagnen im

Vorfeld gefahren. Aber jetzt konnte sich jeder Bürger selbst entscheiden, ob er den Argumenten der Arbeitgeber oder den Argumenten der Gewerkschaften mehr Gewicht beimaß. Im Zeitalter des Internets sind solche Abstimmungen auch ohne europaweite Massenbewegungen zu den Wahllokalen möglich. Eine Volksabstimmung via Internet würde zu vielen Themen die Interessierten an die Tastatur locken.

Schon heute beginnt sich diese Pflanze der dezentralen europäischen Mitbestimmung ganz von alleine zu entwickeln. Helfen wir mit, sie zu düngen und zu stärken. Zu Beginn des Jahres 2013 starteten mehrere »Bürgerlobbys« wie »Europäisches Armutsnetzwerk«, »Europäisches Umweltbüro«, »Women in Europe for a Common Future« im Verbund mit einigen Gewerkschaften eine große Internetkampagne mit Online-Petition, um eine Wasserprivatisierung zu verhindern. Über die Internetseite www.right2water.eu kamen bis Februar 2013 über 1,2 Millionen Unterzeichner zusammen. Hintergrund ist ein neues Instrument der Europäischen Union, um jene Demokratisierung voranzutreiben. Dieses Instrument heißt Europäische Bürgerinitiative (EBI). Die Bürger können auf diese Weise ein beliebiges Thema auf die europäische politische Agenda setzen, wenn sie es schaffen, insgesamt eine Million Unterzeichner aus mindestens sieben EU-Ländern zusammenzubringen. Natürlich ist das nur ein erster kleiner Schritt, aber auch der längste Marsch beginnt bekanntlich mit diesem einen ersten Schritt. Wenn man ihn nicht gehen will, weil er einen eh nur einen Meter voranbringt, kann man sein Ziel nie erreichen. Hier braucht es Visionen, Begeisterung und vor allem Engagement. Wenn sich keiner engagieren will mit dem Bequemlichkeitsargument »Die da oben machen eh, was sie wollen«, dann wird die EU sich genau zu jenem Selbstbedienungsladen der Industrie entwickeln. Wenn wir nicht bereit sind, unsere Interessen einzufordern, dürfen wir uns nicht beschweren, wenn diese Interessen kein Gehör finden.

Die Entscheidungen der Politiker müssen wesentlich transparenter werden und die Brüsseler Strukturen für alle nachvollziehbar. Eine echte Demokratisierung der EU-Organe ist notwendig. Wenn die verantwortlichen Politiker das nicht verstehen, wenn sie es nicht schnell und energisch umsetzen, wird das Projekt Europa am Widerstand seiner Bürger scheitern. Das wäre schade, und es ist nicht notwendig. Noch haben wir die Möglichkeit, ein Europa der Menschen mit möglichst transparenten, demokratischen und dezentralen Strukturen zu schaffen. Ich hoffe inständig, dass wir Bürger es schaffen, dieses Europa in unserem Sinne zu formen und die notwendigen Veränderungen zu erzwingen.

Wichtige Schritte dazu gibt es bereits, die meist von uns Bürgern ausgehen. Vereinzelte Initiativen, die dezentral entstehen, sich über das Internet viral verbreiten, bis die klassischen Medien sie ebenfalls nicht mehr übersehen können und ihnen eine breitere Plattform verschaffen. Eine der besten demokratischen Kontrollinstanzen der letzten Jahre ist die deutsche Internetseite abgeordnetenwatch.de geworden, wo sich jeder Bürger über die deutschen Abgeordneten von den Kommunen über Landtag und Bundestag bis zur EU im Detail informieren kann. Wer bezieht welche Nebeneinkünfte, wer hat in welcher Frage wie abgestimmt, und in welchen Ausschüssen ist er vertreten? Hier kann man direkt per Mail Anfragen an den einzelnen Politiker stellen, und seine Antworten werden öffentlich gemacht. Plötzlich entsteht diese Transparenz und Bürgernähe, die der Gemeinderat jeden Tag beim Einkauf erfährt. Plötzlich muss sich auch der ferne Abgeordnete in Brüssel rechtfertigen, wird transparent und beobachtet. Je mehr Bürger sich hier einmischen und erkundigen, umso schwerer wird es für die Lobby, sich durchzusetzen. Bezeichnend ist es jedoch, dass ein solches Kontrollinstrument nicht etwa ganz selbstverständlich von staatlicher Seite eingerichtet wurde, sondern von privaten und engagierten Bürgern mit Spendengeldern organisiert werden musste. Aber wenn es eines Beweises für die Notwendigkeit und den Erfolg dezentraler Strukturen und Kontrollmechanismen bedarf, dann ist es diese Seite. Kein Wunder übrigens, dass sich einige Politiker gegen eine solche Seite und ihre Funktion wehren. Genau diese Politiker sollte man ganz besonders im Auge behalten. Sie werden schon wissen, warum sie ihre Entscheidungen und Hintergründe nicht transparent machen wollen. Eine weitere Organisation ist Finance Watch, die sich nach schon erwähntem Hilferuf der Abgeordneten gegründet hat, um den europäischen Banken und Finanzdienstleistern auf die Finger zu schauen. Finanziert durch Spendengelder und einem Etat von zwei Millionen Euro, versucht diese Organisation, in Brüssel ein Gegengewicht im Sinne der Gesellschaft gegen die Banken mit ihren geschätzten 700 Lobbyisten und 400 Millionen Euro-Etat darzustellen.

Ein kleiner, aber wichtiger Anfang, wieder entstanden aus der Tiefe der Gesellschaft, der dezentralen Struktur. Hier liegen die Zukunft und die Chance. Bevor wir als Bürger dieses faszinierende Projekt Europa aufgeben, weil wir nicht bereit sind, gegen die Lobbyisten und ihre Fürsprecher anzugehen, sollten wir mit allen legalen Mitteln versuchen, unsere Vision von einem demokratischen Europa zu erstreiten. Tun wir das nicht, wird es sich zu jenem zentralistischen Monster entwickeln, das wir alle fürchten und das die großen und finanzstarken Spieler in die Lage versetzt, auf die Arbeitskraft und Geldbeutel der europäischen Bürger nach Belieben zuzugreifen. Das ist nicht meine Vorstellung von Europa, und es ist auch nicht im Sinne seiner politischen Gründerväter. Machen wir uns also daran, Europa mitzugestalten. Bringen wir uns ein, informieren wir uns über die Vorgänge. Unterstützen wir die dezentralen Organisationen, die sich schon gegründet haben, um sich mit den vermeintlich Mächtigen anzulegen. Der Mauerfall in der DDR wurde nicht zentral angeordnet, er wurde erzwungen von Abertausenden von Bürgern, die alle für sich an den Demonstrationen teilnahmen. Das Zusammenwirken Tausender dezentraler Einheiten zu einem Zweck: Die Mauer muss weg! Wir sind das Volk!

Lehnen wir uns auf, machen wir die Abgeordneten transparent, ob sie wollen oder nicht. Mischen wir uns ein und unterstützen wir diejenigen Politiker, die wirklich die Interessen ihrer Bürger vertreten, denn auch von denen gibt es viele in allen Gremien. Aber sie brauchen unsere Unterstützung. Attackieren wir diejenigen Politiker, die sich zu sehr auf die Seite der Industrie stellen, ohne dabei die Interessen der Bürger gebührend zu berücksichtigen. Stellen wir ein Gegengewicht zu den Lobbyverbänden her. Werden wir unsere eigene Lobby. Ja, es sind 15 000 bis 27 000 Lobbyisten in Brüssel, aber wir sind 500 Millionen dezentrale Einheiten. Die Lobby verfügt jährlich über mehr als eine Milliarde Euro für Kampagnen? Wir würden ebenfalls über 500 Millionen Euro verfügen, wenn jeder Bürger nur einen Euro pro Jahr an eine unabhängige Bürgerorganisation seines Landes spenden würde.

Hören wir auf, uns damit zu begnügen, auf Europa und Brüssel zu schimpfen. Nehmen wir unsere Zukunft selbst in die Hand, und fangen wir an, dieses Europa nach unseren Vorstellungen zu gestalten. Kümmern wir uns um unser Leben – um nicht weniger geht es dabei –, bevor es andere tun, die keineswegs unser Wohl im Blick haben. Die warten nur darauf, dass wir resignieren und uns ihrem Diktat ergeben. Tun wir ihnen den Gefallen nicht. Wir sind das Volk!

NACHWORT

Liebe Leserin,
lieber Leser,

ich danke Ihnen, dass Sie bis zum Schluss durchgehalten
haben. Ich hoffe, ich konnte Ihnen die eine oder andere An-
regung auch zur eigenen weiteren Recherche geben. Bitte
denken Sie daran, dass ich Ihnen nur meine Sicht der Dinge
erzählen konnte. Niemand besitzt eine Kristallkugel oder die
absolute Wahrheit. Auch ich werde das nie für mich in Anspruch nehmen. Wir können uns über viele Jahre tagein, tag-
aus intensiv mit all diesen Themen beschäftigen, und dennoch
werden wir am Ende nur einen kleinen Teil des gesamten The-
mas gesehen haben.

Am Frankfurter Flughafen begegnete mir in letzter Zeit immer wieder ein wunderbarer Satz an einer Werbewand: »Was
wir wissen, ist ein Tropfen, was wir nicht wissen, ist ein Oze-
an«. Wer andere Informationsquellen hat als ich, an anderen
Sitzungen teilgenommen hat oder andere Erlebnisse gemacht
hat, kommt vielleicht zu völlig anderen Sichtweisen und Meinungen zum selben Thema. Niemand kann von sich sagen, die
absolute Wahrheit zu besitzen. Daher habe ich immer Respekt
vor anderen Meinungen und bemühe mich aktiv zuzuhören.
Vielleicht hat mein Gegenüber bessere Informationen oder
Ideen. Da ist es doch vernünftig zuzuhören, die eigenen Gedanken damit abzugleichen und sich nicht zu schade zu sein,
die eigene Vorstellung zu korrigieren, wenn andere einen mit
ihrer Sichtweise oder ihren Fakten überzeugen. Möglicherweise muss ich dann aus meinem großen unvollständigen
Mosaik der Welt ein Teilchen entfernen und ein anderes einsetzen.

Nur wenn ich dazu bereit bin, meine Ansichten immer wieder

zu überprüfen, bin ich in der Lage, im Laufe der Jahre einem halbwegs realistischen Abbild der Realität näher zu kommen. Daher gehört für mich in jeder Diskussion der Respekt vor dem Menschen stets dazu, solange mein Gegenüber das ebenso hält. Bei aller manchmal notwendigen Härte in der Diskussion um die Sache darf dieser Respekt vor dem Menschen und seiner anderen Meinung nie verlorengehen.

Das passiert leider viel zu oft. Norbert Blüm sagte mir einmal väterlich:»Herr Müller, Sie müssen immer so diskutieren, dass der gegenüber sein Gesicht nicht verliert. Er darf sich, wenn er abends nach Hause kommt, nicht vor seinen Kindern schämen müssen.« Ich halte es für wichtig, dem anderen seine Würde zu lassen. Das sollten wir bei jeder Diskussion um die Sache nie vergessen, egal um welches Thema und auf welcher Ebene es geht. Das gilt für die Diskussion mit dem Lebenspartner beim Abendbrot ebenso wie für den Schlagabtausch im Bundestag und ganz besonders für die Medien, wo im Kampf um die Quote dieser wichtige Punkt allzu oft in Vergessenheit gerät. Es ist ein gutes Korrektiv, wenn man sich immer mal wieder überlegt, ob man das, was man da gerade sagt oder schreibt, dem Betreffenden auch persönlich und in genau dieser Wortwahl sagen würde, wenn er im Raume stünde. Da würde mache Formulierung anders ausfallen.

Wie können wir von unseren Kindern und der Gesellschaft einen respektvollen Umgang mit der Natur, ihrer Umwelt und den Mitmenschen verlangen, wenn es nicht selbst jeder für sich vorlebt. Keiner muss päpstlicher sein als der Papst. Ich selbst mache hier wie in allen anderen Lebenslagen sicherlich unendlich viele Fehler und tue ebenso Dinge, die andere und im Nachhinein manchmal auch ich selbst als nicht in Ordnung ansehen. Dafür muss sich niemand schämen, dafür sind wir Menschen mit all unseren Fehlern, Begierden und Unzulänglichkeiten. Ohne diese Fehler wäre es vermutlich stinklangweilig auf der Welt. Aber dennoch sollten wir jeden Tag versuchen, möglichst vieles richtig zu machen. Das wäre doch schon was.

Ich möchte an dieser Stelle gerne auch noch einen Eindruck zurechtrücken, der Ihnen vielleicht im Laufe der Lektüre gekommen sein mag. Ich könnte es ob der Themen zumindest verstehen. Ich habe keineswegs eine negative Grundhaltung gegen »die Amerikaner«, »die Konzerne« oder die »Lobby in Brüssel« – wehe, es lacht einer! Es gibt nach meiner Einschätzung auch keine große Weltverschwörung weniger Kader. Es gibt lediglich stark unterschiedliche Interessen vieler einzelner Menschen und Gruppierungen. Die einen haben mehr Macht, um ihre Interessen durchzusetzen, die anderen – vermeintlich – weniger. Besonders kritisch wird es, wenn sich mehrere Mächtige zusammentun, um ihre Interessen gemeinsam gegen die ohnehin schon Unterlegenen durchzusetzen.

Die meisten sind davon überzeugt, dass es richtig sei, was sie tun. Die Wenigsten agieren im Bewusstsein, etwas Falsches oder gar Kriminelles zu tun. Jeder vertritt seine Interessen und hat gute Gründe zu glauben, warum dieser oder jener Weg der richtige sei. Zu Ende gedacht ist es dieser Wettstreit der Menschen um den richtigen Weg, der die Entwicklung unserer Zivilisation erst vorantreibt. Aber dazu gehört eben auch eine klare und manchmal harte inhaltliche Diskussion über diesen Weg. Diese Diskussion führe ich auf meine Weise immer dort, wo ich der Meinung bin, dass der andere auf dem falschen Weg ist, wenn das Ziel eine Gesellschaft sein soll, in der alle glücklich und selbstbestimmt leben können. Da dies eine ausgeglichene Gesellschaft erfordert und ich mich für eine solche engagieren möchte, geht das nur, indem ich versuche, den Schwächeren ein klein wenig mehr Gewicht zu geben und mich in Argumenten mit den Großen anzulegen. Das sind dann nun mal eben »die Amerikaner« (sicherlich nicht die Bevölkerung), die Konzerne der Finanzwelt oder ebendie Industrielobby in Brüssel. Die sind ja schon dick genug und

ihre Interessen schon zu stark berücksichtigt. Also brauchen
wir ein Gegengewicht, damit die Dinge nicht aus dem Lot geraten.

Sie sehen, es bleibt spannend, und die Herausforderungen
werden nicht weniger. Aber gerade deshalb dürfen wir nie
aufgeben, diese Herausforderungen immer wieder aufs Neue
anzunehmen und das Unsere zu tun, um die Welt wieder ein
kleines bisschen besser zu machen. Nicht resignieren! Unterschätzen wir nie die Fähigkeiten des menschlichen Geistes,
Probleme zu lösen, wenn sie nur drängend genug sind. All die
motivierenden Erfahrungen der letzten Jahre, da Millionen
kleine dezentrale Einheiten über kurzfristige koordinierte Aktionen auch große Tanker zum Einlenken zwingen konnten,
sollten uns Motivation genug sein, es immer wieder zu versuchen. Denken Sie an den medialen »Shitstorm« – ein un-
schönes Wort, aber gebräuchlich –, der sich über Apple oder
Amazon ergossen hat, als unakzeptable Arbeitsbedingungen
ihrer Mitarbeiter oder Zulieferer bekannt wurden, und wie die
Konzerne sofort umschwenken mussten. Denken Sie an den
Fall der Berliner Mauer. Wir, die Bürger, können und werden
diese Möglichkeit der dezentralen Kontrolle und Einflussnahme in den nächsten Jahren zu immer größerer Präzision und
Bedeutung führen. Dann wird es für einzelne »zentrale Einheiten«, ob nun mächtiger Politiker oder Konzern, zunehmend
schwerer, sich über die Interessen und Bedürfnisse der Menschen hinwegzusetzen. Wir sind keineswegs so machtlos, wie
es mancher gerne hätte. Wir müssen uns dieser Möglichkeiten
nur bewusst werden und sie nutzen, wo immer wir es für sinnvoll erachten.

Daher zum Ende meine Bitte an Sie: Empören Sie sich, mischen Sie sich ein, aber gönnen Sie sich selbst so oft wie möglich ein Lächeln und ein wenig Dankbarkeit für diese trotz
allem wunderbare Welt, in der gerade wir in Europa leben
dürfen. Tun wir uns alle zusammen und machen diese Welt

noch ein klein wenig besser, damit die nächsten Generationen auf uns auch ein bisschen stolz sein können.

Ihr
Dirk Müller

PS: Diese Themen werden wir auf meiner Internetplattform www.cashkurs.com mit vielen weiteren immer aktuellen Entwicklungen weiterverfolgen und uns einmischen. Seien Sie dabei, bleiben Sie informiert und engagieren Sie sich mit uns.

DANK

Zu guter Letzt gilt es noch, danke zu sagen. Danke all jenen Menschen, die zum Gelingen dieses Buches beigetragen haben.

Es wird unmöglich sein, alle zu benennen, die mit ihren Impulsen die Entstehung dieses Buches möglich gemacht haben.

Stellvertretend möchte ich mich daher bedanken bei:

Meinen griechischen Freunden Tanja, Dietmar, Simone, Jorgo, Dimitris, Panagiotis, Mike, Vera, Angela, Tasso, Kostas, Despina und »Schorsch«, Barbara und »Paul«.

Und all jenen, deren Namen ich zu ihrem eigenen Schutz hier nicht nennen möchte.

Meinen deutschen Freunden für die unzähligen Impulse beim »Waldfestl« und darüber hinaus.

Hans-Günther, Silvie, Ralf und den übrigen »Sängern von Finsterwalde«.

Julia und Toddy für ihren rasenden Einsatz.

Professor Christian Kröger für viele gute Gespräche und starke Impulse.

Frank für so vieles und ganz besonders seine Freundschaft.

Ann-Kathrin, Matthias, Sascha, Tobi, Dirk für das große Engagement mit Herzblut.

Stefan Meyer und dem Droemer-Team für das Vertrauen, die Unterstützung und die Geduld.

Der **European Business School Östrich-Winkel,** insbesondere Professor Nico Rottke, für den »Friendly Review«.

Meinen Eltern, die mir so viele Wertvorstellungen vorgelebt haben.

Und ganz besonders bei meiner lieben Frau Susanne, ohne deren stets bedingungslose Unterstützung in jeder Lage dieses Buch wohl niemals fertig geworden wäre, und meinem wunderbaren Sohn Felix, der mit Engelsgeduld hingenommen hat, dass sein Vater schon wieder an seinem Computer sitzt, anstatt mit ihm Fußball zu spielen.

ABKÜRZUNGEN

ABB – Asea Brown Boveri
BIP – Bruttoinlandsprodukt
EBI – Europäische Bürgerinitiative
EDF – Électricité de France, französische Elektrizitätsgesellschaft
EFSA – European Food Safety Authority, Europäische Behörde für Lebensmittelsicherheit
Eni – Ente Nazionale Idrocarburi, italienischer Erdöl- und Energiekonzern
ERT – European Round Table, Interessenvertretung von rund 50 Wirtschaftsführern mit Sitz in Brüssel
ESM – Europäischer Stabilitätsmechanismus
EYK – Ethniki Ypiresia Pliroforion, griechischer Geheimdienst
EZB – Europäische Zentralbank
FDE – FoodDrinkEurope, Lobby-Organisation der Lebensmittelindustrie
Fed – Federal Reserve System, US-Notenbank
FSB – Federalnaja sluschba besopasnosti Rossijskoj Federazii, russischer Geheimdienst
GDF Suez – Fusion aus dem Gasversorger GDF (Gas de France) und dem Mischkonzern Suez, international tätiger Energieversorgungskonzern mit Sitz in Frankreich
IKB – Deutsche Industriebank AG
IWF – Internationaler Währungsfonds
LA.O.S. – Laikós Orthódoxos Synagermós (Orthodoxer Volksalarm), rechtspopulistische Partei in Griechenland
LOK – Lochos Oreinon Katadromon, rechtsgerichtete griechische Guerillatruppe
MOL – Magyar Olaj-és Gázipari Részvénytársaság, ungarischer Mineralölkonzern
NAPC – North Aegean Petroleum Company
OECD – Organisation für wirtschaftliche Zusammenarbeit und Entwicklung
OMV – Österreichische Mineralölverwaltung
PASOK – Panellinio Sosialistiko Kinima (Panhellenische Sozialistische Bewegung), sozialdemokratische Partei Griechenlands

PwC – PricewaterhouseCoopers, globales Netzwerk rechtlich selbständiger und unabhängiger Unternehmen in den Bereichen Wirtschaftsprüfung, Steuerberatung und Unternehmens- bzw. Managementberatung.

SNB – Schweizerische Nationalbank